全面深化改革领导干部学习读本

主编 黄琦 刘学军

国有企业改革新路

方 艳 ◎ 主编

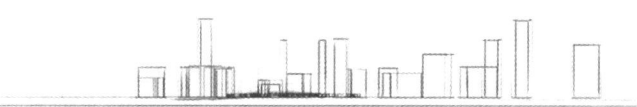

陈清泰 | 吴敬琏 | 厉以宁 | 邵 宁 | 张卓元
多位名家纵论改革大势

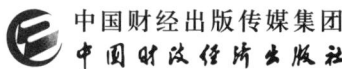

中国财经出版传媒集团
中国财政经济出版社

图书在版编目（CIP）数据

国有企业改革新路 / 方艳主编 . —北京：中国财政经济出版社，2017.9
（全面深化改革领导干部学习读本/黄琦，刘学军主编）
ISBN 978-7-5095-7688-5

Ⅰ.①国… Ⅱ.①方… Ⅲ.①国有企业-企业改革-中国-干部教育-学习参考资料 Ⅳ.①F279.241

中国版本图书馆 CIP 数据核字（2017）第 202414 号

责任编辑：贾延平　　　　　　责任校对：刘　靖
封面设计：田　晗　　　　　　版式设计：齐　杰

中国财政经济出版社 出版
URL：http://www.cfeph.cn
E-mail：cfeph@cfeph.cn
（版权所有　翻印必究）
社址：北京市海淀区阜成路甲 28 号　邮政编码：100142
营销中心电话：88190406　北京财经书店电话：64033436　84041336
北京富生印刷厂印刷　各地新华书店经销
787×1092 毫米　16 开　19.25 印张　295 000 字
2017 年 9 月第 1 版　2017 年 9 月北京第 1 次印刷
定价：50.00 元
ISBN 978-7-5095-7688-5
（图书出现印装问题，本社负责调换）
本社质量投诉电话：010-88190744
文章稿酬及版权联系电话：010-68457872
打击盗版举报热线：010-88190414　QQ：447268889

"全面深化改革领导干部学习读本"

编委会

顾　　　　问：高尚全　彭　森　宋晓梧　许宏才　刘尚希
编委会主任：周法兴　史克毅　黄　琦　潘治宏
编委会副主任：蔺红英　刘学军
编　　　　委：周法兴　史克毅　黄　琦　潘治宏　蔺红英
　　　　　　　刘学军　贾存斗　党海鹏　郁东敏　翁晓红
丛 书 主 编：黄　琦　刘学军
分 册 主 编：刘学军　王　平　黄根兰　方　艳　秦均华
　　　　　　　赵　琳　孙　铮

总　序

高尚全

  自 1978 年党的十一届三中全会开启我国的改革进程以来，弹指一挥间，中国的改革事业已经走过近 40 年的光辉岁月。近 40 年来，我们历经从计划经济到商品经济再到市场经济的探索，我们从无到有构建了中国的社会主义市场经济体系并不断进行完善，我们扭转了"文革"的动荡混乱走向依法治国，并不断提高国家治理水平。可以自豪地说，中国的改革事业取得了不可磨灭的成就。中国的改革事业当然也并非一帆风顺，改革的航程历经千难万险，但是改革的开拓却从未停歇。战胜这些困难、推动中国改革不断进步的，是站在改革潮头的千千万万的干部群众，尤其是广大党员干部，是我们在前无古人的情况下坚定不移地推动改革前进的中坚力量。从"要吃米、找万里"的童谣到"杀出一条血路来"的习仲勋等早期的特区开拓者，从"有计划的商品经济"的论证和提出到"社会主义市场经济的四梁八柱"的构建，如果没有党员干部对改革的孜孜以求、积极进取，就没有今天改革事业的辉煌成果。

一、坚持市场方向的改革从胜利走向胜利

  从"计划为主、市场为辅"到"有计划的商品经济"再到发挥市场的"基础性作用"，最终到发挥市场的"决定性作用"，近 40 年来，以经济体制改革为核心的中国改革始终坚持市场经济的改革方向，并最终使得国家在各个层面上都取得了巨大的成就，推动了以阶级斗争为纲向以经济建设为中心的转变、从计划经济向市场经济的转变、从闭关锁国转向全方

位开放、从人治走向法治、从贫穷落后转向小康这五个方面的伟大转变。

党的十八大以来，我国的改革进入了新的阶段。在以习近平同志为核心的党中央的坚强领导下，我国不仅有效应对了复杂国际政治经济环境的风云变幻，更在相当不利的条件下取得了经济的中高速平稳增长。党的十八届三中全会所作出的《中共中央关于全面深化改革若干重大问题的决定》（以下简称《决定》）制定了我国在新的发展阶段全面推进改革开放事业的宏伟蓝图，提出了到2020年全面深化改革的指导思想、总体思路、主要任务、重大举措。以这份全面推进改革的《决定》为基础，中国改革事业在战略布局、改革难点以及市场地位方面都获得了一些重大的进展乃至突破。

（一）市场在资源配置中的地位获得重大突破

中国改革开放的进程，实际就是从以计划作为配置资源的主要手段逐渐变革成为以市场作为配置资源的主要方式，市场经济逐步确立并不断完善的过程。在这个进程当中，市场的力量从无到有、从弱小到壮大。《决定》旗帜鲜明地提出，使市场在资源配置当中发挥决定性的作用，这在中国的改革开放和市场经济发展历程中具有里程碑式的意义，体现了以习近平同志为核心的党中央对市场规律的认识在不断提高，是我党对中国特色社会主义建设规律认识的一个重大突破。

（二）供给侧结构性改革取得明显进展

党的十八大以来，中国的经济发展面临着全新的环境和挑战。世界经济严重衰退，贸易保护主义抬头，世界经济格局面临新的"洗牌"。与此同时，国内土地、劳动力等要素价格越来越高，资源、环境的约束越来越紧，我国传统的经济发展模式和结构继续进行深刻的调整和改革。中国经济面临着保持一定水平的增速和调结构的两难困境。在这种经济新常态背景下，中央及时作出了供给侧改革的决定和布局，以前所未有的勇气和决心，开启了一场中国经济发展方式向更高形态发展的结构之变。

（三）国家政治体制顶层设计适应新的要求、获得新的突破

党的十八届三中全会提出："全面深化改革的总目标是完善和发展中国特色社会主义制度，推进国家治理体系和治理能力现代化。"这就要求对过去领导改革的行政部门本身进行改革，对改革领导者的决策效能和执行力提出了重大考验。为了推进改革，中央先是设立了中央全面深化改革

领导小组，有力提升了改革的决策效能，使过去总是被回避的改革议题，比如户籍问题、农村土地制度问题等等，能够集中力量摆脱各种利益羁绊获得正面突破。国家治理体系和治理能力的提高还体现在我国社会主义民主政治的进步上。全面深化改革对加强社会主义民主政治制度建设提出了通过各项制度建设，丰富民主形式，从各层次各领域扩大公民有序政治参与，充分发挥我国社会主义政治制度优越性的总目标。

（四）反腐倡廉效果显著，依法治国有效推进

进一步推进改革，创建良好的经济发展环境，需要廉洁奉公高效的党员和公务员队伍。十八大以来党中央对腐败行为的坚决查处，破除了过去一段时期因党纪国法松懈而滋生的各种潜规则，横扫了贪腐猖獗的不良风气，党纪国法为之肃然而振！中央对于滥权渎职的腐败分子，上至中央常委，下至乡村干部，不管是军方大将，还是地方大员，但凡触犯党纪国法，均依法予以严惩。坚定不移地推进全面从严治党，形成了反腐败斗争压倒性态势。这样大规模的反腐浪潮，激浊扬清，民心得以振奋，党风得以清正，使全体党员干部受到深刻的教育。掌握权力行使权力的全体党员干部自觉地规范行使权力、自觉避免滥权渎职行为，这为规范政府权力的行使、保障市场主体的合法权益奠定了良好的基础。在肃清腐败的基础上，中央通过确立依法治国的方略，从制度建设上、从根本上维护国家的长治久安。2014年10月底召开的党的十八届四中全会，是中国共产党历史上第一次专门研究法治建设的中央全会，通过了《中共中央关于全面推进依法治国若干重大问题的决定》。党把自己的路线、方针、政策通过法定程序转化为国家意志，成为全国人民共同遵守的法律规范，实现党的主张和人民意志的有机统一。

（五）生态文明体制改革为创造绿色环境打下了基础

党的十八大以来，党中央始终把生态文明建设放在治国理政的重要战略位置，首次将生态文明建设与经济建设、政治建设、文化建设和社会建设一起，纳入中国特色社会主义"五位一体"总布局；党的十八届三中全会《决定》，全面、清晰地阐述了生态文明制度体系的构成及其改革方向、重点任务，是将生态文明建设纳入"五位一体"总布局后的又一大创新；党的十八届四中全会要求用严格的法律制度保护生态环境；党的十八届五中全会将绿色发展纳入新发展理念。对生态文明建设的顶层设计

密集推出，体现了党遵循发展规律、顺应人民期待、彰显执政担当。

二、新时期的改革仍面临着巨大的挑战

中国的改革虽然取得了举世瞩目的成就，但是前期单边突进的改革遗留的问题越来越成为拖累经济社会进一步向前发展的障碍，而且经过近40年的改革发展，随着生存型阶段向发展型阶段的转变，我国需求结构开始发生明显变化，新的需求和旧的体制的矛盾也日益凸显，新老问题同时并存，影响改革的深化。目前仍存在的矛盾有以下几个方面：

一是经济发展方式转型与市场化改革不到位的矛盾。以当前最重要的"三去一降一补"为例，虽然其在整体战略上极为重要，但是在实际操作过程中，也出现了行政手段"一刀切"，专去民营企业的传言。"三去一降一补"需要行政手段的配合，不过应尽量以市场的优胜劣汰为主要手段，让行政要求成为市场资源配置的砝码，这样虽然见效慢一些，但长期看会更加健康。

二是税费过重与公共产品供给短缺并存的矛盾。我国已开始从私人产品短缺时代进入公共产品短缺时代，但相应的社会体制改革还不适应这个时代变化的趋势。公共产品短缺成为阻碍扩大内需、制约发展方式转型的一个重要因素。公共产品短缺使我国消费率不断下降，消费率水平不仅低于发达国家，而且也低于"金砖四国"中的其他三国。但是，作为公共产品供应源泉的我国老百姓的税赋水平并不低。如曹德旺所指出的，中国企业税赋同比美国高出相当于营业额的11.6%，这在世界上明显属于较高税赋的国家。同一些宏观税负超过30%的国家相比，在社会福利支出（教育、卫生、医疗、社保等）方面，法国的社会福利支出占GDP的比例为35%，瑞典是38%，挪威是33%，丹麦是37%，澳大利亚是23%，美国是21%，我国还有很大差距。造成这种现象的主要原因，还是因为政府作为投资的主体而没有成为创造环境的主体，财政在公共服务领域的投入比重还不高，地方政府的注意力仍然集中在追求经济总量的扩张上。

三是依法治国的理念在实际行动中仍然有待落实。依法治国的治国方略早已提出，党的十八届四中全会更是以中央全会决定的方式将这一理念提升至治国理政的最高层次，中央深改办也专门出台了各项推进法治建设的意见和方案。但是行政部门职能缺位、错位、越位，行政审批门槛多、

公共服务不到位、权力行使不规范等问题仍然时有发生，阻滞了市场经济的健康发展。另外，《宪法》明确的法院、检察院独立司法也受到意识形态领域反对"司法独立"的影响，律师尤其是刑事辩护律师容易受到不公正的待遇乃至以敌我矛盾予以处理，严重违背依法治国的理念。凡此种种，彰显了法治状况与社会主义市场经济建设的不相适应。市场经济当中利益主体各不相同，市场经济的运行实际也是各个市场主体之间利益交换、协调的过程，是不断产生矛盾又不断解决矛盾的过程，司法承载着保障这些矛盾有效、迅速解决，维护不同市场主体利益交换、协调通畅运行的重要功能，依法治国的理念必须贯彻到实处。

三、改革只有进行时，全面深化改革需要广大党员干部掌握改革的方法和经验

"雄关漫道真如铁，而今迈步从头越。"在新的历史时期，推进全面深化改革需要千千万万的广大党员干部不仅要面对"啃硬骨头"的难题，而且要面对的往往是改革的对象就是自己的利益这样的艰难选择。在这种情况下，除了决策层要在顶层设计方面做好微观改革激励兼容的改革路径设计之外，还需要各个层级的党员干部增强大局意识、核心意识，自觉向中央看齐，其目的就是要发挥出中国共产党作为一个马克思主义政党的核心优势来克服私利对改革的扭曲，这是当前推进改革所需要的，是当前各项党员学习教育培训项目的重中之重，在此无须赘言。需要着重指出的是，在改革的深水区推进全面深化改革，"摸着石头过河"的改革方法在制度架构的诸多方面可能不再适用，党员干部在坚定改革的决心之外，还有必要掌握改革的方法论，在对改革有深刻认知的基础上，掌握推进改革的方法、路径，这样就能够事半功倍地推进改革。在近40年的改革进程中，我们积累了不少宝贵的经验和方法，突出的有：

一是不断解放思想，推进理论创新。科学的理论是改革顺利推进的思想保证。改革的进程，就是思想解放的过程，就是理论创新的过程。改革开放以来，我们党坚持解放思想，实事求是，与时俱进，将实践作为检验真理的唯一标准，不断推进理论创新、思想创新和体制创新，创造性地提出了社会主义市场经济理论及其政策体系。

二是坚持市场化的改革方向不动摇。改革开放近40年的历程，也是

国有企业改革新路

市场作为资源配置手段的地位不断提升的历程。从"一大二公"和"割资本主义尾巴"到"计划为主、市场为辅"的社会主义商品经济的提出，再到从指令性计划到指导性计划的转变，进一步到社会主义市场经济的提出，最终到使市场在资源配置中发挥决定性作用，中国的改革所取得的成果，也就是社会主义市场经济不断发展的结果。我们回顾中国近40年的改革经验，其中最核心的一条，就是要坚持市场化的改革方向。需要着重指出的是，互联网大数据时代，我们仍然要头脑清醒地坚持市场经济。计划经济与市场经济的区别，本质上并不在于有无计划或者说制订的计划是否科学，即便在完全市场化的社会里，企业也会制订诸多的生产计划、推广计划，计划得好的企业更有可能在激烈的市场竞争中胜出。计划经济与市场经济两者区别的本质是由行政权力来配置资源还是在价值规律的支配下由市场主体的自主选择判断来配置资源。互联网大数据可以使计划的制订更加科学，但是它无法解决这个时代最重要的人的创造性、积极性的问题。只有自由选择的市场，才能产生这种积极性和创造性，也只有自由选择的市场，它所形成的数据和联网才有意义，否则何以持续地发展繁荣？互联网和大数据只有与市场相结合，才能迸发出最大的效用。改革必须坚持市场化不动摇。

三是灵活运用改革方法，既先行先试、先易后难，又统筹兼顾、协调推进。我国改革的典型特征是采取了先行试点、总结推广的方式。立足于把解决本地实际问题与攻克面上共性难题有机结合起来，选择一定地区或改革领域开展试点，在对试点进行总结的基础上，对成功经验和做法再行推广。这种由点而面、先易后难的改革推进方式，既控制了风险，又通过有效的推广机制使成功经验能够迅速普及，成为我国渐进式改革战略的重要经验，也是新时期推进改革开放、探索新的发展模式和体制模式的重要途径。改革又是一项系统工程，必须不断完善改革的推进方式，统筹兼顾，加强总体协调。我们注重把握"破旧"和"立新"的关系，立足于立新，适时、大胆地破旧，从而不断消除深层次的体制机制障碍，建立健全适应生产力发展需要的新体制、新机制；坚持整体推进和重点突破相结合，在统筹规划的基础上注重协调配合，不失时机地实现改革的重点突破。开放也是改革，做到改革和开放相互促进，良性互动。在完善社会主义市场经济体制的新阶段，我们面临的主要是一些触及深层利益关系、配套性强、风险比较大的改革,而且经济体制改革与政治体制、文化体制、社会体制方面的改革日益紧密地联系在一起,这使得改革的统筹协调和整体推进的要求更加凸显。党的十八届三中全会后设立的全面深化改革领导小组,专门就经济体制、民主法治、文化体制、社会体制等设立了专门的改革小组,为改革的统筹协调创造了条件。

四是正确处理改革、发展、稳定的关系。改革是经济社会发展的强大动力,有效的体制是实现经济社会又好又快发展的根本保证,从长远来看,也是确保社会稳定的根本保障,同时,发展和稳定也提供了深化改革的良好环境和基本条件。要正确处理好改革与发展、稳定的关系,适时有序推进改革开放,把改革的力度、发展的速度和社会的承受能力有机结合起来,在保持稳定的前提下推进改革和发展,通过改革和发展促进社会稳定。

当然,宏观上掌握了改革的经验和方法还远远不够,广大党员干部每个人都有自己需要面对的具体的改革领域。这些具体领域的改革都有自己的难点和重点,其改革的方法和路径都不尽相同,需要根据实际情况,因地制宜,对症下药。中国经济体制改革杂志社和中国财政经济出版社这次共同编纂出版的"全面深化改革领导干部学习读本"不仅仅包括宏观的内容,如《未来十年的改革发展战略》《大国反腐》《大市场严监管》,因为不谋全局者不足以谋一域,有利于我们构建对当前整个改革进程的认知框架;更为重要的是,"全面深化改革领导干部学习读本"还就财政改革、金融改革、国企改革、土地改革、社保改革、产业变革、扶贫攻坚等具体改革领域都专门整合了分册,共同构成本丛书的主体内容,这就为广大党员干部在各自的领域学习、推进改革提供了极大的便利。"成事在天,谋事在人。"我相信,只要广大党员干部能够深刻地学习和领悟"全面深化改革领导干部学习读本"这样的改革书籍所传递的改革知识和精神,中国的改革事业就一定能够从胜利走向胜利,中华民族伟大复兴指日可待。

2017 年 9 月

目录
CONTENTS

代序　国有企业"再改革"八论 …………………… 陈清泰（1）

第一篇　厘清国企改革关键点 / 9

从诸城调研看国企改革的几个重大问题 …………… 高尚全（11）
从供给侧结构性改革的角度看国企改革 …………… 厉以宁（18）
继续深化国有经济的市场化改革 …………………… 吴敬琏（21）
国有企业改革形势分析 ……………………………… 邵　宁（25）
如何把握国企改革的主要任务和重点工作 ………… 季晓南（35）
现代企业制度的内涵与国有企业改革方向
　　　　　　　　　　　　　林毅夫　蔡　昉　李　周（42）
国企改革的新范式及政策挑战 ……………………… 张文魁（52）
当前深化国有企业改革的几个重要问题 …………… 张永伟（60）

第二篇　完善国有资产管理体系 / 73

国有资产监管体制改革策略选择：由混合所有制的介入观察
　　………………………………………………… 张文魁（75）
中国国有资产改革创新模式探索 …………………… 刘纪鹏（91）
国企分类改革战略下的国有资产管理体制重构 …… 杨瑞龙（107）
深化国资体制改革需系统性重构 …………………… 刘尚希（117）
国资运营公司如何组建与运作 ……………………… 高明华（122）

构建现代国资监管制度的依据及路径 …………………… 王　强（127）

第三篇　深化混合所有制改革 / 137

积极推进国有企业混合所有制改革 …………………… 张卓元（139）
国有企业混合所有制改革的"知行误区" …………… 黄群慧（144）
公平的市场环境更重要 ………………………………… 傅蔚冈（150）
混合所有制改革存在的问题与建议
　　………………… 臧跃茹　刘泉红　杨　娟　刘　方（158）
发展混合所有制经济过程中的资产定价 ……………… 黄卫挺（165）
国有企业混合所有制改革引入民营企业，关键在确定
　　公允价格 ………………………………………… 潘向东（173）
国有企业实施员工持股典型案例研究 ………………… 赵　雷（177）

第四篇　加快建立现代企业制度 / 195

国企深层次问题解决要靠建立现代企业制度 ………… 陈清泰（197）
现代企业制度的精髓是经营者支配、所有者监督 …… 华　生（200）
国有企业"瘦身健体、提质增效"的政策建议
　　………………………………………… 刘现伟　李红娟（205）

第五篇　推进国有经济布局战略性调整 / 215

国有经济布局战略性调整的方向和改革举措
　　………… 陈东琪　臧跃菇　刘立峰　刘泉红　姚淑梅（217）
全面理解国有经济主导作用 …………………………… 陈小洪（237）
中国国有资本布局亟待再调整 ………………………… 袁东明（241）
全球国有经济布局调整的趋势与启示 ………………… 姚淑梅（249）

第六篇　优化国企薪酬制度 / 265

国有企业高管薪酬制度改革的历史逻辑与政策效果
　　………………………………………… 陈晓东　金　碚（267）

目　录

国企负责人薪酬改革宜与干部管理体制改革相结合
　……………………马　骏　陶平生　王继承　贾　涛（275）
国企高管薪改最优解…………………鲁　桐　吴国鼎（279）
国有企业高管限薪的悖论……………………………刘胜军（286）

代序
PREFACE

国有企业"再改革"八论

陈清泰[*]

党的十八届三中全会审议通过的《中共中央关于全面深化改革若干重大问题的决定》（以下简称《决定》）提出，"紧紧围绕使市场在资源配置中起决定性作用深化经济体制改革"。这向社会发出的信号是将加快由"半市场经济"向"市场经济"转型。相应的，国有企业也面临"再改革"。

一、经济体制转型与国有企业再改革

我国经济体制改革始终围绕两大主题：一是资源配置方式是计划还是市场；二是财富创造的主体是单一公有制还是多种所有制，非公经济在多大程度上、能否公平地参与财富的创造和分配。这两者有很强的相关性。

较长时期以来，我国处于以投资驱动、产业跟踪为特征的经济发展追赶期，具有明显的政府主导经济增长的"半市场经济"特征。此时，国有企业作为政府调控经济的工具、配置资源和推动经济增长的抓手，始终处于"半政府工具，半市场主体"的状态，政企分不开，也不能分。与此同时，政府对不同所有制企业有亲有疏，实行差异化政策。客观地讲，

---

[*] 陈清泰，全国政协常委、经济委员会副主任。

这种体制大体适应了当时的发展阶段，使我国用很短时间就成功走过了经济发展的追赶期。但是，超越一定时限后，这种体制的弊端日益显现。

党的十八届三中全会《决定》为向市场经济转型进行了重要的理论和政策突破，并做了全面的部署。政府要处理好与市场的关系，就必须摆脱与国有企业关系的掣肘，政企分开，公平对待各类企业；要发挥市场的决定性作用，国有企业就要改变"半政府工具，半市场主体"状态，成为平等的市场竞争的参与者，保障庞大的国有经济能与市场经济很好地相容。国有企业改革依然是经济体制改革的重要环节。

二、国有企业改革基本命题和当前重点

在确立社会主义市场经济改革目标后，国有经济改革的基本命题就是，公有制、国有经济与市场经济能否结合以及如何结合。

党的十四届三中全会以来，中央为破解这一历史性难题提出了三个要点：一是建立现代企业制度，利用"所有权与经营权分离"的特点，在保障国家最终所有的情况下，构造众多独立的市场主体；二是与时俱进地调整国有经济布局和功能，保障国有经济在不同发展阶段都能有效发挥作用；三是探索适应市场经济的"国有资产实现形式"，在保持较大份额国有经济的情况下，政企分开，保障市场配置资源的作用，就是说，国家拥有的国有资产是实物形态的"国有企业"，还是可以用财务指标清晰界定、计量并具有良好流动性、可进入市场运作的国有资本。

这三方面相互关联，但进展参差不齐。在国有企业仍是政府"工具"和"抓手"的情况下，在产业领域以实物形态呈现的"国有企业"仍是国有经济的主要实现形式。而政府作为市场的监管者，同时拥有、管理和控制着庞大的国有企业群，并与其保持着复杂的关系。这就造成政府不独立，国有企业也不独立，政府无法正确处理与市场的关系。

这次国有企业再改革的命题，不是政府机构"如何改进对国有企业的管理"，而是由"管企业"转变为"管资本"。即推动国有资产实现形式由实物形态的"企业"，转变为价值形态的资本，包括证券化的资本。这是当前深化国有企业改革的关键点。

三、两类国有资产管理形式

经过多年的探索，经营性国有资产管理已经有多种形式，大致可分作两类。一类管理形式是全国社保基金，信达、华融等资产管理公司和中投、汇金投资控股公司等。这类机构的共同特点，一是都是经注册的金融持股机构，管理的对象都是资本化和证券化的国有资产，也就是"国有资本"；二是与投资和持股的公司是股权关系，不是行政关系；三是持股机构是市场参与者，在市场中运作。

国资委则是另一类管理形式。它的特点：一是以实物形态的"国有企业"为对象，"管人、管事、管资产"，管理着一个企业群，政府不独立，企业也不独立，是诸多体制性矛盾的焦点；二是从法律和财务意义上国有产权的委托代理关系并未建立，政府对国有企业是行政强约束、财务软约束；三是国有产权基本不具有流动性，有进有退的调整很难实质性进行，资本效率低。这类管理形式在诸多方面与市场经济很难相融，是当前改革的重点。

四、国有资产资本化改革的意义

国有资产的资本化应当实现三个目标：一是建立以财务约束为主线、权责明确的国有产权委托代理关系。国家保持最终所有权，实行所有权与经营权分离；国有资本投资机构运作国有资本，与投资的企业建立股权关系；企业有股东，没有"婆婆"，自主决策、自负盈亏，是独立的市场主体。这对国有企业是又一次解放。二是资本化特别是证券化的国有资产具有良好的流动性，使国有经济布局和功能可以灵活调整。资本化是对国有资产流动性和效率的解放。三是按照所有权与经营权分离的原则，从体制上实现政资分开；通过国有资本投资机构的隔离，实现政企分开。在这种管资本不管企业的制度安排下，政府可站到超脱地位，正确处理与市场的关系。这对政府也是一次解放。

这项改革的重要意义在于，资本化和证券化的国有资产的预期效能，主要通过市场而不是行政力量来实现。这就使国有资本具有"亲市场性"，从而可以保障我国在保持较大份额国有经济的情况下，"使市场在资源配置中起决定性作用"。

五、国有经济的功能转换

渐进式改革留下了一笔巨大的国有资本，是保障我国经济体制平稳转型的宝贵资源，它应当发挥非国有经济不可替代的作用，而不产生挤出效应。基于我国的特点，国有资本有两大功能：一是政策性功能，即作为政府实现特殊公共目标的资源；二是收益性功能，获取财务回报，用于公共服务。两者的比例结构应当与时俱进地调整。

在经济发育程度较低，政府主导经济增长阶段，国家更加重视它的政策性功能，即国有经济主要作为政府调控经济的工具，配置资源和推动经济增长的抓手的功能。但这一发展阶段正在过去。

在市场起决定性作用的情况下，国家宏观调控将主要依靠发展战略的导向和以财政、货币为主的政策手段。国有经济的政策性功能将限定在某些市场失灵的领域，国有经济作为"工具"和"抓手"的功能应大幅度转向收益性功能。

当前，在国家有需要，非公经济不愿进入或不准进入的领域、天然垄断行业、涉及国家安全和某些公共服务等领域，以国有资本投资实现政府特定的公共目标的功能还不可缺少。但其所涉及的领域必须经过充分论证和法定程序，列入"负面清单"，并随形势发展逐步减少，避免随意性，不可泛化。

另外，很多曾经的"重要行业、关键领域"已经成为竞争领域，而制约经济社会发展的瓶颈、关系"国民经济命脉"的很多方面也已变化。社会保障、基本公共服务均等化和某些社会产品的短缺，已经上升为主要矛盾。应将更多的国有资本分别注入社会保障、扶贫、教育等公益基金和金融性投资机构，以投资收益作为公共财政的补充来源，弥补体制转轨中积累的必须由财政支付的历史欠账和民生需求。一方面补充社会保障资金的不足，保住社会底线；另一方面补充社会公益性资金，减少社会不公，促进区域协调发展。以此保障体制转轨的平稳进行，使全民所有回归到全民分享的本性上来。

六、"从竞争性领域退出"并非关键

到目前为止,产业领域的国有资产基本不具有流动性,在一些领域发挥着"控制力"的作用。资本化后具有流动性的国有资产如果在竞争领域继续谋求对产业的"控制",将会对市场产生巨大冲击。从这个意义上说,很多人提出"国有经济应当从竞争性领域全部退出"不无道理,但国有经济规模巨大,全部退出是不现实的。

一方面国有资本"应加大对公益性企业的投入,在提供公共服务方面做出更大贡献";另一方面,关键的不是"退出",而是在竞争性领域与时俱进地改变国有经济的功能,由过去看重对产业和企业的"控制",转向现在专注资本投资的收益。

存续在竞争领域国有资本的公共性不是表现为"退出",而是体现在收益分配的公共性。

进入市场的国有资本应当具有一般资本的本性,即逐利性。谋求"控制",会扭曲市场;投资为了收益,对市场无碍。

实际上,对于资本,不论谁是最终所有权人,只要受市场法规约束,以平等的身份,遵从市场理性参与竞争,都是市场有效配置资源的积极力量,都与市场经济相融,对其他投资者不会造成不当伤害。资本化的国有资产的绝大部分应当是追求投资回报的"收益性功能"的资本。

"政策性功能"的国有资本要实现政府目标,例如,特定的发展目标或控制目标,有时会背离收益性目标,不按"市场理性"运行。这类资本应限定在市场失灵的领域和较小的规模,否则就会成为搅乱市场的因素,造成资源错配。

七、关于国有资本的管理与运营

国有资本的管理属于公共职能,应当由政府部门承担,其职责包括建立国有资本资产负债总表,制定国家所有权政策和推动国有产权立法,组织建立国有资本委托代理关系,分别注入国有资本,组织编制和执行国有资本经营预算,统筹国有资本收益分配,负责国有资本的统计、稽核,监控等。

在国有资本运营中,应设立若干国有资本投资机构和公益性基金,作为政府与市场之间的"界面"。它们一方面受政府之托,接受国家政策指导,管理边界清晰的国有资本;另一方面在市场中独立运营,集中统一行使所有权;投资收益上缴委托部门,接受监管部门的监督。

监督机构需要对国有资本运营机构进行审计,对运作合规性、资产状况和运作效率进行监督。国有资本的状况、损益,经营预算和收益分配应当向人民代表大会报告,接受监督,并获得批准。

八、建立多元制衡的公司治理机制

转向"管资本"之后,国家所有者权益的保障机制发生了变化。此前,国家为保障所有者权益,在企业之外不断加强干预、控制和监管,现在是受财务硬约束的投资机构以股东身份进入企业,通过参与公司治理而获得权益保障。

一些国有控股上市公司治理结构失效,往往与"存续公司"滥用控制权、外部无规制的干预有关,由此人为地扭曲了公司治理,为"内部人控制"留出了空间。实践证明,多元机构投资者相互制衡,有利于公司把目标集中于投资回报和创新,有利于提高公司透明度和财务约束,有利于激励管理层创造良好业绩。

在资本化过程中,应将公司国有股权改由多家持有并引进非公投资机构。公司经营状况不仅对非公投资机构,而且对国有资本投资机构以及职业投资经理人都有切肤之痛,由他们进入董事会和股东大会,决定管理层的激励和去留,拍板公司重大决策,决定收益分配,比在企业之外政府部门的干预和监管更有利于克服信息不对称及内部人控制,保障资本的效率和安全。

随着混合所有制的发展和资本流动性的增加,竞争性领域企业的股权结构将更加复杂,而且呈动态变化,特别是随着按企业所有制属性区别对待政策的逐渐取消,每家企业包括上市公司头上继续戴着"国有"或"民营"的"所有制标签"已经失去了政策意义。如果继续保留,则不利于消除"姓国""姓民"的社会裂痕,应当考虑改革相关统计指标体系,进而弱化"姓国""姓民"的社会舆论,保障各类企业"权利平等""机会平等""规则平等"。

(本文原载于《现代国企研究》,2014年第7期)

第一篇

厘清国企改革关键点

新一轮国有企业改革与 20 世纪 90 年代的改革有一个很大的不同，之前大量国有企业陷入困境，不改革就更没有希望，因此，在为什么要改革这类基本问题上，共识度较高，对改革可能会出现的种种问题或者是错误也有较大的宽容度。而这一轮国有企业改革相对来讲更加复杂，难度更大。在改革进入深水区后，势必触及更深层次的问题，改革的风险也会增加，在这个时候改革者更应优先推进有共识的改革，那些虽然迫切但分歧较大的改革并不一定成为优先的改革任务。因此，要顺利推进国有企业改革，仍需在一些基本问题或容易产生分歧的问题上进一步凝聚共识，进一步解放思想。

第一篇

国有控股公司理论探索

从诸城调研看国企改革的几个重大问题

高尚全[*]

笔者去了潍坊的诸城调研，重点是了解诸城国有企业改制前后的变化，随后又考察了潍坊滨海新区。调研中感触最深的有以下几点。

一、诸城国有企业改制前后的鲜明对照：改制前积重难返，改制后成效显著

20世纪90年代初，诸城的国有企业亏损面大，债务负担重，难以为继。1992年上半年，市属150家独立核算的企业中，有103家企业亏损。时任市委书记陈光下决心改革，采取改制出售的办法，以摆脱困境。但当时有人反对，认为这是国有资产流失，给陈光扣上"陈卖光"、走资本主义道路的帽子。姓"资"姓"社"的争论惊动了朱镕基总理。

20多年来的实践证明，诸城企业改制是成功的，激发了企业的活力，积累了比较厚实的经济技术基础，有力地推动了经济社会的持续健康发展，人民也分享了改革发展的成果。在当前经济下行压力较大的形势下，山东诸城地区政府和企业游刃有余，2015年诸城的各类工业企业拥有省以上研发机构37家，院士和博士后工作站8家，高新技术企业产值占比达到39.5%；诸城全市实现地区生产总值746.5亿元，同比增长8.1%；财政收入88亿元，同比增长6%；完成固定资产投资561亿元，同比增长14.1%，城镇、农村居民人均可支配收入达到31 599元和15 833元。县域经济基本竞争力位居全国百强县第27位。这样的成绩与一些改革落后

---

[*] 高尚全，国家体改委原副主任。

地区经济的断崖式下跌形成鲜明对比。改革是最大的红利，早改革早主动，山东诸城是典型的例证。

二、坚持问题导向，分类指导，因企制宜，一厂一策，灵活采取不同的改制形式，发挥好市场的决定性作用，更好地发挥政府的作用

诸城从1992年起从产权制度改革入手，以明晰产权关系为重点，采取股份制、股份合作制、兼并重组、外资嫁接、无偿转让产权、破产、租赁七种形式，对县域企业进行全面改革。其中，采取股份制形式的1家，股份合作制形式的210家，占改制企业的77.2%；外资嫁接7家，无偿转让产权1家，破产的3家，兼并的2家，租赁的2家。

企业改制的形式不是固定不变的，而是随着经济形势的变化逐步调整的。企业改制初期，主要采取股份合作制形式，对企业进行资产评估，将所有者权益中生产经营性净资产折股出售给企业内部全体职工，把原来的国有（集体）企业改造成内部职工持股的股份合作制企业，职工通过劳动合作和资本合作，结成利益共同体。

随着企业规模的扩大，仅靠职工入股筹资已不能满足企业发展的需求；随着企业做大与个人股本份额相应变小，产权对股东的约束力明显减弱，职工对企业的关切度下降，特别是由于平均持股经营者所持股本份额太小，缺少足够的责任感和压力感。针对这些问题，诸城推行职工增资扩股、转让银行贷款扩股、吸收社会资本参股，调整了股权结构。

分类指导，因企制宜，一厂一策，多种形式推进企业组织升级，对具备一定规模的企业，改组为规范的公司，完善出资人制度和母子公司体制。通过企业改制，促使大多数企业由死变活，由亏变盈，改变了企业的面貌。诸城企业改革整体采取了多兼并重组、少破产的原则，最终只有3家长期亏损、资不抵债、挽救无望的企业依法实施破产。多兼并、少破产减少了职工一次性分流的压力，产品相同或相近的企业的生产设备的效用得到最大限度的发挥，更有利于社会的稳定，具有很强的借鉴意义。当然，党的十八届三中全会和十八届四中全会已经确立了市场化、法治化的改革方向，企业改制要向多兼并、少破产的方向努力，但必须坚持市场的

决定性作用,政府可创造良好的条件推动市场主体主动兼并,同时必须在法治轨道上进行。一方面该走的国有资产评估、转让流程必不可少,另一方面根据《破产法》规定,重组等程序都走不通的就应当依法破产。

三、国有资产流动不等于流失,而且只有在流动中才能使企业保值增值,做强做优做大,也只有在流动中才能瘦身健体,提质增效

国有资产不能流失,这是改革中必须坚持的重要原则和方针。但是,一说流动就怕流失,就怕问责,所以宁可不流动、不作为。应该明确,流动中的流失,只要是坚持了市场化改革方向,减少行政干预,采取第三方评估,加强监管,是可以避免的,或者可以把流失减少到最少。国有资产不流动,使之固化起来,不符合市场规律,其损失是难以估算的。

诸城国有企业的改革,实现了国有资产的保值增值,调整了结构,促进了经济的发展和职工生活水平的提高。诸城机动车辆厂采取了无偿划转的形式,于1994年1月以576万元的净资产无偿送给了北京汽车摩托车联合公司,变成了北汽摩托公司诸城车辆厂。当时有人认为,这是国有资产流失。但实践证明,无偿划转,撬动了北汽闲置的冲压生产线等存量资产,使之在诸城实现了保值增值;同时撬动了诸城车辆厂的发展后劲,不到两年就增值了143%,上交地方财政542万元,短期内收回了原来送出去的资产。截至2016年5月,该企业已向诸城提供了30亿元的税收。按当初576万元的净资产无偿并入北汽摩托计算,相当于诸城收回了520个机动车辆厂。

1996年8月起,面向社会整合资源,联合江苏常柴等100家法人企业组成了北京福田车辆股份有限公司。1998年"福田股份"在上海证券交易所挂牌上市,融资3.2亿元,主要用于技术改造上,提升了产品的竞争力,先后在全国范围内兼并重组了10多个老国有企业,盘活了11亿元的国有存量资产,解决了2万多名员工的就业。目前,福田农用汽车产销量位居世界第一位。这是在流动中实现国有资产保值增值的典型案例。

四、如何正确、完整地理解加强党的领导：只有不断完善党的领导才能加强党的领导

在这次调研中，大家都认为发展社会主义市场经济必须坚持和完善党的领导，有以下七个问题值得我们继续探索。

（一）如何处理好地方党委的地区性和企业的跨越性的关系

诸城市中纺金维纺织有限公司前身是一家集体所有制的纺织厂，1990年底，由于经营不善资不抵债，严重亏损。经过企业改制，中纺集团公司占有80%的资本，成为国内最大的腈纶产品基地，被评为"中国中央企业先进集体"。企业党委属于属地管理，即潍坊市委领导和管理。当时企业党委通过了到东南亚投资的决定，但被大股东中纺集团否定了。这就引出一个问题：我们许多股份公司，特别是上市公司都是跨地区的，那么地方党委应如何加强跨地区企业的领导，到底是地方党委、企业党委说了算，还是所有者、董事会说了算。

（二）现行企业党委的组织结构是否需要调整

现有地方党委和企业党委中，书记、副书记、纪委书记、政法委书记、组织部长、宣传部长、统战部长一般都是党委常委，而主管经济的副市长和企业的经营管理层只有一两名进入常委，在常委会中只是少数派。这样党的组织结构是否要做相应的调整和完善，以适应以经济建设为中心，保证企业的重大决策、涉及重大经营管理事项正确无误。

（三）权力和责任如何平衡

最近，国资委在"全面深化国有企业改革中加强党的建设工作"文件中提出，涉及企业重大经营管理事项必须经过党委（党组）研究讨论提出意见和建议后，再由董事会、经营班子做出决定。这无疑是扩大了企业党委的权力，但权力必须同责任相匹配，企业党建的责任主体当然是党委。但是，在市场竞争加剧的情况下，企业面临的不确定因素和风险很多，企业亏损乃至于死亡，这个责任主体应明细，以便更好地落实责

任制。

(四) 如何处理好企业党委、董事会和经营班子的关系

加强了党的领导，又发挥了董事会和经营班子的积极性，使职工真正成为企业的主人，从而促进了社会生产力。这是企业改革的最终目的。邓小平同志于1980年8月在《党和国家领导制度的改革》中指出："权力过分集中的现象，就是在加强党的一元化领导的口号下，不适当地、不加分析地把一切权力集中于党委，党委的权力又集中于几个书记，特别是集中于第一书记，什么事都要第一书记挂帅、拍板。党的一元化领导，往往因此而变成了个人领导。全国各级都不同程度存在这个问题。权力过分集中于个人或少数人手里，多数办事的人无权决定，少数有权的人负担过重，必然造成官僚主义，必然要犯各种错误，必然要损害各级党和政府的民主生活、集体领导、民主集中制、个人分工负责制等等"。邓小平又指出："党成为全国的执政党，特别是生产资料私有制的社会主义改造基本完成以后，党的中心任务已经不同于过去，社会主义建设的任务极为繁重复杂，权力过分集中，越来越不能适应社会主义事业的发展。对这个问题长期没有足够的认识，成为发生'文化大革命'的一个重要原因，使我们付出了沉重的代价。现在再也不能不解决了[①]。"邓小平同志还指出："有准备有步骤地改变党委领导下的厂长负责制、经理负责制，经过试点，逐步推广、分别实行工厂管理委员会、公司董事会、经济联合体的联合委员会领导和监督下的厂长负责制、经理负责制。""实行这些改革，是为了使党委摆脱日常事务，集中力量做好思想政治工作和组织监督工作。这不是削弱党的领导，而是更好地改善党的领导，加强党的领导[②]。"当时，中央派出了彭真同志为首的调研组分赴各地和企业进行调查。发现的主要问题是，党委领导下厂长负责制中，党委介入具体的经营决策，造成厂长责任大、权力小，党委权力大、责任小等问题。当时还学习了列宁关于厂长负责制的论述。叙述这段历史绝不是要恢复厂长负责制，而是在加强党的领导下，避免过去发生过的问题。企业党委不要替代董事会和经营班子，而是要领导董事会、经营班子在职责范围内更好地发挥各自的作

---

① 《邓小平文选》第二卷，人民出版社1983年版，第329页。
② 《邓小平文选》第二卷，人民出版社1983年版，第340页。

用。董事会、经营班子和广大职工都是在党的领导下工作的,董事会和经营班子的工作做好了,党的领导也加强了。广大职工的积极性和创造性发挥出来了,真正做了企业的主人,说明党的领导也加强了;反之,怎么能说明真正加强了党的领导?只有不断地完善党的领导,才能加强党的领导。

(五)加强党的领导,更应当在于发挥党的政治和思想领导力,将党和人民的意志充分体现在宪法和有关法律当中

党的十八届四中全会把依法治国作为改革的重中之重,要认真落实习近平同志关于改革要于法有据的指示,领导人民科学立法,然后带头执法。党领导制定的《公司法》也已颁布运行多年。现在有关部门出台的规定是否于法有据,与《公司法》是否衔接,不适应发展改革的地方可以通过法定程序进行修改完善。

(六)加强党的领导,不在于事无巨细党管的事越多越好,党的领导应该抓大事、抓关键

加强党的领导不能简单地理解为在国有企业当中不论事无巨细都要求党来负责。习近平同志要求党在社会主义建设当中发挥核心作用是要求党发挥总揽全局、协调各方的领导核心作用。

党要发挥总揽全局、协调各方的领导核心作用,不是事无巨细党管的事越多越好。邓小平同志曾批评指出:"我们的各级领导机关,都管了很多不该管、管不好、管不了的事[①]。""党要善于领导,不能干预太多,应该从中央开始。这样提不会削弱党的领导。干预太多,搞不好倒会削弱党的领导,恐怕是这样一个道理[②]。"

必须正确地理解和执行加强党的领导,其中最关键的一点是,加强党的领导,不在于事无巨细党管的事越多越好。加强党的领导,最直接的目标是增强国有企业活力和剔除国有企业腐败,如果事无巨细管得太多,市场主体就失去了活力。

1996年第十四届中央纪委做出了"三重一大"(重大决策、重大干部

[①] 《邓小平文选》(1975～1983),人民出版社1993年版,第288页。
[②] 《在全体人民中树立法制观念》,载《邓小平文选》第三卷,人民出版社1993年版,第163页。

任免、重要项目安排和大额资金使用）必须经过集体讨论，不准个人或少数人专断。这一制度安排对于加强民主集中制，提高决策的科学化，进而遏制腐败起到了重要作用。

（七）在国有企业改革中加强党的领导，要重视用市场方式配置人才资源

市场决定资源配置，人才资源可以说是第一资源。创新驱动，实质上是人才驱动，配置好人才资源，就是增强创新发展的内生动力。企业的竞争，归根结底是人才的竞争。如何发现人才、用好人才、留住人才，是企业在竞争中能否取得胜利的根本因素。市场上的经理人才与党的各级行政领导干部既有相同点，又有不同点，党和政府应当制定能够符合市场竞争需求的国有企业经理人才、技术创新人才的新的招聘、考核、激励机制，而不宜用管理行政干部的办法照搬到市场主体当中去。

在加强党的领导、避免腐败行为发生的同时，也要考虑如何对企业管理层进行正当的激励。在激烈的市场竞争中优秀的人才能够给企业带来巨大的发展和财富，平庸的管理者可能只能守成，甚至可能造成企业的亏损乃至倒闭。因此，人才激励是市场主体不可回避的话题。尤其要考虑通过对重大贡献的科技人才的激励来鼓励技术创新。对发明者要有严格的专利保护，要有较高比重的股权激励，或者以发明者的姓名命名，重赏之下必有勇夫。对颠覆性创新的意愿要给予宽容、理解和支持。要建立以市场为主导的机制。行政审批和评审制度下，颠覆性创新是难以实现的。

加强党的领导必须注意要与市场化改革相融合，创设良好的制度环境，进而充分发挥人的创造力，促使经济的健康发展、人民生活幸福，党的领导就会不断巩固。上善若水，水善利万物而不争，夫唯不争，故无尤。

（本文修订于 2016 年 12 月 1 日）

国有企业改革新路

从供给侧结构性改革的角度看国企改革

厉以宁[*]

在经济运行进入新常态的情况下,供给侧发力正在成为全国上下关注的重点。经济下行的压力虽然仍继续存在,但总的看来,形势正在好转,对此我们应当有信心。究竟如何理解供给侧发力的主要内容呢?简要地说,就是必须进行结构性改革,加快结构性改革。而在结构性改革中,国有企业改革的推行,更是当务之急。

结构调整必须同结构性改革紧密地结合在一起,结构调整的主要任务是资源配置的合理化、高效化。如果不深化国有企业改革,不能充分挖掘国有资本的潜力,不能从新技术、新产业、新发明、新效率等方向使国有企业成为真正的市场主体,供给侧发力将很难取得成绩,供给侧结构性改革的重要性正在于此。

一、国有资产管理部门和国有企业管理应分两个层次进行改革

一个层次是:国有资产管理部门只管国有资本的增值保值和国有资本的配置和再配置及其效率的变化。资产管理部门要管好国有资产,不要让国有资产流失,但这还不够,资产管理部门更应该着重于国有资产的运营效率,或者说着重于资产的配置效率。经济学过去关于效率的分析,研究的是生产效率:假定投入量不变,产出量增加了,效益就提高了;假定产出量不变,投入量减少了,效率也提高了。但是,20世纪30年代以后,特

---

[*] 厉以宁,著名经济学家。

别是第二次世界大战以后，出现了第二种效率：假定投资既定不变，如果用A方式配置资源，产生N效率，换一种B方式配置资源，能够产生N+1的效率，这就是效率提高了。这对于我们的国有企业、对于我们的结构性改革有很大的启发。涉及好几十万亿元的国有企业改革，现在的配置效率是最好的吗？调整一下资源配置，效率能否来个大幅度提高呢？国有资产管理部门在管理国有资产的时候，需要关注如何提高国有资产的配置效率。

另一个层次是：国有企业按行业不同而区别对待。竞争性行业积极探讨和实行混合所有制，国有资本所占股权比例不设底线，根据具体情况而定。国有企业改为混合所有制企业之后，一律按公司法自主经营，建立完善的法人治理结构，开展业务。至于特殊行业的国有企业，应当由国家控股。国家控股究竟是绝对控股还是相对控股，可以依据行业和企业的具体情况而定。

国有企业分为非竞争性产业、竞争性产业、引领性产业。发展混合所有制，就是要在产权明确的基础上，进行多元的、多种形式的投资。当前的国有企业改革，发展混合所有制仍然碰到了问题，我们在调研中发现企业的积极性不高，上面让我搞我就搞，你让我跟谁谈判我就跟谁谈判，对产权激励躲得远远的，以免说我使国有资产流失了。我们还发现，民营企业的产权搞得很活跃，而且有章法，当前碰到的最难的问题是职业经理人制度。民营企业现在普遍面临企业的继承人问题，企业通常是贤中取亲，或者是亲中取贤，产权最后都要落实到家庭成员当中，然后再按股分工、按股分红，有福同享、有难同当，经理人就在社会上聘。但我们在调查民营企业时发现，这样发展职业经理人制度也不行，职业经理人没有股份，合同期满他就可以走了，另找别的企业当经理人。如果想要留住好的职业经理人，就必须让他变成合伙人。目前，关于这个问题，民营企业和国有企业都在进行试验。但是，国有企业的改革细则还没有出来，只有细则出台了，各项改革包括职业经理人制度才能够真正落地。

二、推行国有企业改制为混合所有制企业后，可以在这样的企业中实行明确的人才激励制度

人才激励便于让高级管理人员在技术发明或市场营销方面做出杰出贡献，激励的多少由混合所有制企业根据本行业和本企业的状况而定。主要

有两点需要注意：一是必须是奖励给为本企业做出贡献的人，二是必须公开化，防止个别领导人说了算，或为了平衡企业内部矛盾而违背当初实行股权激励制度的初衷。

三、根据企业状况，推行职工持股制度

在采取这一措施时，需要注意以下两个问题。第一是要汲取20世纪90年代某些国有企业试行职工持股，后来逐渐解体、消失的教训，一定要规定严格的职工持股程序，而不能采取"人人持股""免费赠股""企业内部自由转让""企业职工可以任意将股票出售给非本企业职工"等不规范的做法。第二是什么样的本企业职工可以购买本企业的股份，要有严格的限制，不能把职工持股视为本企业的一种"福利"，更不能形成在企业大门外摆地摊出售职工所持股票等做法。持股的职工应当有一定的本企业工作经历，职工所持股份如何转让也应当有规则。

四、要逐步实行职业经理人制度

在混合所有制改革取得进展后，职业经理人制度就提到议事日程上来。职业经理人是企业聘任的，实行任期制和责任制，由董事会任命，负责企业的经营管理。企业的董事会对企业的重大决策做出决议，由职业经理人负责执行。这一结构适应于市场经济体制下的企业运营，也适应于市场环境。但存在一个问题，即我国至今仍然缺少职业经理人的供给以及供方和需方的交流机会。这是可以理解的，因为中国至今尚在从社会主义计划经济体制向社会主义市场经济体制转换的过程中，职业经理人队伍不可能迅速成长起来，符合条件的职业经理人显然供不应求。我们不能忽略这一问题的存在，然而仍是可以补救的。比如说，可以对现有国有企业的中高层管理人员中愿意担任混合所有制企业经理人的进行短期培训，然后听其自愿加入职业经理人供给行列，应聘于混合所有制企业，同时脱离原来的就业岗位。如果以前有行政级别的话，可以取消原有的行政级别。

（本文原载于新华网，2016年3月10日）

继续深化国有经济的市场化改革

吴敬琏[*]

在 20 世纪 80 年代改革开放的初期，中国经济改革采取了国有经济基本不动，在"体制外"寻求发展的战略，即"增量改革战略"。

实施增量改革战略取得了极大的成功，其中最重要的成果是使民营经济得以从下而上地成长起来，并且日益发展壮大。

不过，采取增量改革战略使民营经济得以成长，只是中国改革和发展这出"大戏"的"序幕"。不对国有经济进行彻底的改革，就不可能建立市场机制在资源配置中起决定性作用的市场经济体系。

一、国有经济必须改革

对国有经济进行彻底改革的必要性主要缘于以下两方面：

第一，不改革国有经济，中国经济的整体效率难以得到提升。改革开放的最初十几年，中国的经济增长和效率提高基本来源于非国有部门，而占有经济资源主要部分的国有部门不但增长缓慢，而且效率有下降的趋势。亏损企业的数量逐年增加。到 20 世纪 90 年代中期，整个国有企业部门陷入了盈不抵亏的困境。这种情况必然要拖累整个国家的财政金融体系。其中，银行系统的呆坏账大量积累，面临极大的系统性风险。

第二，双重体制并存造成了很大的寻租空间，使腐败蔓延的趋势难以扼制。实行增量改革战略，在大体维持国有经济现有体制的条件下，容许私有经济发展和引入部分市场机制，使中国经济出现了命令经济和市场经

---

[*] 吴敬琏，国务院发展研究中心高级研究员。

国有企业改革新路

济双轨并存的状态。由于命令经济是一种由行政命令支配的经济,而市场经济则是由各市场利益主体利益支配的经济,双重体制和双重运行规则并存,就必然造成"权力搅买卖"的巨大寻租活动空间。例如,在改革开放之初,国有企业获得了销售产品的自主权。"双轨制"在促进国有企业做出帕累托改进和为民营企业提供经营条件等方面起了重要的作用,但是在另一个方面,双重体制和双重规则的交织,又使某些有权力背景的人获得巨大的"寻租"机会。这些被称为"官倒"的人们靠倒卖,调拨指标在短时间内成为巨富。一时间,"官倒"成为腐败的代称和全民议论的焦点。

正是针对上述两方面的情况,中共中央在 1984 年的十二届三中全会做出决定,要从以农村承包制为主的改革转向以城市为重点的"整个经济体制的改革"。邓小平说:"城市改革不仅包括工业、商业,还有科技、教育等各行各业都在内。"这一改革有两个重点,一个是价格体系,另一个是"全民所有制企业"。用邓小平的话说,就是要摸国有经济的"老虎屁股"。

二、从"国有企业改革"到"国有经济的布局调整"

在中共十四届三中全会方针的指导下,中国用了将近 10 年的时间将一大批国有企业(主要是集团公司下属的二级企业)改组为多元持股的公司制企业。这些企业的效益有了提高,也扭转了国有经济全部门亏损的状况。

但是,人们也很快发现,要把覆盖整个国民经济的几十万个国有企业全都改好是不可能的,而且即使它们全部改造好了,也无法在此基础上建立市场经济制度。正是在这种认知的基础上,1998 年的中共"十五大"提出了国有经济改革的另一项重要内容,即有进有退地实现国有经济布局的战略性调整。

在中共"十五大"后的几年中,中国成功地实现了数百万个国有小企业和基层政府所属的乡镇企业改制以及上万个大中型国有企业的"股份化"。

这样一来,中国经济的所有制结构明显优化,从国有经济一家独大的结构转变为多种所有制企业共同发展。民营经济的营业额居于各种经济成分的首位。在就业方面,民营企业成为吸纳就业的主体。2006年民营企业就业人数达到全国城镇就业人数的72%。在世纪之交,一个以混合所有制为基础的市场经济的轮廓开始显现在人们的面前。它为世人称道的20至21世纪"中国故事"奠定了基础。

三、国有经济改革必须奋力过关

世纪之交,国有经济上述两方面的改革都取得了可喜的进展。但是,当这些改革推进到更深的层次,特别是涉及国有大型垄断企业集团时,改革的步伐就明显慢了下来。

国有经济改革放慢的首要表现,是在"放小"已经基本实现的情况下,国有经济的布局调整就几乎停步不前了,后来还发生了一些领域"国进民退"的"开倒车"现象。例如,中共"十五大"明确指出,国有经济需要控制的,只是"关系国民经济命脉的重要行业和关键领域"。党的十五届四中全会更把这些"行业"和"领域"划定在"涉及国家安全的行业,自然垄断的行业,提供重要公共产品和服务的行业,以及支柱产业和高新技术产业中的重要骨干企业"的范围内。可是,2006年国资委的一份"指导意见"却提出,国有经济应对军工、电网电力、石油石化、电信、煤炭、民航、航运七大行业保持"绝对控制力";对装备制造、汽车、电子信息、建筑、钢铁、有色金属、化工、勘察设计、科技九大行业的重要骨干企业保持"较强控制力"。这样,就使民营企业的发展空间大为收紧。在有些领域,甚至发生了获准进入的民营企业的许可被收回,不准继续经营的情况。一些国有企业还对民营中小企业展开了收购兼并,使国有经济在一些重要行业的垄断地位进一步强化。

另外,一些国有企业不但继续保持行政垄断的地位,而且得到国有银行的大量贷款支持,迅速扩张。2009年国有银行提供的10万亿元以上的海量贷款,绝大部分贷给了国有大企业和"地方政府融资平台"。这使国有企业大大提高了扩张速度,甚至大举进入房地产业这一公认的竞争性行业。它们挟巨资抢购土地,使"地王"频现,纪录不断被刷新。凭借在流动性短缺和"现金为王"的年代拥有巨额流动性以及继续保持垄断权力的"优势",国有和国有控股企业的固定资产总额在 2001～2009 年的 8 年间增加了 1.2 倍（其中，央企资产总额增加了 2 倍）。国有企业的盈利更达到了天文数字。仅两家最大的中央国企中移动和中石油的净利润就超过了中国民营企业 500 强的利润总和。

但是，国有企业的逆势扩张和地位加强，对于中国经济的长期发展究竟是祸还是福，并不能由它们获得的短期盈利多少来评判，而要从它们对于市场制度完善和经济长远发展的影响来判断。至于国有企业的效率是否高于民营企业的这个课题，已经有中外研究机构进行了实证分析，实证分析依据翔实的数据支持得出了否定性结论。

面对这种形势，出路只有：下定决心，循着中共十一届三中全会以来的改革开放路线，继续推进国有经济的市场化改革。

切实推进国有经济改革是一项十分艰巨的任务，它必然会遇到来自陈旧意识形态和"特殊既得利益"的阻力和障碍。然而，不这样，就无法在中国建立起有利于实现共同富裕的法治市场经济制度，实现中国的持续稳定发展。因此，一切关心中国经济繁荣和社会进步的人士都应当为实现这一任务而竭尽全力。

（本文原载于《经济参考报》，2013 年 9 月 26 日）

国有企业改革形势分析

邵 宁[*]

一、国有企业改革的几个阶段

国有企业改革大致可分为以下几个阶段。

第一个阶段，1984～1998年，是起步和探索阶段。这个阶段主要是实施以放权让利为主的浅层次改革，体制上定位在承包经营责任制上。承包制解决了两个问题，一是解决了市场导向问题，二是解决了企业发展生产的积极性问题。所以，它是有积极意义的，但它也有很大的局限性。实行承包制，体制没有动，结构没有动，只改了政府对国有企业的管理办法。这个特点决定了承包制特别适合于短缺经济。生产是可以包的，结构调整没有办法包。所以，它适用中国经济发展的阶段是非常有限的。

第二个阶段，1998～2003年，是改革的攻坚阶段。承包制很难真正解决国有企业的问题，所以到20世纪90年代后半期，中国的国有经济整体陷入困境。1998年，全国国有企业盈亏相抵后，实现利润只有213.7亿元。全国集体企业盈亏相抵后是净亏损。当时亏损企业和困难企业非常多，很多企业发不出工资和退休金，所以当时感觉国有经济整体已经到崩溃的边缘了。在这种情况下，不得不进行改革攻坚。当时，国务院领导人提出三年改革脱困的目标，实际上是进入改革的攻坚阶段，开始对国有经济"动手术"。

在这个阶段，手术第一刀是针对国有中小企业的改革。方针是多种形

---

[*] 邵宁，全国人大财经委员会副主任委员。

式，放开搞活，抓大放小，实际上做的是国有中小企业的私有化改革，就是国有经济退出去，让其他所有制经济走进来。具体的方式就是产权制度改革加上身份置换。产权制度改革有两种方式：一是面向内部人的改制；二是向外出售。身份置换就是买断，实际上是给职工一些补偿。原先这个企业是国有的，要改制成非国有制，职工不愿意离开。在这种情况下，第一线的操作就设计出一种买断方式，实际上是给予一次性的补偿。这项改革，涉及十几万家国有企业、上百万家集体企业，4 000 多万职工。这项措施根本性地改变了国有经济的布局，国有经济的战线大大收缩。1998年之前是保守疗法，所以国有经济的布局没有动，从大企业到小企业，所有的行业中都是国有企业。国有中小企业改革开始后，这个布局就变了，大量国有中小企业通过改制退出去，国有经济就以大企业为主了，这个布局结构完全变了。

第二刀是针对困难国有企业关闭破产。这是一轮空前规模的结构调整，调的是经济转轨造成的结构矛盾，这是转轨国家所特有的，中国就是一个典型的转轨国家。中国经济按时期可分成两段：第一段，新中国成立以后到改革开放之前，通过一轮大规模的经济建设，建成了一个完整的门类齐全的工业体系。问题是，这段建设是按照计划经济模式建的。第二段，改革开放之后，我国开始逐渐转向市场经济。第一段和第二段的思路完全不一样。中国经济改革从计划经济转向市场经济，原来大家都觉得主要是宏观改革，就是从计划配置资源到市场配置资源。但在改的过程中发现，它不但是一个宏观改革，同时又是一个微观改革。它在微观层面改革的含义就是计划经济时期所建的门类完整的工业体系，必须转到市场经济运行上。转的过程中发现，好多企业先天不足，转不过去，或者转过去以后也没有办法生存。

最典型的，是以前建的"三线"企业，在最深的山沟里建企业，其运输成本、办社会的成本、离市场的距离、对人才的吸引力，都不足以让这个企业真正有能力参与市场竞争。当时的布局，很多是不符合市场经济要求的。这些不合市场经济要求的企业没有办法转，只能关闭。

企业要关闭，职工就要下岗，当时我国对经济改革的成本准备不足，补偿金是非常低的。20 世纪 90 年代后半期，全国人均不到 2 万元。职工在这家企业工作 10 年、20 年、30 年，突然说企业要破产，给你 2 万块钱，你就跟国家没有关系了，对此，职工是很难接受的。虽然后面还有一套体系，如再就业工程，帮助失业工人再就业，但是失去岗位、失去全民所有制职工的身份，职工是难以接受的。所以这件事进行得非常困难。国有困难企业关闭破产这项工作，在 1994 年试点，1998 年在全国推开，2008 年结束，总共关掉了 5 010 家大中型企业，涉及职工 1 000 万人。尽管这项工作做得非常难，但是意义重大：一是体制意义。通过这种方式，国有企业能生能死，有了一个优胜劣汰的机制。二是结构意义。通过这种方式，化解了转轨时期的结构性矛盾。

这些改革，还有减员增效、债转股、再就业、社会保障制度建设，很多都是从上海做起来的，然后在全国推广。三年改革突破最重要的，一是国有中小企业的改革；二是国有困难企业的关闭破产，这对社会震动最大；三是国有经济结构发生变化。中小企业民营化后，就剩下大企业，大企业有好的有不好的。通过国有困难企业的关闭破产，让困难企业退出市场，剩下的就是比较好的、比较正常的国有大企业。

二、国有大企业改革

从 2003 年起，中国国有企业改革进入了以国有大企业改革为重点的阶段。当时国有大企业的体制状况有两个特点：一是政府的管理非常直接。比如，冶金部负责全国冶金工业发展，直接管的企业有 4 家（宝钢、武钢、鞍钢和攀钢），管得很具体。二是政府的管理是多头的。如果这家企业就这一家管，责任还说得清楚，问题是多头管，管人一条线，管资产一条线，管事一条线，而且任何一条线都不只是一个部门在管，后果是两层责任都说不清楚。一是企业经营权限说不清楚，因为企业的大事都是政府定的。二是政府的管理责任也说不清楚，因为是多头管理。这个企业垮了，到底谁应该负责？是管人的部门应该负责，还是管事的部门应该负责，还是管资产的部门应该负责？说不清楚。这个体制如果不改的话，实际上国有企业是站不住脚的。2002 年末，党的十六大决定启动国有资产管理体制改革，目的就是改变这种状态，使国有资产有明确的管理主体。2003 年，全国人代会决定成立国资委，其效应是国有企业的管理责任在政府层面大大清晰了。如果中央企业搞不好，国资委要负责。

责任清晰,是搞好工作非常重要的一个前提。国资委成立后,就开始着手建立国有资产的管理制度、国有企业的经营责任制度,以及对国有企业经营者的约束制度。

一是清产核资,摸清家底。

二是明确主业,制定发展战略。

三是明确经营目标,建立业绩考核制度。

四是建立经营者的薪酬制度,根据考核结果决定薪酬。

五是对职工收入的总体水平进行管理。

六是对国有产权的转让进行规范,要求必须挂牌,必须竞价,必须阳光操作。

七是加强外部监督和审计,保证财务的真实性,运作的透明度。

八是建立国有资本经营的预算制度,集中一些资金,给困难企业卸包袱。

这些工作在体制上具有重大意义,因为以前国有企业应该怎么管理,经营性的国有资产应该怎么管理,对国有企业经营者应该建立什么样的约束制度,都没有人做过。

怎么评价国资委做的这些工作呢?它的每个方面都有不断改进的余地。比如说考核,怎么再准确,怎么再科学,这需要不断改进。但是,它的综合效应是非常明显的。综合效应就是必须把企业做好。把企业做好了,对企业经营者的评价肯定会高,你工资肯定会涨。若没把企业做好,对企业经营者的评价肯定会低,工资肯定会降。这个综合效果促使企业的经营者要把企业做好。它的实际效果是企业的外部体制环境优化了。原先是多头插手,谁都管,无人负责,企业实际上没有方向。而现在这个方向非常清楚,必须把企业做好,必须把它的规模、经济效益提高,所以经济效果非常明显。国资委成立以来,中央企业的营业收入从 3.36 万亿元增加到 22.5 万亿元,平均每年增长 20.9%;实现的净利润从 1 622 亿元增加到 9 247 亿元,平均每年增长 19%;上交的税金从 2 927 亿元增加到 1.9 万亿元,平均每年增长 20.6%。这是一个很好的市场表现,尤其对国家税收的贡献非常大。

三、近十年国资委工作存在的问题

(一) 出现管得过多和过细的问题

现在国有企业有人管了,但是国资委管得偏多、偏细,这是中央企业的反映。为什么会出现这样的问题?因为国资委是一个行政性出资人机构,行政性的出资人是不适合介入企业经营性活动的。行政性出资人的行为要有边界,越位会对企业造成行政干预。国资委作为出资人机构,应该有很高的专业要求,要管企业必须懂经济、懂企业。但是,实际组建国资委的时候,并没有按照这个要求去做,结果是,相当一部分人不是搞经济工作的,绝大部分人没有搞过企业。这么一个机构作为企业的出资人,行为非常难以规范。

(二) 对企业的监管没有分类

中央企业之间的实际差异很大,有些企业是垄断的,比如中石油和中石化的石油开采环节。这些企业是垄断的,它一般是独家经营,寡头竞争。特点是企业自己没有定价权,都是国家计委管。它的效益好,是因为国家计委把价格抬高一点,国家计委把价格压一点,它的效益就不好,效益和企业自身的努力往往没有特别直接的关系,而绝大多数央企是竞争性的。把这两种完全不同的企业弄在一起,不进行分类监管,监管就很难科学化。

(三) 企业领导人员的市场化改革推不动

国有企业领导人管理和选拔的行政色彩非常重。实际上,国有企业越来越变成了一个安排人的地方,领导人进入国有企业并不是根据企业经营的需要,而且企业领导人没有一个市场化的退出通道。现在的情况是,中央企业经过改革,进入中央企业班子的通道开始多元化了,组织考核也可以,企业内部推荐也可以,毛遂自荐也可以,外面的人参加公开招聘也可以。但是,退出的通道一直打不开市场化这个方向。退出只有一个非常狭窄的行政化退出的方式,这与企业的发展非常不适应。所谓行政化退出,就是当企业领导人在这个岗位不合适,组织需要调整其职位的时候,组织有责任重新给其安排工作。因为现在好的、能够安置人、大家又愿意去的地方非常有限,所以干部队伍的流动性非常小。如果一个人在这个企业中大家都认为他不称职,但由于没有一个好的、能够让他满意的调动的地方,这个人就可以在高管的岗位上呆三年五年,甚至一直待到退休。这套非常僵化的机制造成的后果:一是领导班子很难优化;二是给分配制度带来了非常不好的影响。

四、下一步国有企业改革的主要任务

一是经济布局结构需要进一步调整。现在的国有企业,包括中央企业,内部还有很多低层次产业、低效的业务,实际上还需要继续退出,需要有一个瘦身的过程。这几年,国资委在中央企业管理上有个问题,就是在考核上引导企业做大。这种导向是有问题的,今后几年,中央企业都需要瘦身,进一步收缩战线。

二是企业自身结构需要进一步优化。国有企业进入市场的时间是比较短的。国有企业自身的资源配置、业务板块的构成,还需要经过长期市场竞争的调整。国有企业的行政痕迹还很重,根据市场要求,其内部结构还需要调整。

三是企业的内部改革还不到位。实际上,"大锅饭""铁交椅",在国有企业里影响很深。这方面的内部改革,需要国有企业持续不断地做下去。

四是社会负担和辅业需要进一步分离。国有企业分离辅业,分离办社会职能,是一个非常困难的工作。大家原先都觉得很简单,原来社会职能企业在做,交给政府不就完了吗?但实际上这种操作非常困难。如果没有配套的改革成本,甚至是编制成本,没有任何一个机构愿意接。谁也不会去接一摊需要增加支出的担子。

五、国资管理体制需要推进的主要工作

(一)国资管理体制需要进一步完善

国资管理体制需要进一步完善,要以管资本为主,组建国有资本经营

公司、国有资本投资公司等。这套办法就是针对国资委管得过多过细，底下再组建一个平台公司，把国资委与企业隔开。现在有如下两种可能的方案：

第一种方案，国资委首先进行自我改革，把握好行政性出资人的定位和行为边界，不该管的不管，该放的放给企业。然后，进一步重组企业，像中央企业，现在重组到113家，实际上还可以进一步重组，比如重组到60家、70家，都是有可能的。中央企业如果重组到60~70家的话，每家企业就不小，可以授权这些企业成为国有资本运营公司或国有资本投资公司。这个办法对现有体制的调整最小。

第二种方案，组建若干家国有资本运营公司。比如，公益性国有企业一家，管公益性企业，竞争性国有企业组建若干家，作为现有中央企业的出资人，通过这个公司把国资委和底下企业隔开，防止国资委干预企业内部事务。这么做，体制上调整比较大，需要组建很多新的机构。难点在于组建很多新机构后，这些机构的行为到底会怎么样，很难把握。因为这种三层结构，深圳当年国资改革时也做过。深圳国资改革，一开始就是三层结构：第一层是深圳市国资办；第二层是深圳投资管理公司；第三层是深圳市的国有企业。结果发现，深圳投资管理公司，上面和国资办争权，下面向企业收权，弄得矛盾非常大。深圳进行第二次国资改革时，就把三层结构取消，把深圳投资管理公司取消，直接由深圳市国资办监管国有企业，现在也比较顺。但是，现在行政选拔人员的方式很难令人放心。一个新机构有发展机会，各式各样的关系都会通过组织人事部门，推荐一大堆人。一个新的机构，很难按照组建的要求去选人。在这种情况下，组建新机构的行为到底会怎么样，很难讲。这是第一个风险。第二个风险，现在中央企业都有级别，有些企业是副部级，有些企业是正部级。在这些企业上再给它加一个控股公司，它的级别能不能压得住，企业听不听它的。另外，它能不能真正做得比这些企业还好也是一个问题，所以这个体制调整比较大。

对国有企业以管资本为主是理想化的状态，是改革的最终目标。国有企业是背着一系列问题进入市场的，如体制问题、机制问题、结构问题、社会负担问题、职工观念问题。这些问题靠企业自身是解决不了的，政府必须上手，包括出资人，必须上手。所以，前一段改革显然不是以管资本为主，而是以解决问题为主，以改革为主，以结构调整为主。只有把国有企业这些问题都解决了，而且整体上市之后，才具备管资本的条件，现在还没有到这个时候。管资本本身不难，难在把资产变成资本的过程，而这个过程实际就是改革的过程。在现阶段，国资监管部门的职能不能过于单一。作为出资人，管好资本是最基本的，同时又要能推进改革，调整结构，解决问题，还要维护稳定。下一步国资管理体制改革需要调整，具体方案中，体制调整小一点，会稳妥一点。

（二）公益性国有企业监管的改革

目前，国有企业中有一批是公益性的企业，如中央企业的2个电网公司、3个电信公司和石油石化公司。地方政府有很多这样的企业，如供水、供汽、公交、地铁、市政、环保企业等。这些企业的几个特点与竞争性企业不同。

第一，它们都关系经济发展和人民生活的基本条件，企业要承担保障责任，有非常明确的保障主体。

第二，市场并没有完全放开，企业的经营往往存在垄断因素，独家或者寡头竞争。

第三，产品或者服务的价格由政府管，企业自己都没有定价权。

第四，企业的社会责任高于企业自身的经济能力，政策性亏损经常出现，就是亏损也得保障供给。

这类企业受到的批评很多，因为是垄断性企业。实际上某个产业是不是能够完全放开，是由政府产业政策决定的，不是由企业决定的。如果政府认为，某个领域暂时不具备放开条件，为了保护公共需要，授权特定企业经营，并且承担保障责任，这是完全可以的。这是政府的一个选项。如果政府选择某一个企业特许经营，并且承担保障责任，那么这个企业很可能就是独家的，具有垄断性。

那么怎么办？实际上国外有非常成熟的办法，就是社会监管，设专门的监管机构。管什么？管价格，管服务标准，管成本，管收入分配，管资源配置，管产业限制，防止企业利用垄断地位为自己牟利。这是国外非常成功的做法。比如法国电力公司就是独家经营的，同时有一个非常明确的监管机构监管它。以前企业没有分类，所以谈不上监管问题。中共十八届三中全会明确这种公益性企业的改革方针,是非常正确的。一是公益性领域是国有经济必保的领域,必须要做好,而且还得增加投资。二是能引入竞争机制放开的行业,尽可能放开。三是不具备条件的,通过特许经营,以政府监管的方式进行改革,是符合国际惯例的。当然,落实到位有一整套工作需要做:一是需要有符合企业功能特点的改革;二是要有针对性的出资人管理,有专门的考核评价;三是要明确行业监管机构和监管内容;四是对企业的持续发展,政府要有一套契约化的政策安排。在这方面需要注意,由于历史原因,中国国有企业里纯公益性的企业非常少,混合业务的多。地铁是真正纯公益的,因为都是新企业。行业监管需要监管到企业内部,财务上要分开,监管的重点应该是垄断业务与竞争业务的接口。

(三)竞争性国有大企业的改革

依托资本市场进行公众公司改革,实现竞争性国有企业的市场化和公众化,是改革的方向。这也符合国际惯例。其他国家对国有大企业的改革,都是采取市场化、公众化改革的方式。这些年,一直在做中央企业整体上市工作,应该说进展得还比较快。中央企业现在净资产的67%已经进入上市公司,资本化率比较高。竞争性国有大企业最终的改革模式,就是干干净净的上市公司,没有集团,没有存续企业。现在慢的是消化存续企业这块。作为干干净净的上市公司,就完全是按照资本市场运作,这符合世界各国国有企业改革的一般规律。

混合所有制具体到大企业,主要方式还是上市的公众公司。大企业先私有化,再公众化,这条路很难走,走不通。大企业具备直接公众化的条件。如果把它改造成为上市公司、公众公司,国有企业变成真正的混合所有制,它与其他所有制,与社会资本结合就没有障碍。现在国有大企业的底子是国有企业,通过资本市场把它社会化、公众化,逐渐地减持国有股,变成多元化的公众公司。中小型民营企业的底子都是家族企业,可能大多数民营企业永远是家族企业,但民营企业里面大的、优秀的,也会通过资本市场进行公众化。很可能中国的国有企业、民营企业,在公众公司这个目标上,最后完全会走到一起。国有企业公众化之后,国有资产就能彻底资本化,那么流动性就非常好,进退非常容易,这就为下一步的改革创造了条件。所以,下一步国有大企业的改革,就是通过资本市场进行公众公司改革。

六、国有企业改革是一个世界性难题

国有企业改革是一个世界性难题，尤其是原来实行计划经济的国家，国有企业众多，职工也众多，与市场经济国家的国有企业改革相比，其难度不在一个数量级上。比如，欧洲市场经济国家的国有企业本身就很少，而且它的经济规则是市场化的，所以它改制，一上市，国有股一卖，就完了，很简单。东欧那些原来计划经济的国家，他们当时遇到的问题和我们类似，国有企业太多。他们解决问题的办法是在政权更迭的基础上全面私有化，社会代价非常大，经济效果并不好。这条路实际上中国是不能走的。

经过非常艰难和痛苦的探索，经济改革、结构调整，中国的国有企业一部分退出去了，一部分在市场竞争中初步站住脚了，这是非常不容易的事情。我们走出了一条完全中国化的改革道路。对中国的国有企业改革，我们借鉴了世界各国的改革经验，但是没有照搬任何一个国家，这些措施，都是中国化的。

在目前的改革深度上，一方面要通过改革解决存在的问题，另一方面要探索公有制和市场经济最终结合的模式。从改革的角度去判断，估计现在中国国有企业改革已完成70%，剩下不超过30%。中共十八届三中全会把国有企业分成两种类型，公益性的国有企业和竞争性的国有企业。对公益性的国有企业，通过改革加监管，使其成为市场经济中受专门法律约束和监管的特殊企业。这种企业在西方并不少，他们是一个企业立一部法，直接去规范。我们不一定能在立法方面做到那么准确，但特殊监管应该能做到。对竞争性的企业，依托资本市场，发展混合所有制经济，使其成为市场经济中规范的公众公司。剩下的企业，最后都可以找到它与市场经济融合的方式。总而言之，中国国有企业改革，真正困难的时候已经过去了。

（本文系2015年作者在上海发展基金会举办的第98期"发展沙龙"上的演讲）

如何把握国企改革的主要任务和重点工作

季晓南[*]

国有企业改革近四十年了,一直受到社会的广泛关注,但到底什么是国企改革?社会上大多数人可能并不清楚。深化国企改革需要弄清楚什么是国企改革,在此基础上可以更好地把握国企改革的主要任务和重点工作。

一、如何把握国企改革的主要任务和相互关系

根据国企改革包含的主要任务,国企改革的内涵可以有广义和狭义两种界定。广义的国企改革包括国有资产管理体制改革、国有企业自身改革、国有经济布局结构调整、推进混合所有制经济改革、加强改进党对国有企业的领导。狭义的国企改革就是国企改革自身,包括健全现代产权制度、完善公司治理结构、转换内部经营机制、减轻社会负担、加强国企内部党的建设。其中,完善公司治理结构和转换内部经营机制就是经常讲的建立现代企业制度的主要内容。现在一般讲的国企改革大多是指广义国企改革。明确了国企改革的内涵后,再看社会上对国企改革进展的种种议论,大家的认识可能更容易趋于一致。

2015年9月13日,中共中央、国务院正式印发了《关于深化国有企业改革的指导意见》(以下简称《指导意见》)。这个文件是21世纪以来关于国有企业改革最全面、最系统、最高规格的文件,是新形势下指导深化国企改革的纲领性文件。这个文件一共是八章30条,包括总体要求、

---

[*] 季晓南,国有重点大型企业监事会原主席。

国有企业改革新路

分类推进国企改革、完善现代企业制度、完善国资管理体制、发展混合所有制经济、强化监督防止国有资产流失、加强改进党对国有企业的引导、创造良好的改革环境。从《指导意见》的框架内容可以清楚看出，现在讲的国企改革是一个广义概念。

国企改革涉及的产权制度改革、国有资产管理体制改革、国有企业自身改革、布局结构调整、国企党的建设这五项任务是一个相互关联的整体，可以说是五位一体，相互促进。分类改革是深化国企改革的一项基础性工作，深化国企改革要在分类的基础上突出重点、整体推进，应力争在重要领域和关键环节尽快取得实质性进展。

五项主要国企改革任务各有定位又紧密相连，需要配套推进才能取得良好效果，其中，产权制度改革是国企改革的重要基础，布局结构调整是国企改革的重要保证，国有资产管理体制改革是国企改革的重要前提，国企自身改革是国企改革的重中之重，国有企业党的建设是国企改革的根本保证。

为什么说产权制度改革是国企改革的重要基础？因为根据产权理论和企业实践，一般而言，产权结构决定企业的体制机制，企业的体制机制决定企业的活力动力，企业的活力动力决定企业的竞争能力，企业的竞争能力决定企业的经营效益。

党的十六届三中全会做出的《关于完善社会主义市场经济体制若干问题的决定》（以下简称《决定》）有一个重大理论创新或者说新的重大提法，就是明确提出要建立现代产权制度。《决定》明确提出，"产权是所有制的核心和主要内容，包括物权、债券、股权和知识产权等各类财产权。建立归属清晰、权责明确、保护严格、流转顺畅的现代产权制度是构建现代企业制度的重要基础。"

《决定》还有一个重大理论创新或者说新的重大提法，就是强调"使股份制成为公有制的主要实现形式"。中央一直强调要坚持和完善公有制为主、多种所有制经济共同发展的基本经济制度。党的十八届三中全会强调，基本经济制度是中国特色社会主义制度的重要支柱，也是社会主义市场经济体制的根基。这也是两个新的重大提法。坚持公有制为主有一个采用什么实现形式的问题，这是坚持和完善基本经济制度必须回答和解决的重大理论问题，也是重大实践问题。党的十六届三中全会明确提出，使股份制成为公有制的主要实现形式，党的十八届三中全会强调混合所有制经济是基本经济制度的重要实现形式，2016年底召开的中央经济工作会议强调，混合所有制改革是国有企业改革的重要突破口，要在电力、石油、天然气、铁路、民航、电信、军工等领域迈出实质性进展。实际上，无论是股份制改革还是混合所有制改革，其实质都是重大产权制度改革。

从国企改革实践看，搞好国有企业仅有产权制度改革还不够，还要优化产权结构。现在国内上市公司超过了3 000家，国有控股的占了1/3左右，近1 100家，如果按资产、市值、利润计算，所占比重更高。其中，中央企业控股的上市公司近400家。应该说，国有企业股份制改革的比重不小了。但是，无论是股份制改革还是改制上市，通过股份制改革真正实现了国有企业体制机制的转变，真正建立了适应市场化、现代化、国际化要求的现代企业制度的国有企业有几家？这究竟是什么原因？其中一个重要原因就在于国有企业股份制改革后国有股权占比太高，即专家学者经常批评的"一股独大"。如果国企搞了股份制，但股权结构"一股独大"，实践证明，是无法形成有效制衡的公司法人治理结构的，也是难以转变国有企业体制机制的。所以，推进国有企业产权制度改革一定要形成合理的股权结构。

为什么说国有资产管理体制改革是国企改革的重要前提？因为国企改革要解决的一系列深层次矛盾和问题，包括实现政企分开、政资分开，所有权与经营权分离、出资人职责与政府公共管理职能分离，解决国资出资人机构履行职责时存在的越位、缺位、错位问题，建立"产权清晰、权责明确、政企分开、管理科学"的现代企业制度，提高国有资产监管的及时性、针对性和有效性，强化国资监管方式和手段的市场化、法律化、规范化等，所有这些都与国有资产管理体制改革密切相关。可以说，不改革国有企业管理体制，国企改革面临的许多深层次的矛盾和问题都无法解决。国有资产管理体制改革对深化国企改革具有强烈的牵引和带动作用，是深化国企改革的切入点，正因为如此，党的十六大把国有资产管理体制改革确定为深化经济体制改革的一项重大任务。《指导意见》则把"国有资产监管制度更加成熟"确定为到2020年国有企业改革取得决定性成果的主要目标之一。

为什么说国有企业自身改革是国企改革的重中之重？因为企业是市场

经济的微观基础和竞争主体，国有企业是推进国家现代化和保障人民利益的重要力量，深化国企改革的根本目的是要增强国有企业的活力和竞争力，在此基础上做强、做优、做大国有经济。如果国有企业不能适应市场竞争的要求，不能适应国际竞争的要求，从长远来讲，是无法生存和发展的。而从根本上讲，国有企业的活力和竞争力取决于国有企业的体制和机制。通常讲的国有企业的体制机制就是现代企业制度的核心内容。正因为如此，党的十四届三中全会把建立现代企业制度确立为国企改革的方向。党的十五届四中全会强调公司制是现代企业制度的一种有效实现形式，而公司法人治理结构则是公司制的核心。

形成有效制衡的公司法人治理结构和灵活高效的市场化经营机制，这是国企自身改革的重点，也是难点。如果不能形成有效制衡的公司法人治理结构，不能形成灵活高效的市场化经营机制，怎么保证企业的重大决策不出现重大失误？怎么保证企业员工的积极性得到充分发挥？怎么使国有企业吸引优秀人才？所有这些，都需要通过建立现代企业制度提供体制机制保障。所以，《指导意见》把国有企业公司制改革基本完成，法人治理结构更加健全，优胜劣汰、经营自主灵活、内部管理人员能上能下、员工能进能出、收入能增能减的市场化机制更加完善，确定为到2020年国有企业改革取得决定性成果的主要目标之一。

为什么说布局结构调整是国企改革的重要保证？因为国有资本布局和结构直接影响国有企业的竞争力，影响国有资本的控制力。布局和结构不合理也是目前国有企业改革和发展面临的一个重要问题。如果不具备竞争优势的国有企业不能及时调整整合，如果资不抵债、扭亏无望的国有企业不能及时退出市场，国有经济的质量和效益如何提高？国有资本的竞争力、影响力和控制力从何而来？国有经济如何做强、做优、做大？正因为如此，党的十六大把国有经济布局和结构调整确定为深化经济体制改革的一项重大任务。《指导意见》则把"国有资本配置效率显著提高，国有经济布局结构不断优化"确定为到2020年国有企业改革取得决定性成果的主要目标之一。

为什么说党的领导是国有企业改革的根本保证？因为党的领导是中国特色社会主义最大的特色，国有企业是我们党执政兴国的重要基础，坚持党的领导、加强党的建设，是我国国有企业的光荣传统，是国有企业的

"根"和"魂",是我国国有企业的独特优势。因此,《指导意见》把全面加强企业党的建设确定为到2020年国有企业改革取得决定性成果的主要目标之一。

国企改革这五项主要任务虽然各有定位,但相互关联,推进国有企业改革至少要把握好四点:

第一,国有企业各项改革任务具有特定内涵和作用,相互之间不能代替;

第二,国有企业改革是一个系统工程,各项改革任务相互之间存在着紧密联系;

第三,国有企业改革要抓住重要领域和关键环节,力争取得决定性成果;

第四,国有企业改革的重中之重还是国企自身,要力争在形成有效制衡的公司法人治理结构和灵活高效的市场化经营机制方面取得实质性成果。

二、如何把握2017年国企改革的整体部署和重点工作

2016年年底的中央经济工作会议、2017年"两会"的政府工作报告、2017年年初的中央企业和地方国资委负责人会议、2017年"两会"期间国务院国资委主任肖亚庆就国企改革答记者问,对2017年深化国企改革的主要任务和重点工作分别做了部署和安排。仔细分析可以看出,这些部署和安排包含的主要任务和重点工作有所不同。做好2017年国企国资改革各项工作,要全面把握这些工作部署和安排,在此基础上突出重点,整体推进。

2016年年底的中央经济工作会议强调要推进国企国资改革,并明确了2017年的四项重点工作:一是加快形成有效制衡的公司法人治理结构;二是加快形成灵活高效的市场化经营机制;三是推进混合所有制改革在重要领域取得实质性成果;四是加快推动国有资本投资和运营公司改革试点。

2017年"两会"的政府工作报告强调要大力推进国有企业改革,并提出了2017年国企改革的八项重点工作:一是以改革促发展,坚决打好

国有企业改革新路

国有企业提质增效攻坚战；二是推动国有企业特别是中央企业结构调整，创新发展一批，重组整合一批，清理退出一批；三是推进股权多元化改革，开展落实企业董事会职权、市场化选聘经营者、职业经理人制度、混合所有制、员工持股等试点；四是深化企业用人制度改革，探索建立与市场化选任方式相适应的高层次人才和企业经营管理者薪酬制度；五是加快改组组建国有资本投资、运营公司；六是以管资本为主推进国有资产监管机构职能转变，防止国有资产流失，实现国有资产保值增值；七是赋予地方更多国有企业改革自主权；八是加快剥离国有企业办社会职能，解决历史遗留问题，让国有企业"瘦身健体"，增强核心竞争力。

2017年年初召开的中央企业和地方国资委负责人会议确定2017年要着力抓好的七项重点工作：一是全力完成生产经营目标任务，力创佳绩，多做贡献；二是加快各项改革政策落实落地，尽快在重要领域和关键环节取得实效；三是加大供给侧结构性改革力度，坚决打赢"瘦身健体、提质增效"攻坚战；四是加快科技创新步伐，持续提升创新能力；五是坚持突出精干主业，持续提升企业核心竞争力；六是持续推动职能转变，不断提高监管效能；七是全面从严加强党的建设，为国企国资改革发展提供坚实保证。

2017年"两会"期间，国务院国资委主任肖亚庆答记者问提到国企改革有九项主要工作：一是要进一步完善文件体系，同时要研究一些规范性文件，使改革政策更加具体，更加可操作，行之有效；二是要深入推进十项改革试点；三是要推进国资监管机构职能转变，要理清国资委监管权力清单和责任清单；四是要完成国有企业功能界定和分类；五是要加大公司制和股份制改革力度，加大股权多元化改革，包括积极推进发展混合所有制经济；六是要推进规范董事会建设；七是要推动中央企业的调整重组，优化布局结构；八是要加强和改进外派监事会工作，进一步提高监督的针对性、科学性和有效性；九是要加强国有企业党建工作，进一步明确党组织在公司法人治理结构中的地位，把党建工作总体要求纳入公司章程。

上面关于2017年国企改革重点工作的提法有所不同，应该说，强调的国企改革重点是一致的，都是根据中央经济工作确定的重点部署的，主要区别在于强调的角度有所不同，细化程度有所不同。中央经济工作会议强调的是国企改革的四项重点任务,政府工作报告是从政府的角度对事关国企的工作进行了较全面的部署,中央企业和地方国资委负责人会议是从国资委的角度对 2017 年的主要工作进行了全面部署,国资委主任肖亚庆"两会"期间答记者问主要是对国企改革的重点工作进行了具体部署。根据中央经济工作会议关于国企改革的总体部署和国企改革的主要任务及相互联系,当前及今后一段时期,深化国企改革要着力把握好以下几点:

第一,高度重视混合所有制改革对国企改革的突破作用;

第二,充分发挥国有资产管理体制改革对国企改革的牵引作用;

第三,牢牢抓住现代企业制度这个国企改革的重中之重;

第四,紧密结合供给侧结构性改革,加快推进国企改革和创新;

第五,切实加强党对国有企业改革的领导。

(本文修订于 2017 年 7 月 10 日)

现代企业制度的内涵与国有企业改革方向

林毅夫 蔡昉 李周[*]

在发达的市场经济国家存在的各种有效的现代企业制度，是一个一般性与特殊性的统一体。我国国有企业的改革，只有从这种一般性和特殊性两个方面出发，才能成功地选择正确的方向。本文拟从对企业制度的总体概括和认识开始，把我国企业改革置于这种现代企业制度的一般性和特殊性之中进行考察。

一、国有企业改革方向的选择

党的十四大确立了中国经济体制改革的目标是建立社会主义市场经济体制，特别是十四届三中全会通过了《中共中央关于建立社会主义市场经济体制若干问题的决定》以后，围绕转换国有企业经营机制和建立现代企业制度这一主题展开的国有企业改革的讨论更加深入了。

首先是针对中央提出建立现代企业制度以及过去几年股份制试验的经验教训所做的阐述。关于现代企业制度的内涵，大多数观点认为其与现代公司制度是含义相同的。也就是说，建立现代企业制度就是要把现有的企业形式改造成股份有限公司和有限责任公司（吴敬琏等，1993，第173页）。

其次，针对企业实行承包制过程中暴露出来的企业与国家利益目标不一致的情况，对国有企业的委托—代理关系进行了讨论。问题常常被归结

---

[*] 林毅夫，北京大学国家发展研究院教授；蔡昉，中国社会科学院副院长；李周，中国社会科学院农村发展研究所原所长。

为国有企业产权界定不明确。一般的解释是，尽管国家代表全体人民行使国有资产产权，但国家却是不明确的概念，最终又要依赖于各级政府，后者或者说地方和部门都直接管企业，同时又处于企业实际经营过程之外，结果是既因信息缺乏问题管不好，又无法避免行政干预，还会使企业资产流失。所以，讨论中涉及的所谓产权不清晰问题，实际上是对政企不分和委托—代理关系中经营权背离所有权等问题的一种概括，其中核心是通过何种制度安排使企业资产的所有者和经营者达到激励相容，或所有者通过何种机制对经营者实施有效的监督。

最后，人们普遍观察到，对于国有企业特别是国有大中型企业来说，无论是企业承包制还是股份制的试验，都使国家在拥有企业经营信息方面处于不利的地位，而内部信息的拥有者即企业经营者却与国家利益取向不尽一致，因而所有者与经营者的激励发生矛盾。这种现象在转轨过程中的俄罗斯和东欧的国有企业中突显，青木昌彦将这种现象表述为"内部人控制"（参见青木昌彦、钱颖一，1995）。这种表述及其相关的分析方法引起了我国经济学家的共鸣，不少人从这个角度探讨国有企业改革方向，并设计公司治理结构的目标模式，寻找从目前的企业模式向不同治理模式的企业制度过渡的具体途径等。

把关于国有企业改革问题的讨论加以归纳，评价各种改革主张的关键在于回答如下问题：一是现代企业制度的核心是什么；二是国有企业面临的真正问题是什么；三是产权或所有制改革是否能够解决企业的问题；四是在企业外部竞争环境与内部治理结构两者中，哪一种对于国有企业来说是最急需的。

二、两权分离与现代企业制度

机器大工业的出现和发展，超越了个人的资金和风险承担能力，导致所有与经营相分离的公司形式诞生，因而产生了委托—代理的问题。斯密最早观察到股份公司中存在的委托—代理矛盾，并描述了股东因对公司业务所知甚少而导致监督困难，以及代理人与委托人之间在利益取向上面的差异。伯利和米恩斯则进一步揭示了在所有权与控制权分离的情况下，企业的直接经营者在激励与责任方面，与企业的所有者之间的矛盾（Stigleretal，1983）。概括起来，所有权与控制权在现代公司中被分离之后，由于所有者与经营者不是同一个主体，从两者之间的关系角度出发，就形成了所有与经营分离条件下的三个属性。

第一，在两权分离的情况下，企业所有者与经营者的利益通常是不一致的。对于企业的投资人或所有者来说，企业的利润最终以投资收益的形式被其占有，投资行为的效用最大化可以简单化为利润最大化。而经理人员只是资产的经营者，其效用函数中，经营者的收入不等于企业盈利，企业利润最大化不意味着经营者效用的最大化，因此经理人员追求利润最大化的动力不足。如果对经营者的监督不完整，他可能会通过扩大企业规模来扩大其权力基础，提高自己在同行中的地位；或通过增加不必要的非生产性开支达到个人享受的目的；或者通过增加或多报成本的方式侵蚀企业利润。正是因为所有者与企业经理人员这种不同的利益取向，所以理论上存在着经营者利用手中拥有的权力侵犯所有者利益的可能性。也就是说，由于委托—代理关系的形成，天然地会产生所有者和经营者激励不相容的问题。

第二，在现实中，所有者与经营者之间存在着信息不对称的问题，即经营者或企业经理人员拥有关于企业经营过程中各种收入和费用的真实信息，而作为委托人的所有者，由于不参与实际经营，除非付出很高的成本，无法获得相应的信息。这种信息不对称使得激励不相容有可能成为经营者侵犯所有者权益的现实表现。

第三，所有者与经营者对于企业经营结果所负的责任也是不对等的。对于现代大型企业来说，一个经营管理人员或一个代理集团，对于企业经营不善导致的恶劣后果，所能够承担的责任毕竟有限，最多不过是个人信誉、财产或自由的丧失，这与所有者或委托人的资产相比就十分不对称。这种不对等随着规模的扩大而加大，使得经营者有可能为了个人的利益而采取风险过度的行为，如巴林银行的里森事件就是十分典型的例子。此外，同样的原因也有可能使经营者采取掠夺性的资产转移行为，使所有者的利益受到损害。假如现代公司制度无法克服上述三个两权分离的基本属性，则意味着这个制度是没有生命力的，因而所谓的现代企业制度也就不会是如今人们观察到的样子。然而，事实并非如此。

从伯利和米恩斯的著作于20世纪30年代初出版以后，至少在统计意义上，人们没有发现清楚的证据，证明管理者占主导的公司，在诸如使用资产生产利润等企业行为方面与所有者占主导的公司有明显的不同（参见 Stigleretal，1983）。相反，对于大型企业来说，所有权与经营权的分离成为普遍的现象。尽管委托—代理问题在现代公司制度的演进中始终存在，但在比较成熟的市场经济中，各种在现实中得以生存的两权分离的公司形式，通常都创造出了相应的比较有效地解决委托—代理问题的制度安排。

在西方市场经济国家公司制度发展的过程中，股份制作为一种有效的现代企业制度，是以充分竞争的市场作为运行基础的，市场评判是监督和约束经营者行为的主要依据，市场机制则为这种监督和约束的实现创造了前提条件。在竞争的条件下，优胜劣汰是企业的生存规律。

从微观经济学的道理来看，这里的优劣就表现为企业是否能够获得利润。盈利的企业将生存并得到发展，亏损的企业将衰落并失败。

在一种充分竞争的市场环境中，企业之间的竞争会形成一种平均利润或平均成本。而根据企业的实际利润水平或成本水平，与这种平均利润或平均成本进行比较，即可以使企业经营状况的信息得到充分反映。换句话说，在存在由充分竞争产生的平均利润率的情况下，每个企业的利润水平包容了关于企业经营好坏的充分信息。因此，在存在市场竞争的条件下，利润率可以作为考核和监督企业经营的一种充分信息指标。这个充分信息虽然不能完全克服信息不对称的问题，但它是一种简单的、成本低廉的手段，可以尽可能准确地反映企业经营的好坏。

在存在市场竞争从而有了这种充分信息的前提下，进一步形成经理人员市场。这个市场的作用是，依据经理人员的经营绩效对其进行奖惩，因而使经营者与所有者的激励变成相容的。

然而，市场竞争下产生的充分信息并不是完全信息，信息不对称只是在程度上被降低了，却没有被消除。同时，根据充分信息对经理人员的奖惩还只是事后的，在经理人员与所有者承担的企业经营责任不对等的情况下，前者仍然可能采取机会主义的行为，如进行风险过高的投资和对所有者资产进行掠夺性转移。因此，相应于每一种特定的条件，还需要建立一套事前监督经营行为的企业内部管理制度或治理结构，以最大限度地克服经营者与所有者之间的责任不对等所可能带来的问题。

所谓的公司治理结构，是指所有者对一个企业的经营管理和绩效进行监督和控制的一整套制度安排。按照米勒的定义，公司治理结构是为了解决如下的委托—代理问题而产生的："如何确定企业管理人员只取得为适当的、盈利的项目所需的资金，而不是比实际所需多？在经营管理中，经理人员应该遵循什么标准或准则？谁将裁决经理人员是否真正有成效地使用了公司的资源？如果证明不是如此，谁负责以更好的经理人员替换他们。"（Miller，1995）

关于公司治理，我们有必要强调两点。首先，公司治理结构中最基本的成分是通过竞争的市场所实现的间接控制或外部治理，而人们通常所关注或所定义的公司治理结构，实际指的是公司的直接控制或内部治理结构。后者虽然是必要的和重要的，但与一个充分竞争的市场机制相比，只是派生的制度安排，其目的是借助于各种可供利用的制度安排和组织形态，以最大限度地减少信息不对称的可能性，保护所有者利益。

其次，在当代西方发达市场经济国家中，在外部治理结构存在的前提下，不仅具有多种所有制形式混合的特点，公司的内部治理结构更是五花八门，形式多样。从现代西方发达国家的公司治理模式，以及具体的对于控制权的监督机制比较来看，任何一种现有的公司内部治理模式都不能无条件地应用于所有的公司经营环境中，也没有一种包治百病的监督机制可以单独起作用。

一般来说，公司内部治理结构的方式，依一个经济中技术条件、规模经济和法律框架的差别而异，也有路径相依的由来关系。既然不同的国家具有不同的文化背景，处于不同的经济发展阶段，因而在市场机制发育程度上、资金水平上存在差别，各自具有适宜的公司内部治理结构。因此，公司内部治理模式和具体的监督机制是多样的、特殊的，而且处于不断的制度创新之中。但竞争的市场环境却是可以确定的，永远是两权分离下形成有效的企业制度的前提条件。

三、国有企业的外部环境与内部治理

国有企业及其特殊的治理结构是重工业优先发展战略的产物。改革以前，在产品价格和生产要素价格都已经被扭曲，竞争的市场不存在的情况下，如果没有一个作为企业经营状况的参照的平均利润率，则每个企业的利润水平就不能充分反映企业经营好坏的信息，也就不能作为评价企业经营状况的充分信息指标。要获取企业的开支水平是否合理，利润水平是否真实，以及是否能够保障所有者的利益等信息，其费用十分高昂。这使得所有者和经营者之间的激励不相容成为一个难以解决的问题，而责任的不对等则会进一步加强这种倾向。在产业和企业间的要素报酬率存在很大差异的传统经济体制下，如果国营企业拥有经营自主权，它们就有可能将可支配的资源配置在要素边际报酬率高的地方，这样的边际调整显然会干扰重工业优先发展战略的实施，打乱整个计划经济体制下的均衡。

既然国有企业建立的前提就是竞争市场不再存在，国有企业建立的目的又是控制企业的生产剩余，那么，从保证国家发展战略目标的内在要求出发，国营企业理所应当是不能拥有经营自主权的。换句话说，为了最大限度地减少国有资产被侵蚀和国有资产剩余被流失的机会，唯一可行的治理办法就是最大限度地剥夺国有企业的经营自主权。国营企业所需的投资和其他生产要素由政府无偿拨付，所生产的产品及其规格、数量和产品的调拨或销售由政府计划决定，在财务上实行统收统支，利润全部上缴，亏损全部核销，是在扭曲的宏观政策环境和高度集中的资源配置制度下，监督成本最低的制度安排。事实上，国有企业的管理体制就是按照这样的逻辑形成的。

由于国有企业面临着一系列传统发展战略遗留下来的政策性负担，缺乏与其他类型企业公平竞争的条件（林毅夫等，1995），利润率就不能成为考核企业经营绩效的充分信息指标，信息不对称的问题自然就无法解决，激励不相容的难题也无法解决，经营者侵犯所有者利益就不可避免。其结果表现为企业亏损的增加和国有资产的流失。同时，企业可以将亏损归咎于政策性负担，要求政府继续给予补贴和保护，企业预算继续软化。只要国家继续对企业下达政策性任务，公平竞争的市场就难以形成，就找不到一种简单且成本低廉的充分信息实施对经理人员的监督和考核。在这种条件下，越是从扩大企业自主权的角度出发进行改革，经营者与所有者之间的激励不相容就越突出，责任不对等的现象就会诱致更加严重的机会主义行为，国家的利益损失就会越大。进行所有制的改革，信息不对称、激励不相容和责任不对等的问题仍然得不到克服，企业效率依旧得不到保障。

四、国有企业改革：竞争条件还是产权制度

现在我们可以来回答，导致人们普遍观察到的国有企业面临问题的真正原因。

第一，我们来看一下国有企业监督效率是否天生就低。主张产权改革的观点认为国有企业因公有化程度高，委托—代理层次多，初始委托人与最终代理人之间的距离越遥远，监督效率也就越低（张维迎，1995）。反过来的逻辑推理就可能是，通过私有化消除这种多层次的代理结构（大众—政府—国有企业经理人员），建立委托人和代理人之间的直接联系（持股人—私人企业经理人员），可以获得更高的企业效率（Yarrow，1989）。

就现代大型企业来说，企业无论是采取什么样的所有制形式，都不可能回避委托—代理问题。即使在私有制的公司形式下，所有者仍然是要分层次地把资产经营权委托出去，即通常采取"持股人—董事会—企业经理人员"的委托—代理形式。董事会的成员一般所占股份很少，有些甚至根本不持股。在现实中，通常是经理人员聘请董事会成员，而不是董事会雇用经理。因此，事情并不像想象的那样，在委托—代理层次上有什么实质性的差别。如果委托—代理层次是影响大型企业效率的主要因素，就不会出现像控股集团这样多层次委托—代理的企业制度了。

对于私有制条件下的委托—代理结构来说，信息不对称、激励不相容和责任不对等的问题都是存在的，如果没有竞争性的市场以形成反映企业的经营绩效的充分信息，经营者侵犯所有者的问题同样得不到解决。无论层次多寡，代理人都可能违背委托人的意愿，采取机会主义行为。而当一个竞争性的市场解决了充分信息问题之后，每个层次的信息是透明的，责任也是明确的，委托—代理关系就不会因为层次不同而有什么差异。也就没有理由说，国有制情况下的多层委托—代理关系就不能形成相应的最大限度地解决信息不对称、激励不相容和责任不对等问题的治理结构。同时，政府作为一个必要的制度安排，本身也具有各种保障服务效率和激励机制的制度约束。政府职能本身的激励手段对它在管理国有企业（如任

命经理人员、监督企业经营绩效等）方面的行为也是起作用的。

第二，我们来看国有企业是否天然具有预算软约束的性质，因而其行为与私有企业有所差异。科尔内描述了国有企业的软预算约束现象，却缺乏对于这种现象形成原因的分析（Nagaoka 和 Atiyas，1990），以致使人们从观念上认为，国有企业必然伴随着软预算约束，而改变国有制就可以消除软预算约束现象。事实上，国有企业的软预算约束是特定的发展战略的产物。由于国家赋予国有企业以种种政策性任务，企业不能完全按市场竞争的方式生存和发展，因而形成与国家之间的软预算约束。但是，国有企业并非注定要永远承担这种政府指定的政策性任务，因而软预算约束也就不是其必然的性质。事实上，许多私人企业在履行政府赋予的政策性任务的情况下，也形成了对国家的财政依附关系，即软预算约束。

第三，看国有企业是否缺乏对经营不善的企业进行有效惩罚的机制。主张产权改革的观点认为，在私有制的场合，消费者对成本高、服务差的企业可以通过"退出"（Exit）进行选择和惩罚。他们表示不满意的方式就是拒绝购买，企业销售下降会导致持股人的退出，以及企业股票价格的下降，使企业面临被接管或破产的威胁。然而，"退出"不是消费者表达其不满意的唯一途径，另一种经常被采用的途径是直接表达不满或向有关管理部门"抱怨"（Voice）（Hirschman，1970）。只要消费者的意愿可以反映到国有企业的管理部门或监督者那里，就会直接采取措施，即使不经过资本市场，即使是私有企业，一旦具有垄断的性质，消费者的退出也会受到限制。当大型企业经营不善面临破产时，政府因担心造成失业等社会问题，也会采取措施避免这种后果。最后，国有企业并非注定要具有垄断地位，企业惩罚机制的核心在于一个公平竞争市场的存在。所以，改革所有制并没有抓住问题的关键。

第四，我们来看产权改革能否解决国有企业政企不分的问题。在进行了一系列放权让利式的改革之后，国有企业拥有了比过去大得多的经营自主权，也要在很大程度上承担企业经营的财务后果。与此同时，一方面国家仍然没有从根本上放弃传统发展战略目标，价格扭曲仍然存在，另一方面也是为了保持政治稳定、社会安定以及改革的非激进性质，国家仍然把相当一部分社会性职能留给国有企业负担，使得在企业中生产性经营与社会性服务不能分离。而与传统的政企不分所不同的是，由于放权让利形成的新的责任体制和财务约束方式,企业目前要由自身来承担这种政企不分的财务结果。既然遗留的种种社会性负担抹杀或干扰了企业真实经营绩效的评价,企业有动机,也有借口与上级政府主管部门讨价还价,争取直接的或间接的补贴和其他软预算约束。

可见,目前国有企业面临的政企不分现象,归根结底产生于对企业的放权让利式改革所提供的企业自主权和利益动机,与国有企业目前仍然承担一系列不对等竞争条件之间的矛盾。能不能把国有企业的社会性负担从企业生产性经营中剥离出来,完全取决于一系列外部环境的改变。而如果不能通过宏观政策环境的改革消除价格扭曲、产业结构扭曲和劳动力市场不发育的问题,贸然进行产权制度的改革,只能造成通货膨胀、失业和增长衰退等问题。

至于政企不分现象中国家对企业过度干预问题,则先要弄清政府对企业经营过程施加的过多干预的内在原因。在市场发育水平较低、竞争不充分,没有一个充分信息指标可以简单地对经营绩效进行考核和监督的情况下,国家作为国有企业的所有者,要控制企业的剩余,防止经营者的机会主义行为,唯一的办法是关心企业的经营过程,乃至一些经营的细节。对于国家来说,这也是不得已而为之的事情。事实上,国家越是关心企业资产的保值、增值,它对企业经营进行干预的程度就越强。因此,只要竞争性的市场尚未发育到这样的程度,以至所有者可以通过将企业利润水平与平均利润率加以比较,即以掌握关于企业经营的充分信息代替掌握企业经营细节,直接的干预就无法避免。在这种情况下,产权改革也好,融资结构的改变也好,都无济于事。即使实现了私有制,私人所有者如果不能通过竞争性的市场获得关于企业经营的充分信息,面临的选择只有两种:一种选择是当他在企业中投入的股本较小时,他直接干预企业经营的成本过于昂贵,以至得不偿失,因而放弃干预。这就是委托—代理理论中常常提到的免费搭车现象。另一种选择是当他在企业中的股本较大时,对自身利益的关心仍然驱动着所有者干预企业经营的细节。问题的本质如此,无论融资结构如何,即无论是直接融资,还是间接融资,无论所有者是以股权的方式拥有企业,还是以债权的方式拥有企业,只要企业经营结果是其利益所在,他必然要对企业进行干预。相反,一旦存在着竞争性的市场,所有者可以获得关于企业经营的充分信息,他就没有必要关心企业经营的细枝末节，因而过多的干预反而是成本昂贵的行为。在这种情形下，无论是国家作为所有者，还是私人作为所有者，都不会对企业经营做过多的干预。同样的道理，这时采取什么样的融资结构也就不重要了。

第五，我们来考察产权改革能否解决国有资产流失的问题。在改革过程中，国有资产流失越来越严重，许多人认为是国有企业产权关系不清晰造成的。实际上，在委托—代理的情形下，也就是说，在国有企业的所有权和经营权相分离却缺乏充分信息的条件下，改革以前国家通过任命或聘用，委托经理人员经营国有企业，并通过规定上缴利税的水平或干脆对企业实行统收统支的方式获得资产收入，这时企业经理人员虽然缺乏改善企业经营状况的动力和调动职工积极性的手段，但也无法通过侵蚀利润和国有资产来侵犯国家的利益。进行了放权让利式改革之后，出现了不按照国家的意愿来经营国有资产、支配剩余的可能性。所以，问题并非在于产权不明晰，而在于所有权与经营权分离的情况下监督企业经营的成本太高。为了避免实现国家战略意图的国有企业倒闭及出现失业问题，政府只好对亏损的国有企业不断给予补贴，而预算无法硬化，则给国有企业以经营权侵犯所有权创造了更大的可能。

可见，国有企业问题产生的真正原因不在于产权制度，而在于缺乏充分竞争的外部环境。因此，改革应从解除企业目前面临的各种政策性负担入手，以此硬化其预算约束，进入竞争性的市场，使企业的利润率能够真正成为反映其经营绩效的充分信息指标。国家作为国有企业的所有者，通过掌握这种充分信息就足以对经营行为进行监督。在此前提下，在企业发展的现实过程中，将会显示出哪一种内部治理结构更加符合我国企业实际，从而通过不断的制度创新，使中国式的企业治理结构得以形成和发展。

（本文原载于爱思想网，2011年9月16日）

国有企业改革新路

国企改革的新范式及政策挑战

张文魁[*]

党的十八届三中全会之后，社会上对深化国企改革有很大期待。当前，无论是在资本市场上，还是在实体经济领域，下一步国企改革的走向和具体举措都是一个受关注的议题。这里不妨谈一下国企改革的范式转变及政策挑战。

一、走出旧范式，引入新范式

笔者认为，新一轮国企改革，出台新文件很重要，引入新范式可能更重要。在过去三十多年国企改革过程中，各层面做了大量探索、实践、设计、调整，形成了非常独特的改革轨迹，笔者将其概括为国企改革的中国范式。这种范式大致包括如下要点：第一，长期遵循实用主义思维，在很长时间里刻意回避产权改革，但不断推行激进的控制权改革；第二，长时间的激进控制权改革自发地走向渐进的产权改革，使产权改革形成了严重的路径依赖特性，导致国企改革较多地对内部人依赖和由内部人主导；第三，产权改革渐进地和摇摆不定地推进，具有机会主义特征和不确定性，并且与企业的业务、资产、债务重组交互进行；第四，很多母子型结构和集团化的国企选择碎片化的、各自突围的产权改革方式，即保留母公司的国有制不受触碰，子孙公司等下级法人实行各式各样、五花八门的产权改革；第五，借助非国有企业崛起带来的竞争效应和示范效应促进国企改革，同时充分利用非国有企业崛起给国企产权改革和重组提供的缓冲作

---

[*] 张文魁，国务院发展研究中心企业研究所副所长。

用；第六，激进的控制权改革和渐进的产权改革导致了巨大的企业改革成本，改革时间拖延之长又极大地增加了改革成本，对整个社会都构成了一种代价，这种代价不仅体现在经济支付方面，也体现在公平正义方面。

当然，这里对国企改革中国范式的概括不一定很完整，但应该涵盖了基本要点。这个范式是在曲折中形成的，是一个历史产物，在过去十几年里，我们越来越清楚地看到了这个范式难以解决种种问题。最主要的问题，就是对产权改革的模糊性、摇摆性政策，其他很多问题都是由这一点衍生的。国家在很长时间里本想回避产权改革，但为了避免产权改革，又往往以不断加码的控制权改革来做弥补，最后反而导致控制权改革失控，也导致自发的产权改革失控。对产权改革的模糊性、摇摆性态度和政策，在实际当中导致大量的碎片化产权改革，即国企不断分拆出子孙公司进行产权改革，看起来很多资产和业务被激活了或者分散突围了，但未实行产权改革的最上层母公司就成了旧机制的大本营和旧货仓库，集团性国企并不能真正实现市场化，反而因为碎片化的产权改革而使整体协同效应遭到削弱，一个集团内的子孙公司之间各行其是甚至打来打去，这就完全违反了国际上大企业集团的通用模式，即在母公司层面就解决股权结构、公司治理、激励机制等问题并将效力一直贯穿到最基层的业务单位，而不需要由基层业务单位各行其是分散搞活，从而破坏大集团的整体性和协同性。此外，还有计划经济遗存屡屡清理不净，或者清旧生新；资产、业务、债务的重组没完没了，重组成本不断涌现，国企与政府之间的财务边界纠缠不清；公司治理软弱无力，给中国国企构筑了全世界最复杂的监管体系等。这种范式的最终结果，并没有使国企真正实现市场化，反而使国企在市场化和政策化、独立化和附属化之间不断拉扯，来去徘徊。

现在，当中国经济增长进入阶段性转折的时候，要使国企真正顺应"市场发挥决定性作用和政府更好发挥作用"这一大趋势，就需要走出旧范式，引入新范式。

新范式的核心内容，就是要推行主动性的、有时间表的总体性产权改革，以此为基础，推动公司治理转型和涵盖业务结构、资产负债、组织构架、管理流程、员工政策、薪酬福利、激励机制等在内的一揽子重组，从而实现企业的实质性再造和全球竞争力的重建。旧范式也包含产权改革的内容，但那在较大程度上是一种反应型、被动式的产权改革，过程是渐进的，进度是迟缓的，且经常摇摆不定。新范式产权改革不应该等到越来越多国企陷入经营困境才去大规模实行，不应该采取得过且过、缺乏担当的机会主义态度，而是要按照党的十八届三中全会规定的时间节点去设定一个具体时间表，争取在2020年之前，使总体性的产权改革和一揽子重组得以基本完成。

总体性的产权改革，重点对象是那些大型和特大型国企，特别是集团性国企的最上层母公司，包括央企的母公司。除了要改建为国有资本投资运营公司的母公司之外，它们中的大多数应该实行党的十八届三中全会决定的混合所有制改革和相应的公司治理改造，极少数涉及国家安全和国民经济命脉的大国企可以保持国有全资状态，但也可试探多个国有机构持股的股权多元化。而对广大的中小型国企，可以实行党的十六届三中全会决定的多种放活政策。

在上述产权改革的同时，公司治理应该获得实质性转型，一揽子重组应该大力推进，使得大多数国企的业务结构更加合理，资产负债表更加健康，组织体系更加精练灵便，管理能力和创新能力得到强化，三项制度和激励约束机制实现与市场接轨。这样的改革和重组如果能够得以实施，那些位居行业重要地位的大型特大型集团性国企将可以重建全球竞争力。

许多人会问，集团性国企的母公司，特别是集团性央企的母公司，具备总体性产权改革的条件吗？在当前情形下，母公司的产权改革和一揽子重组能推得动吗？事实上，不少集团性国企的业务、资产、人员状况基本上已具备总体性改革的条件，一些集团性国企已经实现了母公司整体上市，具备非上市方式产权改革的集团就更多了。即使那些资产质量不佳、经营状况不好、遗留问题很多的集团性国企，只要与一揽子重组结合起来，与下属中小企业的放活和综合性清理结合起来，仍然具备母公司产权改革的条件，其实20世纪90年代末推行的债转股就可以作为大致的模板，现在缺乏的主要是决心而不是所谓的条件。极少数包袱特别重、人员特别多的国企，总体性产权改革和一揽子重组或许可以缓一缓，但外围清理有大量工作可做，外围清理得比较干净之后，条件就差不多具备了。也许会有"算账先生"说，国有集团母公司的总体性产权改革和一揽子重组是很不划算的，那部分"好"的国有资产不能折成一个好价格，不能"圈"来更多的资金。这其实是一个不完全算账法，如果那部分"不好"

的国有资产和相应的债务、包袱、遗留问题、旧机制不是留在母公司这个旧货仓库里,而是一并解决掉了,那不就是省大钱了吗?看一看多年来那些似乎划算的改革吧,"好"资产"圈"来的钱还不是慢慢地被存放得"不好"的资产和债务、包袱、遗留问题、旧机制给消耗掉了吗?也许还会有一种意见,认为对所有的国有企业,不管是集团母公司还是中小国企,只要实行与私营企业一视同仁的依法破产政策就行了。搞得好就继续搞,搞不好就依法破产,这不就是市场化了吗?为什么非得推行总体性产权改革呢?是的,一视同仁的依法破产制度的确是市场化,但这是一种被动的市场化,是等损失已经造成、经营难以为继时才来市场化。当然,也不能否认这种被动的市场化对日常经营的市场化有倒逼作用,但重要的是,纯粹国有制和非市场机制是可以相互强化的,新政治经济学在这方面有很多论述,大量事实更可以印证这一点。

二、在新一轮国企改革中实行名单政策

不过,引入新范式,需要克服一些不容忽视的政策挑战。

第一项重要的政策挑战,就是如何界定和防止国有资产流失。国企改革,要防止少数人大肆瓜分和掠夺国有资产,要防止国有资产流失,这是毫无疑义的。尽管在上一轮国企产权改革的时候,中央和地方都出台了一系列的法律和规章,以防止国资流失和腐败,防止各方合法权益受侵害,过去几年里还出台了更加细致的防止国有资产流失的各种技术性措施。但是,关于国有资产流失,仍然存在很多认知方面的分歧和法律方面的模糊地带。严格来说,国有资产流失目前还算不上是一个法律概念,但可以认为它接近于《物权法》第五十七条"低价转让、合谋私分、擅自担保或以其他方式造成国有财产损失"的规定,以及《企业国有资产法》多个条款"防止国有资产损失"的规定。《刑法》中没有国有资产流失的概念,在破坏社会主义市场经济秩序罪一百六十九条中,规定"徇私舞弊,将国有资产低价折股或低价出售,致使国家利益遭受重大损失的,处三年以下有期徒刑或拘役,遭受特别重大损失的,处三年以上七年以下有期徒刑",但到底多少算是重大和特别重大损失,并不清楚。在实际当中,如何准确地判定国有资产流失,法律清晰度严重不够。如果这个问题不解

决，新一轮国企产权改革就难以稳健地、持续地、全面地推行下去。笔者认为，下一步迫切需要国家出台更加详尽的判断国有资产流失的司法解释。司法解释可能会比较机械，但法律尺度很清楚，当事人只要遵循法律，就不必担心日后被告旧状、翻旧账。

第二项重要的政策挑战，就是如何把握混合所有制的股权结构尺度。党的十八届三中全会已经把混合所有制提到了基本经济制度的重要实现形式这样一个高度，但在实际工作中，就面临着股权结构和股份来源的选择问题。如果大部分国企，尤其是集团性国企的母公司，国家持有过高的股份，只引入一些股份比较少的社会资本，不但对社会资本的吸引力不足，也不利于公司治理的转型和经营机制的转换。因此，要推行新一轮产权改革，必须要有合适的、清晰的股权结构和股份来源政策，但考虑到中国的实际情况，这殊非易事。

一个可以考虑的方案，是在新一轮国有企业改革中实行名单政策，而不是分类政策和"一企一策"政策。无论是"一企一策"，还是分类政策，理论上都没有错，因为每个企业本身就不是一样的，也是可以分成不同类别的，但在实际操作当中，"一企一策"的随意性太大，可能成为逃避改革、拖延改革的借口；分类政策可能在漫长的分类谈判和类别选择中掉入分类陷阱当中，最后改革的时机就耗费掉了。名单政策是确定国有企业是否进行混合所有制改革以及大致限定股权结构的政策。这个名单完全覆盖各级国资委直接管理的一级企业，即所有的一级企业都应该包括在这个名单中。在这个名单中，每个一级企业都能找到自己的名字和是否要实行混合所有制、实行混合所有制第一步的股权结构有什么样的限定。当然，不实行混合所有制，继续保留国有独资的一级企业，只是少数，这少数企业保留国有独资，可能是因为它们将要被改建为国有资本投资运营公司，可能是其所处的行业或所承担的功能比较特殊，也可能是因为历史包袱太重而且目前没有化解的方法。不管是什么原因，这个名单都应该列明并且做出解释说明。而其他企业，争取在2020年之前实现混合所有制改革。

对于应该实行混合所有制改革的一级企业，每个企业都应该列明第一步的股权结构的限定。这个限定并不是把股权结构规定得一清二楚，实际上是要公布每一个一级企业大致的国有股比例限制。政府对每个一级企业规定了国有股的比例上限或者下限，就可以使国企自己，以及有意参与国企混合所有制改革的社会资本，有一个清晰的政策界限。这比一个一个地去试探、去谈判要好得多。同时，在整个名单政策中，政府应该就为什么要对这个企业设定这样的国有股比例限定做出解释说明。名单政策应该允许企业在股权结构限定的范围内，积极引入非国有的大股东，最好使非国有大股东单独持股33.4%以上或者与其他一致行动人共同持股33.4%以上，这样的股权结构才称得上实质性的混合所有制，通过上市等方式引入分散性非国有小股东只能勉强算是名义性的混合所有制。名单政策可以根据情况变化进行适时修订，修订的方向是不断降低国有股的比例限定，引导国有股份不断地释放给社会上的投资者。

或许会有一种疑虑：名单政策让国企对号入座，这会不会造成国企人心惶惶？以前的改革政府经常采取含糊策略，好像这样就能够避免人心惶惶，但事实并非如此，在私底下打听、议论和运作，尽量避免那些可能失去"父爱"依靠的"被改革"，这并不是好办法。其实，国外的那些大型国企的改革方案，涉时三年五年或八年十年，都是事先透明的，甚至是由议会通过的，只要管理人员和普通员工的正当利益得到保障，对号入座反而是最好的。

三、应该制定国有股的持有和股权行使政策

第三项政策挑战，就是如何确定国有股的持有和股权行使政策。由于大部分一级企业都要实行股权多元化或混合所有制，这些企业中的国有股由哪个机构来持有并行使股东权利，就成了一个无法回避的问题。同时，不管国资委是否直接持有这些企业的国有股，以后国资委对这些企业如何管理，也必须纳入考虑范围。国资委直接持有混合所有制企业的国有股，没有实质性的法律障碍，事实上国资委作为出资人机构，本身就包含了持有国有股份的含义。所以，国资委可以直接持有混合所有制一级企业的国有股份，当然也不排斥以后由国有资本投资运营公司来持有其他一级企业的股份（那时，现有的一级企业实际上已经变为二级企业，叫作二级企业更妥当）。这涉及未来国资管理构架的调整问题。

无论未来国资管理构架做什么样的调整，都应该制定对混合所有制一

级企业的国有股持有与权利行使政策。这个政策应该规定，一级企业实行混合所有制之后，国有股是由国资委还是其他哪个机构（如国有资本投资运营公司）来持有。考虑到现实当中许多国有股的持有和股权行使是分开的，即国有股持有机构只是名义持有，并不真正行使股权，股权行使是由另一个机构来行使，或者通过另外的方式和渠道来行使，所以应该制定清晰的国有股权行使政策，以告诉外界，未来一级企业实行混合所有制之后，持股机构能否完整地行使股权，如果不能完整行使股权，也要告知各机构应行使什么权利，行使权利的渠道、方式、时间、触发机制是什么。

另外，还应该制定国资委和其他党政部门对混合所有制企业的管理政策（或者根据习惯叫作监管政策）。说明需要制定这个政策的原因，这个政策与对混合所有制一级企业的股权持有和权利行使政策的不同之处。

照道理来说，哪一个机构持有国有股份，就由哪一个机构来行使国有股权，除此之外，无论是国有控股还是国有参股企业，都不应该被其他任何别的机构进行股东权利之外的日常性"国有企业管理"或"国有资产管理"。这些企业也接受审计、透明度检查以及一些特殊行业的监管，但并不是针对国有企业、国有股份的日常性监管。但现实当中，不但这些被称为"监管"的力量仍然存在，而且更重要的管理力量是对国企"干部"的任免与管理。2014 年，一些省市自治区出台的国有企业改革指导意见当中，规定只要国有股份比例低于 50%，国资委将不再按国有企业进行监管，这是一个进步。但是，难道国有股份比例高于 50% 的混合所有制企业，就应该接受国有股东权利之外的"监管"吗？这个"监管"是监管机构自己随时发个文件就可以去查、去指示、去审批吗？而且，也不光是国资委不再进行旧式监管就算数了，因为对国企高管人员进行"干部"管理的权限大部分并不在国资委手里，这涉及长期存在的"新三会"与"老三会"之间关系如何处理的问题，涉及公司治理能否真正转型的问题。这些都是非常大的挑战。

第四项重要的政策挑战，就是如何处理国企中残留的计划经济遗产。这就是所谓的处理国企的历史遗留问题。国企历史遗留问题大致可以分为三类：一是企业办社会，企业长期依赖为职工所提供的医疗、学校、后勤等服务；二是职工福利尚未或无法实行社会化，包括离退休职工的管理和统筹外费用、内退职工的各种费用、"三供一业"等；三是一些模糊地带，如国企职工身份的特殊性、国企的冗员较多又无法全部裁减等。国企的这些问题非常棘手，其实其中有些问题并不都是计划经济时代留下来的东西，而是目前还在不断产生的新东西，甚至其中很多内容，譬如说一些所谓的办社会职能以及超统筹的福利待遇，也不能说都需要强制取消，但问题在于这些负债性的东西超出企业和企业股东的承受能力和承受意愿时，如何化解矛盾。这些问题真是剪不断理还乱，但如果要实现真正的市场化，这些问题无法回避。因此，要推行新一轮国企改革，还需要国家有关部门制定国企职工身份和相关权益、福利的解释政策，就像最高法院就一些重大而敏感问题做出解释是一样的道理，哪怕解释为各地区、各企业可以根据实际情况自行处理，那也算是一种政策。国企职工已经成为一个需要谨慎对待的庞大群体，能否制定一个职工能接受、国家能承担、社会能平衡的政策套餐，以及能否使这样的政策套餐在实际中得以执行，实在是一个严峻的挑战。

此外，对国企在国家安全和国家基石中的作用如何认识，则是更深层次的挑战。这些挑战，都需要认真应对。

（本文原载于《上海证券报》，2015年7月24日）

国有企业改革新路

当前深化国有企业改革的几个重要问题

张永伟[*]

一、思想解放和改革氛围是推动国企改革的重要前提

这一轮国有企业改革与20世纪90年代的改革有一个很大的不同，之前的改革由于当时有大量国有企业陷入困境，不改革就更没有希望。因此，在为什么要改革这类基本问题上的共识度较高，对改革可能会出现的种种问题或者是错误也有较大的宽容度。这一轮国企改革相对来讲更加复杂、难度更大。评价此轮国企改革的标尺要多于之前，如除了注重效益，还要解决公平问题；改革需要坚持的原则也多于之前，一些原则在实际改革过程中如何落实和结合确有难度和挑战性，如坚持党的领导与现代公司治理如何结合；人们不再允许之前改革中曾经出现的一些诸如国有资产流失等问题再发生，这就导致在改革方案设计上会更加慎重，改革必须有堵漏洞、防风险的配套措施；在注重社会稳定和社会舆论的情况下，破产和下岗分流等手段应用起来也困难重重，一些现代公司的机制如股权激励、资本运作等在国有企业的应用带有很大的局限性，人们宁可改革慢些，也不愿接受带来阵痛的改革；一些地方和企业仍心有顾虑，更倾向于等待、等上面的方案、等批准、等红线如何划，"敢为天下先"式自下而上的探索比较少见；在改革进入深水区后，势必触及更深层次的问题，改革的风险也会增加，改革者在这个时候更优先推进有共识的改革，那些改革虽然迫切但分歧较大的措施并不一定成为优先的改革任务。因此，要顺利推进

---

[*] 张永伟，国务院发展研究中心企业研究所副所长。

国企改革，在一些基本问题或容易产生分歧的问题上仍需进一步凝聚共识，进一步解放思想。

（一）国有资本的功能定位

这是新一轮改革必须想清楚的关键问题：国有资本究竟该干什么、不该干什么，国有企业究竟该干什么、不该干什么，在这些问题上如果没有共识，改革就会陷入无休止的争论中，而且由于争议双方的出发点不同，讨论问题的逻辑和语言不同，寄希望于一方说服另一方是非常困难的事，甚至是不可能的。从经济角度和历史经验看，一个国家保留一批国有企业或国有资本是有多方面原因的，这也决定了国有企业在不同阶段的功能定位。在很多国家工业化高速推进的过程中，国有企业被拿来作为实现经济目标或政策目标的工具。不仅是中国，很多国家甚至经合组织国家，都曾经有高比例的国有经济，绝大多数都是当年工业化进程中遗留下来的。因为国有企业作为一个国家工业化的工具是有效的，可以集中有限的资源。此后，虽然不同的国家实行了不同的改革政策，但一些国家如法国、芬兰现在仍有不少的国有企业。除了作为经济工具外，国有企业还可用来弥补市场失灵或者成为为政府创造财富的钱袋子。对我国来讲，国有资本对我们除了政治和意识形态的需要外，在经济功能上既有工具性功能，也有收益性功能、公共性功能。将来一个重要变化是，国有资本的工具性功能随着市场经济体制的不断完善将逐步弱化，但不会一下子退出，很多时候政府还必须依靠国有企业来实现其政治和政策目标。而收益性功能、公共性功能将得到强化，大量国有资本存在的主要目的是追求资本回报，并通过将国有资本的收益更多地投入社保、公共服务等领域从而发挥国有资本的公共性功能。从这个意义上讲，国企改革不是简单地让国有企业退出，不是消灭国有资本，是既要保持国有资本，又要使之与市场经济更好地融合，重要的是实现国有资本的功能转换。

（二）国有企业为什么要改革

很多人认为国有企业效益还可以，为什么还要改革？这个问题如果不讨论清楚，任何改革方案都有可能会被否定。从深层的制度层面看，深化国企改革的一个重要考虑就是要进一步探索公有制与市场经济如何融合，探索公有制的实现形式：现有国有企业管理体制以及国有企业自身制度都还做不到这一点，一些国有企业还没有真正建立现代企业制度，没有完成公司化改制，还不是真正的市场主体。成熟的市场经济体制要求公平对待各类市场主体，政府不能对国有企业和非国有企业再分远近亲疏，这需要对国资管理体制、国有企业与政府的关系、国有企业的公司治理等进行改革。从国有资本布局的情况看，过去国有资本的分布过宽，需要按照重要行业和关键领域逐步收缩战线，集中国有资本，用来解决经济社会发展中的主要矛盾。党的十八届三中全会提出，国有资本投资运营要服务于国家战略目标，更多地投向关系国家安全、国民经济命脉的重要行业和关键领域，重点提供公共服务、发展重要前瞻性战略性产业、保护生态环境、支持科技进步、保障国家安全五个领域。国有资本的这种结构性调整和布局变化必须加快进行，否则在很多国有资本不宜进入的领域或进入了也没有竞争力的领域，国有资本的浪费和流失就不可避免。在这个方面改革有风险，但不改革将是最大的风险：从国有企业自身存在的问题来看，除了人们普遍谈到的国企效率低等问题外，近年国企腐败严重也是深化国企改革的重要因素。从国家和社会需求来看，国企如何更好地履行其公共性功能，更好地服务政府和社会利益，也是社会关注的焦点问题。

（三）国有企业改革应坚持的基本原则和改革底线

国有企业改革必须同时考虑经济效益和政治逻辑。一方面，如果单纯从经济效益的角度来考虑国有企业改革，那么提高效益就是改革的主要目标，而提高效益的方式有多种，包括国有资本的退出，甚至是在一些重要行业也不必追求控制力，只要能有投资回报即可。这种单纯追求效益原则在经济学原理上是成立的，但中国的国有企业被赋予太多的功能，完全按效益原则来设计改革方案在当前阶段并不一定符合中国的政治实际，很容易被认为是搞私有化。另一方面，如果单纯从政治逻辑来考虑国有企业改革，那么可能会认为国有企业越多越好，人们自然或不自然地会觉得国有企业会更听党和政府的话，关键时刻或国家需要的时候，国有企业才更可靠，一种自然的逻辑推理应该是国有经济比重越大，执政基础越牢。但是，当出现大量国有企业亏损的时候，政治逻辑往往也很难找到帮助企业脱困的解决方案。所以说如果过于强调改革的政治逻辑，或者说让政治逻辑绑架了经济逻辑,很多在经济逻辑上有效的改革措施,都有可能认为在政治上过不了关,国有企业的问题就会更加积重难返。从国情出发,考虑不同的利益格局,要推进国企改革必须将这两种逻辑同时考量,不能偏废一方,更不能走极端。这就要求改革方案必须做到既能提高国企竞争力和国有资本的效益,又能巩固党的执政基础,更有利于国有资本的保值增值,而不是一个削弱企业竞争力、削弱党的领导、削弱公有制主体地位的改革方案。要做到这一点,确实不是容易的事,这也是此轮国有企业改革的核心难点所在。

(四)如何理解公有制的主体地位和国有经济的主导地位

国企改革的结果不能是全部私有化,或者说私有化不能成为中国国有企业改革的主要路径,改革还必须坚持公有制的主体地位,但必须要探索公有制的多种实现形式。过去,作为企业形态存在的一个个国有企业是公有制的主要实现形式或者是主体载体,早期是清一色的全民所有制企业,后来又逐步改制为公司,股份制就随之成为非常重要的实现形式。党的十八届三中全会提出以管资本为主加强国有资产管理,这意味着在企业形态、股份制之后,资本化成为公有制新的实现形式。资本化可以追求对企业的控股权,也可以不控股,而是更多地追求资本回报。对国家来讲,拥有国有资本与控制国有企业基本是同等重要的:有的时候,如果控制的国有企业并不能带来较好的投资回报,而是长期亏损,扭亏无望,还不如采用资本化形式,让投资在这个国有企业的国有资本流动起来,甚至退出。当然并不是所有行业或领域的国有企业都完全适用资本化这种实现形式。国企改革的结果也不能削弱国有经济的主导地位,但必须要探索对"主导"的新定义。根据党的十五大的中央文件,"主导地位"就是要求国有经济控制关系国民经济命脉的重要行业和关键领域。根据党的十五届四中全会的规定,主要行业主要有四类:第一是关系国家安全的行业;第二是自然垄断行业;第三是提供公共品和公益性的行业;第四是高新技术产业和重要产业中的骨干企业。但随着时间的推移,人们会发现很多曾经的"重要行业、关键领域"现在已经成了竞争领域,在一些对国家安全非常重要的领域,如互联网、信息技术、关键装备等领域,国有经济并未占有主导地位,这说明我们必须根据形势的变化与时俱进,对国有经济占主导地位进行更科学、更符合时代发展需要的界定，而不能机械地进行理解。例如，在一些重要领域如果国有经济并不占主导，是不是就要限制非有经济在这个领域的发展呢？当然，这并不符合党的十八届三中全会的精神。当前，我们一方面需要根据已经变化了的新情况，进一步明确关系国民经济命脉的重要行业和关键领域；另一方面要更加注重发挥国有经济的活力、控制力和影响力，主要是通过活力来实现影响力，通过活力获得控制力。

二、混合所有制改革如何推进

党的十八届三中全会强调发展混合所有制也是一次理论创新。混合所有制是很多年前的一个提法，党的十四届三中全会就已经提出来了，党的十五大的时候进一步做了明确。但党的十八届三中全会再次强调发展混合所有制经济并不是老调重弹，而是在新的经济制度和国资实现形式条件下的理论突破，特别是将混合所有制作为基本经济制度的重要实现形式，就是一个重大的理论创新。混合所有制经济的实现形式，也许不见得全部都是股份制和公司制，比如它可以是基金、有限合伙制，有限合伙制也应该是广义的混合所有制，它不是公司制，也不是股份制。现在在很多基础设施领域，如废水、废气、垃圾处理等领域搞PPP，可认为是混合所有制。总之，不管是项目层面，还是企业层面，混合所有制可能是多种多样的，但股份制绝对是最主要的一个选项。

作为一个重要的理论创新，混合所有制改革如何在实践中得到落实，确实还有很多工作要做。从国有企业混合所有制的进展看，多数央企、地方国企的二级及其以下公司已经实现了不同程度的混合所有制，特别是上市公司更是典型的混合所有制企业。目前的问题是大量母体公司还没有股权多元化，混合后的一些二级公司还存在一股独大的问题，需进一步改制，在人事等方面还是双轨制，多数国有上市公司的公司治理远未实现市场化，仍是旧体制控制新体制。民营企业以及国企管理层对如何推进混合所有制也存在很多顾虑。民营企业的顾虑主要是怕混合后自己的权益得不到保障，担心不能真正地参与经营决策，投资得不到分红。这样的案例过去有不少，对民营企业有很大负面影响。也有一些民营企业认为，一些重要领域特别是垄断行业向民企开放的进程不会很快,真正吸引民营企业混合的国有企业可能不会太多。

国企管理层的顾虑主要是怕因此被戴上国有资产流失的帽子,也担心国企员工因为不愿意转换身份等原因而不支持混合所有制。实践中有很多进行过改革的国企领导都遇到过上述问题,认为现在推进这些改革相比20世纪90年代更复杂,更具挑战性,过去一些很有成效的做法现在很难效仿,需要支付更高的改革成本。因此,混合所有制改革,除了企业层面的股权结构改革之外,更重要的是政策要配套。如应明确国有资产处置的基本原则与程序,对土地资产、债务等的处置等也应进一步明确意见。过去政府在资产评估、挂牌交易、土地变现、债务核销等方面都有一些较详细的规定,但很多政策已经到期,有些也需要调整,应利用这次机会对相关政策进行清理,明确实施细则,确保资产交易在阳光下运行。要对混合所有制企业的员工持股问题做出明确规定。除少数特殊行业外,应允许和鼓励在混合所有制企业实现员工特别是管理层持股,但操作一定要公开透明、合规合理,同时还要解决好企业办社会等历史遗留问题,妥善处理员工身份转换问题,原则上国有企业不应再新办社会性机构,过去办的社会性机构应加快交给地方和社会,分离企业办社会是一项政策性非常强的工作,非企业自身能够解决,相关的支持政策要进一步跟进与调整。原则上讲,有了相对完善的社会保障和企业员工之间明晰的法律关系之后,过去这些条件不具备的情况下所推行的"买断身份""经济补偿金"等政策就需要用新的政策来替代。

三、国资管理体制改革应优先于国企自身改革

从一定意义上讲,国有企业之所以出现活力不足、体制僵化、公司治理扭曲甚至是效率低下,很大程度上是因为针对国有企业的外部制度在设计上出了问题,有什么样的制度框架就会导致什么样的企业行为。这一轮国有企业改革就是要对过去已经运行十多年的以管企业为主的国资管理体制进行改革,建立以管资本为主的管理体制。

建立以管资本为主的管理体制,就是要进一步解放国有企业,使之进一步成为按照市场规律办事的经济主体;就是要进一步解放政府,使之更

进一步按照科学原则和经济规律来管理国有资产；就是要进一步解放国有资本，使不同功能的国有资本更有效地发挥各自的作用，建立国有资本服务国家战略和服务人民利益的新机制。这个目标是仅企业层面的改革所不能承载的，必须要推进政府层面的改革，如果政府职能和外部制度的改革不到位，新的国资管理体制不能建立起来，国有企业自身的改革空间必然有限。这就像公司治理一样，虽然国有企业按照公司法建立了形式上、程序上都比较规范的公司治理体系，但这套法律规定的公司治理在实践中如何与国有企业特有的党管干部体制、党委会决定重大决策体制、国资委直接管理国有企业经营事项的体制等有机结合，确实需要进一步探索。一边是公司法规定的规则，另一边是国企特有的管理体制，在强调依法治国的情况下又不违背体制，在强调加强党的领导的情况下如何又不违体，企业面临的挑战很大。而其中很多方面是企业不能自主决定和选择的，国有企业改革必须先改外部体制。

四、加快开展国有资本投资运营公司试点

建立国有资本投资运营公司来运营国有资本，是实现以管资本为主深化国资管理体制改革的重要途径，也是未来国企改革一项非常重要的内容，这是国有企业极为关注的一项改革。但是，对于这类公司如何定位，如何建立，这类公司如何才能有效运转，它们和政府之间的关系应当如何安排，我们都还缺乏足够的经验。这就需要先进行试点，总结经验后再推广。

国有资本投资运营公司与一般商业性投资公司和行政化的出资人机构相比，在机构属性、与政府关系、目标定位、法律形式、资产运营、公司权能等方面有所不同。在机构上，国有资本投资运营公司本质上是市场化主体，作为市场化出资人机构，没有行政职能，受政府委托以市场化方式运营国有资本，既不是行政化的"婆婆"，也不是行政化的"老板"。在与政府的关系上，国有资本投资运营公司是国有资本委托代理链条中的关键环节，政府通过所有权与经营权分开，以股东身份依法（包括《公司法》、章程、委托协议等）参与该类公司的治理和管理，不再用传统管企业的方式来管理这类公司，也不再向这类公司所投资的实体公司延伸管

理，不与实体公司保留行政关系、出资人关系，切实把国有资本投资运营公司作为实现政企分开的"界面"和"隔离层"。在功能定位上，国有资本投资运营公司可分为商业类投资运营公司和政策类投资运营公司两类。前者目标单一，以追求资本收益为主；后者有政策性目标，但必须有严格的财务约束，保证投资效率，可追求一定的投资收益。商业类国有资本投资运营公司运营竞争性领域的国有资本，是中性的"无差别资本"，它对产业和企业没有特殊的控制偏好，不承担国家要发展某类产业和控制某类企业的战略责任，主要依据市场原则调整投资组合，动态地从低回报资产退出，寻找高收益的投资机会。政策类国有资本投资运营公司主要运营战略性、垄断性领域的国有资产，投资领域包括公共服务、重要前瞻性战略性产业、生态环境保护、科技进步、国家安全等领域，对这些领域内公司的持股比例要服从国家产业战略和政策目标要求。

国有资本投资运营公司的组建主要有改组和新设两种方式。改组就是从现有机构中选择试点单位进行改组。可选择资产规模相对较大、有投资运营公司雏形，管理层有动力、有专业化投资团队的公司，吸收、合并一些国有企业，或接收一些国有企业集团母公司所持国有股权及相关资产，改组设立金融性投资运营公司。接受改组的公司同时应剥离实体产业。改组后的公司不能是既直接管理实业，又有投资业务的混合型控股公司，应改组成以股权管理和资本运营为主的金融性机构。从现有机构选择试点这种方式操作相对简单，目前也有一些可供选择的机构，主要风险是参加试点的机构会因权威性不够而难以有效开展股权管理和资本运作。新设就是通过划转国有企业集团母公司所持国有股权及相关资产、政府注资等方式，新设组建投资运营公司，同时撤销部分集团母公司。新设组建方式有利于公司在一开始就能形成相对合理的资产组合。从公平竞争的角度，该资产组合不应只限于一个行业，以避免形成行业垄断和过多关联交易。从投资角度，该资产组合又不宜跨度过大，投资领域要适度集中。新设组建方式可在一开始就摆脱改组方式中遇到的"以谁为主"的难题，但设立过程会较复杂。需要注意是开展试点不能简单搞翻牌公司。不管是新设组建还是改组设立，设立后的公司要坚持"国有资产资本化、资本运作市场化"的原则，重新进行功能定位，按新机制运作，不能是将现有企业装入资产后再简单翻牌，换汤不换药。

五、建立国有资本服务国家战略和人民利益的新机制

在以经济追赶为主和经济所有制改革初期,政府通过设立国有企业的方式来实现政府多项目标,包括经济建设、解决就业以及解决员工的住房、医疗、上学等一系列社会性问题。因此,企业形式是国有资本服务国家战略和人民利益的主要机制。但这种机制造成的主要问题是企业很难成为市场化的主体,它既要追求商业回报,又要背负太多的政府和社会责任,很多时候多元的目标之间存在内在的冲突;应建立新的机制来化解这个矛盾,从而既让国有企业成为真正的市场主体,又能实现让国有资本更好地服务国家战略的人民利益。新机制的核心是让国有企业回归企业本位,尊重市场规律,尊重竞争法则,坚持市场化运作,同时将国有企业实现的收益更多地通过二次分配和股权收益重新配置等方式来实现其更多地服务于国家战略和人民利益需要的宗旨。

主要做法有三条:其一就是落实好党的十八届三中全会规定的划转国有股权进入社保基金从而实现将国有资本收益直接充实社会保障,体现人民分享原则。其二是调整国有资本收益的再投资领域,更多地投向公共服务领域、国家战略领域。这样做的好处是,国有资本在运作时应遵行的市场化机制,在分配时体现了国家利益和人民利益原则,从而解决了社会上一些对国有资本为何存在、国有资本不能市场化运作、国有资本不服务于公众利益等问题的质疑。其三就是适当提高国有企业的分红比例。目前我国国有企业平均分红率在12%左右,这比世界上其他国家国有企业20%~50%的分红率低很多。世界银行研究了16个发达经济体中49家有2000~2008年分红数据的国企数据,发现平均分红率的均值为33%,中值为33.9%,大部分公司的平均分红率都在20%~50%之间。此外,世界银行还研究了172家在中国香港股票交易所上市的由政府直接或间接持股的国企在2000~2008年的分红数据。结果表明,这些公司的平均分红率的均值为23.2%,中值为22.7%。因此,要逐步提高国有资本收益上缴公共财政比例,党的十八届三中全会已经明确了到2020年国企的平均分红率要提高到23%。

六、探索国有企业改革的多种推进方式

改革方案重要,改革方法或推进方式同样重要。坚持顶层设计和依法改革是推进新一轮改革的重要方式,这就要求针对国企改革要出台一揽子方案,一些重要的改革必须依法进行。与此同时,考虑到国企改革比较复杂,也可充分地借鉴20世纪90年代我国在推进改革过程中创造的一些行之有效的改革方式方法,如试点方式、鼓励地方创新、分类改革、注重增量、加强改革沟通等,这些方法与坚持顶层设计和依法改革是统一的,相互补充,并不矛盾。

(一) 改革试点

对一些影响面较大或还拿不准但又需迫切进行的改革,在总体改革方案的指导下,可先进行试点,积累经验,再逐步推开。这种试点与以前试点不同的是,新一轮国企改革试点需要有总体改革方案的指导,也就是说,要有大的框架,不是简单地"摸着石头过河"。根据国企改革与发展需要,可先在两类公司组建、混合所有制、员工持股、解决历史遗留问题和企业办社会等方面进行试点。从过去推进试点的情况看,在推进国企改革试点时必须防止掉进"成功假象"或"试点陷阱"中,这种情况在实际中已见些许端倪,必须高度警惕。一项试点还没有经过合理的时间验证就过早地形成经验进行推广,或者给予这项试点太多的特殊政策而造成成功假象,这种做法是不科学的,违背了试点改革的初衷。还有就是很多试点由于一开始缺乏明确的改革目标,缺乏可持续的推进机制,结果试点要么是"一直在路上",没有结果,很多最终是不了了之,要么是试点没有及时评估,试点成果没有得到及时扩散,失去了试点的意义。同时,试点改革中更常见并备受诟病的是,很多机构推进试点的目的并非是追求改革突破,试点要么是以改革的名义设租寻租,要么是以试点的名义来延缓改革,一项重大的改革被以试点的名义无限期地延缓下去的可能性是存在的。

（二）鼓励地方探索和创新

这是由央企与地方国企的差异决定的。中央企业和地方企业的情况有很大不同，现在15.6万家国有企业里面，地方国企大体上占2/3，央企大体上占1/3。约10万家地方国有企业，无论是功能定位、行业分布，还是资产规模、盈利能力等方面，与中央企业都有比较大的差别。地方国企较少涉及国家安全，但和民生的联系要比央企密切得多，很多涉及供水、供电、供气等公共事业领域，企业改革和民生保障必须同步考虑。同时，即使地方企业，各地情况也不完全相同，在深圳、上海等较发达地区，国有企业改革的主要任务是如何进一步推进资本化，而在一些省市区，国有企业改革进程相对较慢，离资本化改革还有非常远的距离。因此，地方完全可以根据实际情况自己探索如何推进国企改革，只要改革方案没有违背法律，没有违背改革原则，可以出台符合地方实际的方案。然而，从目前出台的方案看，地方改革方案的创新性不够，突破还不大。因为没有中央层面的顶层设计的改革方案，所以地方胆子还不够大，思想还不够解放。实际上，很多地方在改革思想上仍在等待，还是根据现有的条条框框来制订改革方案，有的地方的创新程度甚至还不及党的十八届三中全会决议中的表述。

需要注意的是，近些年地方成立的新国有公司有相当数量是一级公司，就是地方投融资平台，地方新一轮国资国企改革不能只关注以前的老的传统领域的国企，要把这方面的改革作为重要部分。投融资平台公司的改革牵一发而动全身，如果这个改革好了，将来地方债在风险化解方面也会找到更好的路径。要把这方面改革和化解地方债务风险结合起来。

（三）分类改革

分类改革是我们在多年改革实践中探索出的一个重要改革方法，这种方法有利于增强改革的针对性，可区别不同情况采用不同的改革方案。国有企业分类改革的初衷是为了便于对国有企业进行管理，如有的企业既要实现经济目标，还要履行政府赋予的行业责任，对这类企业就需要在资产管理和行业管理上实现有机结合。相对于这类企业而言，数量更多的国有企业则没有特定的行业责任，对其管理主要是资产管理，经济目标是唯一目标或最主要的目标。因此，在管理上要对这两类国有企业区别对待，或者对同一类国有企业的不同性质的业务要区别对待。

（四）关于增量改革

存量的改革由于积累了多年的矛盾，很多时候改起来并不容易，但增量改革相对矛盾少些，一些改革在增量上先试行比较容易被接受。对于国有企业改革来说，激励制度改革更宜先从增量开始，如果将现有国有企业的股权存量拿出来激励员工，还是存在很多障碍的，操作不好很容易被认为是国有资产流失。相比之下，把国企员工创造的利润增量用来激励员工则更妥当些，实践中一些企业的所谓的分红权改革、劳动分红、利润奖励等都是基于增量的改革，这种办法值得推广。在国企改革中，还应在更多的方面推进增量式的改革，比如对新设的国有企业要区别于已有的国有企业，一开始就要建立更先进的制度，把新的突破寄希望于在新的增量中实现。

（五）关于改革沟通

改革方案形成和实施的过程在很大程度上依赖于上下左右的沟通。在20世纪90年代推进国有企业改革的过程中，一个很好的做法是，在制定改革方案时，通过研讨会、实地调研等能与多方进行沟通，充分听取意见，最后出台的方案会更接地气，更可操作，更有含金量。否则，缺乏实践沟通的改革方案，一旦实施便会被搁浅，结果很可能会是"方案多多，效果寥寥"。在推进改革的过程中，也可通过经验交流会、座谈会等方式让大家更深入地理解每一项改革的真正含义，同时及时组织各方面交流各自的做法、遇到的问题等，让设计者能及时调整，让实际推动者能心中有数，手上有招。实践证明这样的改革沟通是非常重要的一个推进方式。

（本文节选自专著《国企改革路线图探析》，中国发展出版社2016年10月版）

第二篇

完善国有资产管理体系

从一定意义上讲，国有企业之所以出现活力不足、体制僵化、公司治理扭曲，甚至是效率低下，很大程度上是因为针对国有企业的外部制度在设计上出了问题，有什么样的制度框架就会导致什么样的企业行为。这一轮国有企业改革就是要对过去已经运行十多年的以管企业为主的国资管理体制进行改革，建立以管资本为主的管理体制。这就是要进一步解放国有企业，使之进一步成为按照市场规律办事的经济主体；就是要进一步解放政府，使之更进一步按照科学原则和经济规律来管理国有资产；就是要进一步解放国有资本，使不同功能的国有资本更有效地发挥各自的作用，建立国有资本服务国家战略和服务人民利益的新机制。

国有资产监管体制改革策略选择：
由混合所有制的介入观察

张文魁[*]

本文的核心论点是，混合所有制与越来越复杂的国资监管体制难以兼容。如果国企要通过混合所有制改造最终建立现代企业制度，就不能不对这个国资监管体系进行根本性改革。本文首先分析了混合所有制近几年在实际中遭受冷遇的原因，然后对我国国资监管体系的工作职能和相关机构进行了深入剖析，并与国外国资国企管理构架进行对比，最后提出改革方向。

一、混合所有制遇冷

国企改革的重要方向是混合所有制。但在实际当中，混合所有制的推进并不顺利。分析混合所有制遇冷的原因，并剖析其实质，对于深化国企改革、建立现代企业制度，具有重要意义。

（一）混合所有制遇冷与国资监管体系有关

2016年12月中旬召开的中央经济工作会议郑重指出，混合所有制改革是国企改革的重要突破口。发展混合所有制并不是新政策，中共中央早在1999年十五届四中全会和2003年十六届三中全会就提出要发展混合所有制经济，并在2013年十八届三中全会继续确认要积极发展混合所有制

---

[*] 张文魁，国务院发展研究中心企业研究所副所长。

经济。2015年出台的中共中央、国务院《关于深化国有企业改革的指导意见》对发展混合所有制作了更加具体阐述。但笔者（张文魁，2016）的研究表明，在过去二十多年里，我国混合所有制发展并不顺利，国企建立现代企业制度的进程和效果远逊预期。特别是党的十八届三中全会以来，无论民企这一方还是国企这一方，对混合所有制都表现出非常谨慎甚至冷淡的态度，这直接导致国企改革进展不如预期，乃至整个供给侧改革的进程也受到影响。张卓元（2015）等学者直截了当地指出，当前国企改革面临各种阻力，比想象的还困难。厉以宁（2016）等学者则呼吁，国企改革是供给侧改革的当务之急，如果不深化国企改革，供给侧改革很难取得成绩。杨瑞龙（2014）等学者认为，必须要以混合所有制为突破口深化国企改革。

混合所有制遇冷，有多方面原因。许多人都认为，非国有股权的合法权益得不到应有保障是一个重要原因。控股权是否对民企开放也是一条，尽管这一条不完全属于股东权利保障问题，但也与少数股东权利保障机制是否有效存在很大关系。此外，对国资流失的担心及其判定标准的疑惑，对职工身份改革和职工安置效果缺乏信心，也是重要原因。但是细究起来，非国有股的权利保障、控股权的争执、对国资流失的防范行为，都与国资监管体系有巨大关系。如黄速建（2014）就认为，如果没有防止国有资产流失的规则和制度，无论是国企改革的操作人员还是政府审批人员，都不愿甘冒国资流失的风险，混合所有制改革的进程就会受到很大影响，如果国有企业不能去行政化，混合所有制企业不能建立规范、透明的公司治理，混合所有制企业都不能得到良好发展；杨瑞龙（2014）也认为，国有资产管理与经营体制改革滞后严重制约了国企更快走向市场，必须要重构与混合所有制相适应的国资管理与经营体制；厉以宁（2016）意识到，推进国企改革，需要在两个层面进行，一是国资管理体制改革，二是国企分类实行股权结构改革。但是遗憾的是，上述研究，还有其他类似文献，并没有细究国资管理体制存在的具体问题和深层问题，更没有剖析问题的根源，只是简略地提到了国资管理和企业市场化经营之间存在紧张关系。

（二）两套权力逻辑体系

从深层次来看，问题的本质还是在于两套权力逻辑体系的冲突，即财产权利逻辑与政府权力逻辑之间的冲突。市场经济中的企业，包括以公司制为基础的混合所有制企业，本质上是在产权清晰前提下以财产权利为出发点构筑公司治理。这是一套基于财产权利的逻辑，需要同类别的各股东地位平等，按财产权利大小进行投票表决，出资人、受托人和经理人关系明确，界面清晰，从而能建立规范的公司治理并适合市场经济规则。尽管股东之间、股东与董事之间、董事与经理等利益相关者之间也可能发生各类侵权现象，但可依法律规则进行明确判断和调整。在公司制框架下实行混合所有制，本来并没有什么障碍，因为不管股权资本是国有资本还是非国有资本，不管股东是公有制机构还是非公有制机构或者个人，他们都必须遵循财产逻辑。

但是，在国有企业中引入非国有资本来改造企业的时候，情况就不一定是这样，而且在多数时候肯定不是这样，因为传统国有企业制度的本质，是一套基于政府权力的逻辑，以政府权力为出发点构建国企领导管理体制和经营决策体制。政府权力逻辑是下级服从上级、按行政权力大小进行决策，没有出资人、受托人和经理人的区分，只有领导与被领导的关系。尽管改革开放以来，不断尝试在行政权力逻辑中引入一些财产权利逻辑，譬如在国企领导管理体制中引入公司治理架构，但两套逻辑之间的根本矛盾并没有消除，甚至在叠床架屋的企业内部构架（包括"新三会"，即股东会、董事会、监事会，和"老三会"，即职工代表大会、党委会、工会）中和纵横交错的外部构架（包括国资委、财政部门、组织部门等）中，矛盾冲突不断显现出来。当国企保持为国有独资的时候，这些矛盾冲突的裁决和解决相对来说比较好办，因为不管有多少内部机构或外部机构，它们都服从政府权力逻辑，无非是诉诸层级更高、权力更大的机构和人物进行裁决和解决。当国企改造为混合所有制之后，非国有股东的财产权利逻辑和国有股东的政府权力逻辑在很多时候的调和成本就非常高昂，甚至无法调和了。这就是混合所有制遇冷和现代企业制度遭遇尴尬的根源。

如果从企业市场化改革的角度看问题，可以说，两套权力逻辑的冲突，实际上是政府权力逻辑对财产权利逻辑的侵蚀。对于国企和混合所有制企业来说，政府权力逻辑目前主要建立在国资监管体系之上，这就导致混合所有制和我国国资监管体制越来越难以兼容。因此，不对国资监管体系进行详尽的细致分析，不对这种非兼容性进行深入剖析，根本无法理解混合所有制所遇到的尴尬，也无法提出根本性的解决方案。

二、我国国有资产监管体系的复杂性

分析两套逻辑体系的冲突，必须要对我国的国资监管体系进行深入剖析。

（一）复杂、严密的国有资产监管体系

吊诡的是，我国国资监管体系的建立与健全，本意是要摒弃政府对国企的干预，让国企获得经营自主权，以推行政企分开，并实现政府层面的公共管理权与国资管理权的分离，以及企业层面的所有权与经营权的分离。二三十年下来，结果却与初衷背道而驰。

如何定义我国的国资监管体系？这是一件并不容易的事情。不少人认为国资体制主要包括对国有资产管理、运营、监督这三个方面。现实情况也大体如此。管理，主要就是由目前的国资委行使的管资产、管事、管人的职能和由组织部门行使的部分管人职能；运营，就是由国资运营公司（或称投资公司、管理公司等，一般被认为是中间层公司）行使的职能，但实际当中其职能并不清楚，而是取决于中间层公司自己的职能争夺能力和资源集合能力；监督，会涉及许多部门的工作，像一个大杂烩，但我们并不把行业性监管和安全环保等社会性监管算成国资监管。实际工作中，监督主要包括财政部门的国有资产和财务监管、人社部门的收入分配监管、审计部门的财务合规性和规章制度健全性监管、纪检监察部门的监管等。图1是对我国当前的国资监管体系的描画。

这是一个复杂、严密的国资监管体系，非常直观。这个体系是如何形成的呢？这个体系本来是改革的产物。

在20世纪80年代中后期，随着政企分开、放权让利的不断推进，虽然国企活力有所增强，但是国家对企业资产状况却越来越难以掌握，不但

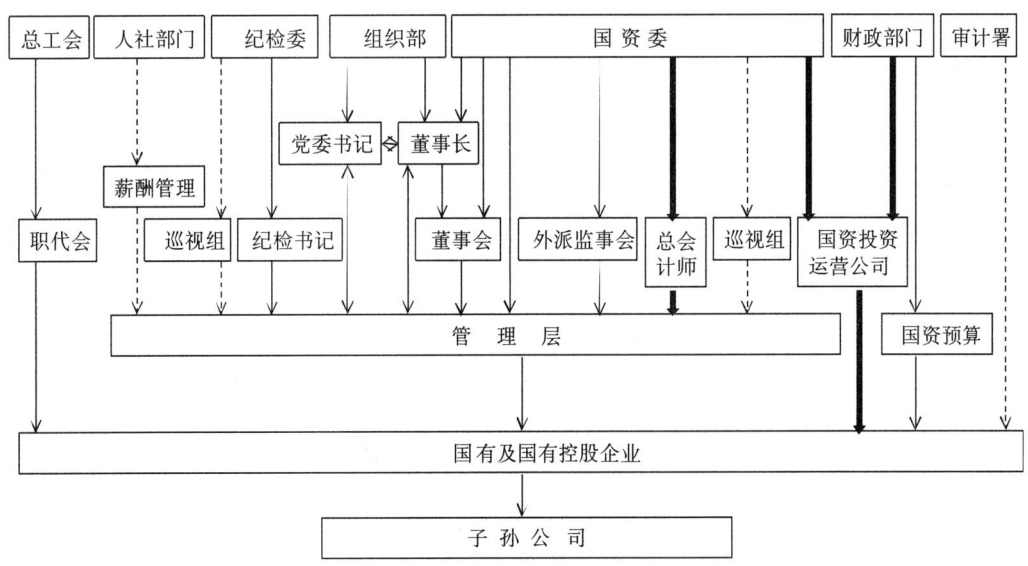

图 1 我国的国资监管构架

资料来源：笔者自己的调研与分析。

说明：图中实线表示日常性工作，虚线表示非日常性工作，粗黑线表示正在或将要开展的工作。

出现企业自主决定处置资产的行为，而且资产交易过程中蓄意低估资产和转移资产的现象也屡见不鲜。在这种背景下，一些地方开始推行国有资产经营责任制，即以企业资产保值增值为中心来确定企业管理层的经营责任。不过此时各地很少有负责国有资产经营责任方面的专司机构，有关工作主要由行业主管部门和财政部门共同负责，只有深圳等极少数地方开始尝试对国企进行专门化的资产管理。1988 年，隶属于财政部的国家国有资产管局成立，这标志着我国国资管理进入专业化时代。1990 年，党的十七届三中全会文件正式提出，国企在实行新一轮承包时，要确保国资的完整和增值，要逐步建立与社会主义有计划商品经济相适应的国资管理体制和方法。这是中央文件第一次提出国资管理体制。

在随后的十余年里，各地政府不但纷纷设立了专门的国有资产管理机构，而且有不少地方设立了国有资产经营公司，这样的公司常常被看成是介于政府部门和国企之间的中间层公司，其目的是要隔离政府对国企的干预，并以商业化的方式来运营和处置国有资产、国有股份。这些工作常常被称为国资运营，或者国资经营。1993 年，党的十四届三中全会决定正式提出，要按照政府的社会经济管理职能和国有资产所有者职能分开的原则，积极探索国有资产管理和经营的合理形式和途径。这是一种政资分开的思路。

除了开展国资管理和运营之外，政府对国企的监督体系也逐渐成形。起初，国资监督并不是一项十分清晰的独立于管理和运营的专门职能，如党的十四届三中全会就说，我国对国有资产实行国家统一所有、政府分级监督、企业自主经营的体制。但是到了后来，对国企财务的监督与审计、对国企高管腐败的查处、对国资交易的管理和对国资流失的防范，这些工作的开展就越来越专门化了，所以就形成了所谓的国资监督或国资监管的概念。如1999年党的十五届四中全会就提出，要按照国家所有、分级管理、授权经营、分工监督的原则，逐步建立国有资产管理、监督、运营体系和机制。这是中央第一次将国家的国资职能分割为管理、监督、运营三部分，并将三部分并列。在实际工作中，还建立了稽查特派员制度以及后来的外派监事会主席制度、常规化的审计制度和监察制度，有些地方还实行了外派财务总监和法律总监制度，这些都属于国企或国资监督方面的工作。在2002年之后，中央和地方都设立了国资委，这些监督工作要么整合到国资委，要么由其他机构承担，而且国资委的工作职能常常被称为是监管，而不是单单是行使出资人职能。

（二）国资监管体系远不止出资人职能

上述这些工作，就构成了本文统称的国资监管体系。在此后十余年里，国资监管实际工作和研究工作，就在管理、运营、监督三个分割的职能框架中打转了，而且这三个职能到底是不是局限于出资人职能，到底需不需要超出出资人职能，似乎越来越不清楚了。2015年出台的中共中央、国务院《关于深化国有企业改革的指导意见》，列出了深化国企改革的四大目标，第二个目标就是国有资产监管制度更加成熟，相关法律法规更加健全，监管手段和方式不断优化，监管的科学性、针对性、有效性进一步提高。该文件在"完善国有资产管理体制"这一节中，也把国资委等机构称为国有资产监管机构而不是出资人机构，但又同时强调国资监管机构要准确把握出资人职责的定位，科学界定出资人监管的边界。因为在实际工作中，参与国资国企监管的并不是国资委这一家机构，所以监管工作就不仅仅限于文件中所说的出资人监管了，如文件中"强化监督防止国有资产流失"这一节，就清楚地指出，要建立健全高效协同的外部监督机制，包括强化出资人监督、健全国有资本审计监督体制和制度、加强纪检、监察、监督和巡视工作等。

在这个监管体系中，不但涉及若干政府部门，党的机构也没有缺席。除了管理国企干部任免方面的事务，党的机构还会按照中办国办颁发的《关于进一步推进国有企业贯彻落实"三重一大"决策制度的意见》等文件规定，来指导和监督国企的有关工作。例如，纪检监察机关应切实加强对企业贯彻落实"三重一大"决策制度情况的监督检查，"三重一大"决策制度的执行情况，应当作为巡视、党风廉政建设责任制考核的重要内容和企业领导人员经济责任审计的重点事项等。

三、我国国资监管体系对公司治理和企业经营的影响

复杂严密的国资监管体系，给我国国企和混合所有制企业的公司治理和日常经营带来了严重影响。

（一）对公司治理的影响

这个复杂、严密的国资监管体系的形成，与20世纪80年代所追求的国企去行政化、政企分开的目标，到底是一致的呢，还是相反的呢？相信不难回答。不过，当前的国资监管体系与20世纪80年代的主管部门体系还是大不一样，主管部门对企业的生产经营活动有较多干预，而监管体系对企业的影响主要还不是在具体的生产经营上。一个简单例子就是，现在的国资监管体系的重要职能之一就是对国有资产流失进行严密防范，这就需要有关监管机构投入大量工作。监管部门的工作当然会对企业行为产生重大影响，企业内部不但设立相关部门，配备相关人员，还要建立相关的规章制度和工作流程，譬如说一宗资产转让行为就需要经过资产评估、评估结果报有关部门审批、按评估结果定价、进入产权交易所公开挂牌并维持一定时间、交易之后还要接受审计和巡视等。

复杂、严密的监管体制对于企业的公司治理会产生重要影响。《关于进一步推进国有企业贯彻落实"三重一大"决策制度的意见》就明确指出，"三重一大"决策必须由领导班子集体做出决定。这里需要对"领导

班子"做一点解释。领导班子并不等同于董事会，也不等同于监事会。领导班子一般是党委、党组等党组织，或者是党政联席办公会（这里的"政"是指高管人员）。董事会有些董事就不一定是领导班子成员，如外部董事、独立董事一般不会是领导班子成员，如果是由外部董事当董事长，那么董事长也不是领导班子成员；监事会成员可能大部分不一定是班子成员。领导班子与董事会不一样的地方还在于，"班子"有"班长"，一般是党委书记或党组书记。"班长"也就是通常所说的"一把手"。"班长"，或者"一把手"，可能并不拥有明文规定的最后决定权、影响和压服"班员"的权力，但实际工作中，这些权力普遍存在。而董事会从严格意义来讲，各成员的决策权力是比较平等的，董事长不是一个指挥的角色，董事的投票决定是比较独立的，并不需要听命于董事长。由于领导班子在多数情况下都以党组织为核心，党组织的民主集中制要求少数服从多数、个人服从组织、下级服从上级、全党服从中央，强调服从；而董事会制度讲的是董事个人的独立分析判断，独立投票担责，董事长不能左右董事个人的投票决定，甚至在法律上来讲，股东也不能左右董事个人的投票决定。这两套体制在实际运行中的确存在很多问题，以至于中共中央、国务院《关于深化国有企业改革的指导意见》也指出，要"切实解决一些企业董事会形同虚设、一把手说了算的问题"。

（二）对企业日常经营的影响

复杂、严密的监管体制，会对企业日常经营产生巨大的影响。企业资产处置出售，必须要经过国资监管机构指定的产权交易所，而且要符合国资委等部门颁发的交易管理条例；涉及企业股权结构变化的融资并购和股权转让等行为，要经过国资委等部门的审查批准才能生效；企业的重大投资和业务发展，很可能需要征得国资委等机构的认可和同意；企业要接受国资委等部门的检查、督导等；企业管理人员，主要是参照国家干部进行管理的人员，要执行薪酬限制、出国限制、学习培训限制、办公室面积限制、用车限制等方面的规定，并像党政机关干部那样进行个人事项申报、上交私人护照等。监管也会打破直接持股才干预的逻辑。如果企业的国有股直接持股机构是国有资产经营公司，而不是国资委，从产权逻辑上来讲，国有资产经营公司有权通过股东会和董事会等机制来影响此企业，但国资委和其他政府机构并不应该介入此企业的人事选择和经营决策。但现实情况并不是这样，尽管此企业并不是国资委直接监管的企业，而是"二级"或者"三级"企业，但国资委和其他机构的延伸监管可以达到此企业。

这套复杂严密的监管体系，是针对国有独资企业设立的，但很自然也会覆盖国有控股的混合所有制企业，例如《关于进一步推进国有企业贯彻落实"三重一大"决策制度的意见》就明确指出，本意见适用于国有控股企业，也就是说适用于国有控股的混合所有制公司。不少监管工作甚至还会延伸到一些非国有控股的混合所有制企业。非国有控股的混合所有制企业，如果国有股比重比较高，或者这个企业的规模比较大，发展得比较好，就有可能被这种监管所"关照"。因此，国资监管体系对混合所有制企业公司治理的影响是自然而然的。

四、国外是否有国资国企监管体系

除了中国，还有一些国家也存在国有企业和混合所有制企业。对这些国家的有关情况进行相应分析，有助于我们更加清晰地认识中国的状况。

（一）国外政府如何管理国企或国有股

尽管中国国资总量最大、国有企业数量最多，但是，国有企业并不是中国独有的现象。欧洲不少国家也有一些国企（OECD，2005）。当然，它们的国企大多是国有控股的股份制公司，极少有国有独资公司，另外还有一些包含大宗国有股的混合所有制企业。人们自然要问，既然这些国家也存在国企或混合所有制企业，那么是否也存在国资国企监管体系呢？否则如何保证国资不流失、企业不规范、公司治理不受内部人控制和内部人不腐败。

笔者对外国的国有企业，特别是一些法治程度较高的市场经济国家的国有企业进行了大量研究与调查。实际情况是，这些国家并没有一个复杂的国有独资和混合所有制企业的管理体系，更没有一个复杂的针对国有资产和国有股份的监管体系。例如，法国就有一些重要国有控股企业或者包含大宗国有股的混合所有制企业，前者如法国电力公司，2014年底国有股占比为84.5%；后者如雷诺公司，2014年底国有股占比为15%。北欧国企在经济中的比重还要更大一些，如挪威就有挪威国家石油公司以及北方海德鲁公司，前者是资源性企业，后者是加工制造业企业；瑞典、芬兰也有一些重要的国有控股企业。在亚洲，新加坡的国有资产在国家经济中具有较高重要性，这些资产分布在许多企业之中，其中有一些是企业的控制性股份，譬如新加坡航空公司的控制性股份就是国有股。这些国家，都有价值不菲的国有资产组合，还有一些国有控股公司甚至国有独资公司，但是这些资产组合或者企业的管理构架，却非常简洁明了，不但与我国不可相提并论，而且很难说那是一个国资监管体系或者国企监管体系。那个构架，你可以说它是一个管理构架，但其实就是一个国有股权行使构架。

例如法国，管理国企和国有股的机构是法国国家持股局（French State Shareholding Agency，法语为Agence Des Participations De L'état，Ape），这是一个政府机构。法国国家持股局的使命是：作为一名股权投资者，管理政府的股份组合，支持企业成长或转型；目标是：持有和管理国有股份，寻求对这些资产进行长期价值的优化，通过投资组合选择来确保投资的公平回报，同时监督企业战略的连贯性、企业治理的品质，以及遵守环境与社会责任方面的最佳实践。法国国家持股局2014~2015年的年报显示，政府持股范围主要集中在能源、工业、服务与金融、交通这四大领域。该局的投资组合中持有77家企业的股份，在2015年4月30日的股份价值达到1 100亿欧元，2014年共收到国有企业分红41亿欧元，这些分红纳入政府一般预算。国家持股局只有50多名工作人员。2014年，国家持股局任命了787名董事。法国国家持股局会根据实际情况和政府需要，对其投资组合中的国有企业股份进行了动态调整，既有许多减持，如前几年陆续出售法国电力集团的一些国有股，也有一些增持，如2015年增持了1 400万股雷诺公司的股份。显然，法国国家持股局就是一个国有股持有和行使机构。

挪威的情况与法国类似。挪威北方海德鲁公司的国有股份，由挪威贸易、工业和渔业部持有和管理。在北方海德鲁公司的发展早期，主要是在第二次世界大战结束后不久，当公司要进行大规模融资或增发股票、债券时，需要得到政府当局的批准，政府当局需考虑整个财政状况后进行决策。目前，挪威政府已经不再介入企业的经营管理活动。从法律上来讲，北方海德鲁公司的资产并不属于国家资产,而是企业法人资产,国家只在企业拥有股份,企业不需要向国家呈报预算,也不需要国家对其投资经营决策进行批示。北方海德鲁公司的最高权力机构是公司大会(Corporate Assembly),它负责对董事会和 CEO 的监察工作。贸易、工业和渔业部作为一个股东,与其他股东同股同权。贸易、工业和渔业部会以股东身份来参与公司大会,并影响公司大会主席的产生。不过,挪威国会也对北方海德鲁公司进行适当监督,主要是要求政府的审计总署对公司账目进行审查或对公司相关业务活动进行报告。所以,挪威贸易、工业和渔业部也是以国有股持有和行使机构来介入北方海德鲁公司的治理的。

瑞典、芬兰等国的情况也差不多,都有一个政府机构来管理国企或国有股份,但是它们的定位基本上就是持有国有股,行使股东权利,以股东身份参与公司治理。新加坡由淡马锡控股公司来管理国有股,它更是一个典型的股份持有和股权行使机构。

(二)清晰简洁的构架

某些重要国家的政府对国有独资和混合所有制企业的管理,可以用图 2 来直观展示。

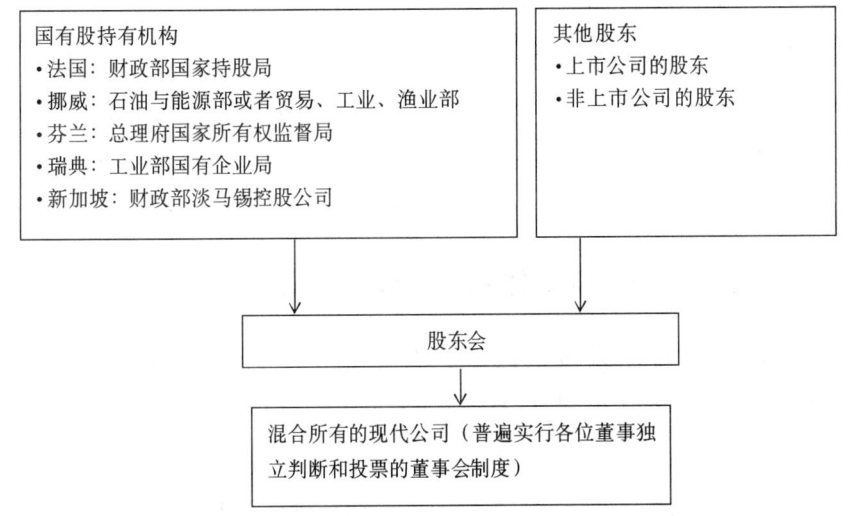

图 2 欧洲若干典型国家及新加坡政府对国企管理的构架

图 2 显示,这个构架非常简洁,并与规范的现代公司治理完全衔接。有些国家的国有股持有机构是政府机构,如法国的国家持股局,而有些国

家也特设了一个持股公司来持有国有股。但是，这些持股机构只是通过股东会机制来行使股东权利，并不介入公司的经营事务，而且董事会也是独立的。此外，如果企业处于公用事业等行业，还面临着与私有制企业完全一样的行业监管，譬如说，法国政府的电力监管部门要对国有控股的法国电力集团进行监管，挪威政府的能源监管部门要对国有控股的挪威国家石油公司进行监管，但不是对国企国资监管。

除了持股机构以外，这些国家的审计部门还可以对国有控股的混合所有制企业进行财务审计，但审计的目标比较单纯，即关注财务的真实性和合规性，审计标准也非常清晰、透明。但是，并不是所有国家都存在这种情况，有些国家，政府审计机构并不对国企进行审计，国企像其他企业一样，仅仅接受社会上的审计机构的审计。

五、我国国资监管体制改革方向：去监管、行股权；降比重、搭便车

将我国这个复杂严密的国资监管体系与欧洲那些国家的简洁明了的构架进行比较，不禁感叹：中国国有企业要搞好真不容易！这套体系不但会严重制约国企的经营自主性和积极性，还会严重阻碍非国有资本参与国企混合所有制改革。这张在全世界可能是最复杂的监管之网，是否能创造出全世界最高效的国资和国企？是否能带来全世界最规范、最廉洁的国资和国企？答案自然不难得出。因此，对我国国资监管体制进行根本性改革是非常必要的。

（一）须对我国国资监管体系进行根本性改革

对我国国资监管体系进行改革，几乎是一个共识。但是改革的方向和目标到底是什么？这就很难说有共识，甚至可以说并不清晰。2013年党的十八届三中全会决定只是简要表示要完善国资管理体制，以管资本为主加强国资监管，并改革国有资本授权经营体制；2015年中央颁发的《关于深化国有企业改革的指导意见》，强调了国资监管机构要准确把握依法履行出资人职责的定位，同时又说，要建立监管权力清单和责任清单，改变行政化管理方式等。此外，"强化监督，防止国资流失"和"加强和改

进党对国企领导"这两部分还有许多超越出资人职责的内容。一些学者提到了国资监管体制改革,但基本上都是重复文件中的那些大而化之的原则,主要就是要管资本而不管企业,再具体一点就是要设立国有资本投资运营公司或者实行三层次构架。这些思路和构想要么是大而化之,要么含混不清,要么"新瓶旧酒",要么"裱糊修补"。笔者认为,我国国资监管体系改革,如果还是在管理、运营、监督这三个分割化的职能框框里打转,或者走得更远而寻求四个、五个分割化的职能,并在此路径上不断增加机构、重组职能、调整构架,那么,将找不到正确的出路。我国国资监管体系改革的基本方向应该是:去监管、行股权;降比重、搭便车。

(二)改革的方向

1. 去监管、行股权

去监管首先就是要改变国资委的角色,尽管这不是去监管的全部内容。国资委本来是一个出资人机构,但是在设立之初,就被安上了"国有资产监督管理"这个名字,在实际工作中简称国资监管。这个名字本身就会引发极大误导,以为国资委就像证监会、银监会、保监会、安监委、药监局那样,主要承担政府监管职能,担负公共安全职责。加上国资委是由几个党政机构合并而成,它更倾向于"官事色彩"较重的监管机构而不是倾向于"民事色彩"较重的出资人机构。所以,应一步一步地脱离出资人职能,走向监管人职能。监管,其工作内容一般是审核、许可的发放和变更,检查、发出纠正指示、处罚,行为审批、指标分配等。这些内容,与出资人工作是大不一样的。未来,国资委要么恢复单纯的出资人职责并进行相应重组,要么另建出资人机构,而国资委转为其他机构或者撤销。此外,不应该既有出资人机构,又另设所谓的国资监管机构。不管谁来做出资人机构,最重要的就是去监管。去监管的同时,要行股权,即行使股东权利。行股权不是审核、许可的发放和检查、处罚、审批那一套东西,股东权利在《公司法》体系中有明文规定。行股权也包含监督,但这个监督是股东监督(Monitor),而不是行政性的监管(Supervision and Regulation)。股东监督主要是信息知情权方面的要求,在此基础上,通过股东会、董事会机制及推荐的高管人员来影响公司行为,或者做出退出的决策。

2. 降比重、搭便车

仅仅是去监管、行股权,对于发展混合所有制和建立现代企业制度来说,还是远远不够的。因为不管是什么机构来当国有资本的出资人,行使国有股东的股权,都面临着国有股委托—代理方面难以克服的问题(张维迎,1994)。如何克服这个问题?从实践经验来看,还是需要国有股降比重、搭便车。

降比重就是要把国有独资企业改造为混合所有制企业,并要降低混合所有制企业中国有股比重。一些研究(孙兆斌,2006;赵景文、于增彪,2008)表明,股权过于集中,特别是国有股权过于集中,对公司治理的改善非常不利。张卓元(2015)强调,推进国企混合所有制改革,在竞争性行业主要就是要完善股权结构和公司治理,放手让民营企业家去经营管理。笔者(张文魁,2015)的一些研究表明,混合所有制可能存在股权结构拐点,这个拐点就是,非国有股权比例达到33.4%,或者在股权结构较为分散的公司中,非国有股比例达到国有股比例的二分之一以上。为什么可能存在股权结构拐点?背后的机制是《公司法》对于公司控制权的设计。我国《公司法》明确规定,股东大会做出决议,必须经出席会议的股东所持表决权过半数通过,而股东大会做出修改公司章程、增加或者减少注册资本的决议,以及公司合并、分立、解散或者变更公司形式的决议,必须经出席会议的股东所持表决权的2/3以上通过。如果非国有股东拥有33.4%的比例,那么国有股东,或者国资管理机构和国资运营机构,只要它们不去明目张胆地悍然践踏《公司法》,它们在修改公司章程、增减公司资本、推进公司重组时,就不能我行我素,非国有股东不接受的话就能予以否决。由于对上述事项存在否决能力,实际上也会使这个非国有股东对其他很多事项构成实质性的制约权,并由此带来了决策参与权和运营参与权。

一旦跨越股权结构拐点,非国有股东就有很大的机会来抵制这些所谓的监管和政府机构其他不当干预行为,来制约国有股东的直接插手,非国有股东就可以成为积极股东。非国有股东成为积极股东,不但有利于阻止政府干预,还有利于非国有股东强化监督意识和决策参与意识,并将民营化的激励机制、决策制度、用人制度等,带到混合所有制企业当中来。非国有股东行为的积极化而不是消极化,对于混合所有制企业的经营机制转变和公司治理转型具有关键性的意义。

降比重在有些企业还应该适时推动股权结构反转。股权结构的反转，就是非国有股东超越国有股东成为第一大股东，而国有股东退居第二、第三位甚至更加次要的位置。中央颁发的《关于深化国有企业改革的指导意见》说得很清楚，主业处于充分竞争行业和领域的商业类国有企业，原则上都要实行公司制股份制改革，积极引入其他国有资本或各类非国有资本实现股权多元化，国有资本可以绝对控股、相对控股，也可以参股。因此，对于那些处于充分竞争性行业的混合所有制企业而言，国有股比重可以降到次要位置，这有利于优化国有资本配置，推进公司治理转型。

跨越股权结构拐点，以及股权结构反转，实际上就是要让国有股搭乘非国有股的便车。从大趋势来看，我国的非国有资本必定越来越多，非国有资本与国有资本共同形成的混合所有制企业，让非国有资本逐渐占主导地位，是符合逻辑的。非国有股东比国有股东具有更强的激励机制去经营企业，让国有股搭非国有股的便车，不是国有股吃亏了，而是国有股占便宜了。通过搭乘非国有股的便车，国有资本的效率会更高，收益会更多，这是符合国家利益的。

六、结论

中央认为，混合所有制是我国国企改革的重要突破口。但是，在实际当中，近几年混合所有制却受到冷遇，国企改革进程也慢于预期。根本原因在于我国复杂、严密的国资监管体系与混合所有制难以兼容。

我国国资监管体系本来是在实行政企分开的思路下建立起来的，但却又重新回到了政企边界不分的老路上。下一步的国资监管体制改革，不是在现有框架下修修补补、健全完善，就能解决问题。如果仍然只是在国资管理、运营、监督的三个职能分割框框里打转，或者在这条路上一直走下去分割出四个或五个职能，从而热衷于调整机构和构架，国资监管体制改革将会陷入误区而不能自拔。改革的方向应该是去监管、行股权，而且要降比重、搭便车。国资监管体系的去监管改革，与国企跨越股权结构拐点的混合所有制改革，将会相辅相成。一方面，去监管改革将使财产权利逻辑逐渐取代政府权力逻辑，使非国有股东的权利和作用得到更多保障，使混合所有制比较接近现代企业制度；另一方面，跨越拐点的混合所有制，有利于更大程度地引入财产权利逻辑来抵制政府权力逻辑，促进监管体制转向行使股权的体制，尽管这肯定不会是一个线性的过程。因此，要使混合所有制健康开展下去并建立真正的现代企业制度，要使国企改革取得突破，使供给侧改革向前推进，国资监管体制的根本性改革，以及背后的国家治理体系的现代化改革，是无法回避的。

（本文原载于《改革》，2017年第1期）

中国国有资产改革创新模式探索

刘纪鹏[*]

一、中国经济体制改革的目标与方法

中国的市场化改革方向包括两点:一是建立市场经济运行的宏观机制,二是建立法人所有制基础上的现代公司法人制度的微观载体。对于一国而言,两者堪称现代市场经济的两条腿,缺一不可。

从宏观层面讲,市场竞争机制已经从实践和理论两个层面被证明是有效的资源配置手段。因为只有有活力的市场才能实现需求发掘、产品创新、价格发现等一系列职能,而置身于其中的市场主体才会有正确的激励、真实的信息去制造产品,创造价值,最终实现有效的资源配置。中国的改革正是循着市场经济的轨迹一路走来,才有了三十多年的经济高速发展。与此同时,有了市场竞争的大环境,微观主体的构造也必不可少。在现代企业制度的推进中,企业的产生从个人独资企业已经走到了以公众公司为主的法人所有制,是现代市场经济的一大特征。法人所有制下,所有权与控制权相分离,且股东是高度分散的,股东通过董事会依照资本多数决定的原则,来实现其自己的意志并实现对管理层的监督。以美国公司微软为例,其创始人比尔·盖茨仅持有微软公司不足5%的股份,公司的具体运营也早就交予职业经理人了。因此从现代市场经济发展规律看,公司战胜独资,法人所有取代自然人所有,是必然的发展趋势。以现代公司法人制度为方向,摸索公有制与市场经济的结合,是我们深化改革,实现制

---

[*] 刘纪鹏,中国政法大学商学院院长。

度创新和理论创新的关键。

三十多年来,中国的人均GDP翻了100倍,财政收入也大为提高,中国经济体制改革获得了公认的成功,这一成功并不仅仅在于市场经济改革目标的确立,更在于摒弃照搬照抄、尊重国情、借鉴规范、摸着石头过河的成功改革方法论。但是,同样有人认为中国的经济改革并无出奇之处,并无所谓"中国模式"之说,更有甚者以中国经济改革不规范、不彻底为理由,怀疑中国经济模式的可持续性,质疑"摸着石头过河"理念的智慧。如此论调不仅经不住数据的考问——相较于中国人均GDP的大幅增长,俄罗斯所谓规范化改革的"一地鸡毛"充满讽刺,也难以承受住理论的质疑。中国经济能够持续三十多年的7.5%的高增长,必然是有其独特之处的,中国模式也称之无愧。

在中国模式下,中国人并没有简单重复美欧国家两百年前、俄罗斯二十多年前的私有化老路,而是跳出简单把国有独资企业变成私人独资企业的狭隘私有化思路,首先把国有独资变成国有控股的股份公司,再逐步调整国有控股的合适比例,最终建立与市场经济相适应的现代公司法人制度。通过国有独资——国有控股——现代股份公司有进有退的自然格局,通过资本市场和公众公司的途径,实现国有企业的"浴火重生"和"凤凰涅槃"。通过法人所有制探索新型公有制形态,进而实现与成熟市场经济运行机制相对接。

如何让市场在资源配置中发挥决定性作用,摸索并建立符合现代市场经济规律的微观运行载体是关键。

在我国国资体制改革进程中,既要打破传统的国有独资形态,也要避免走到简单的私人独资家族企业私有化之路,而是通过规划和建立科学合理的国有资本产权制度和监管制度,来建立现代公司法人制度,通过股权多元化和证券化,在国有控股公众公司探索并打造现代股份公司制度是未来深化产权制度变革的重要创新。利用资本市场,按照现代公司制度实现国有企业的改制和改组,超越私人独资和家族企业的私有化过程,通过混合所有制,最终实现国有资本控股,外资、民营、私人资本共同参与的现代公司法人制度,形成中国经济的独特形式——宏观趋同,微观特色。

二、市场化改革中定位政府的双重职能

新形势下加快转变政府职能,深化行政体制改革,是党中央、国务院做出的重大决策。鉴于我国政府在市场经济中具有国有资本所有者的特殊身份,从所有者—政府层面研究国资改革,重塑政府在市场经济条件下的特殊定位至关重要。

深化经济体制改革,摸索有中国特色市场经济模式,必须看到我国政府具备市场经济间接调控者和国有资本所有者(监管者)的双重职能这一重要特征。

政府间接调控者的职能是由市场经济运行机制的国际规范决定的,政府要维护市场秩序,在市场经济条件下负责制定市场运行规则,承担维护市场秩序,保证公平竞争,其职能相当于市场经济比赛场上的"裁判员",如财政局、工商局、税务局等,而所有"参赛"企业都必须遵守"裁判员"制定的规则。

政府国有资本所有者(监管者)职能则是我国公有制市场经济中保留"国家队"体制所决定的,由国资委履行国有资产监管者职能,相当于赛场里国家队的"领队",负责对"国家队"(国家出资的实体企业)及其"教练员"(国有资本运营公司)实施有效的监管,这一管理具有针对国家出资企业的特殊性。

我国政府的双重职能,如图1所示:

因此,政府体制改革既是经济体制改革的深化,也政治体制改革的揭幕,而在这一过程中,深化和完善国有资本监管体制和出资人体制,是正确处理政府间接调控者和国有资本所有者两种职能,完善政府体制改革的重要内容。

三、国资委是搭建公有制和市场经济的桥梁

发挥市场在资源配置中的决定性作用必然要求引入竞争,构造多元化的微观经济运行载体,而在中国市场经济公有制的背景下,具有世界独一无二的特殊性。

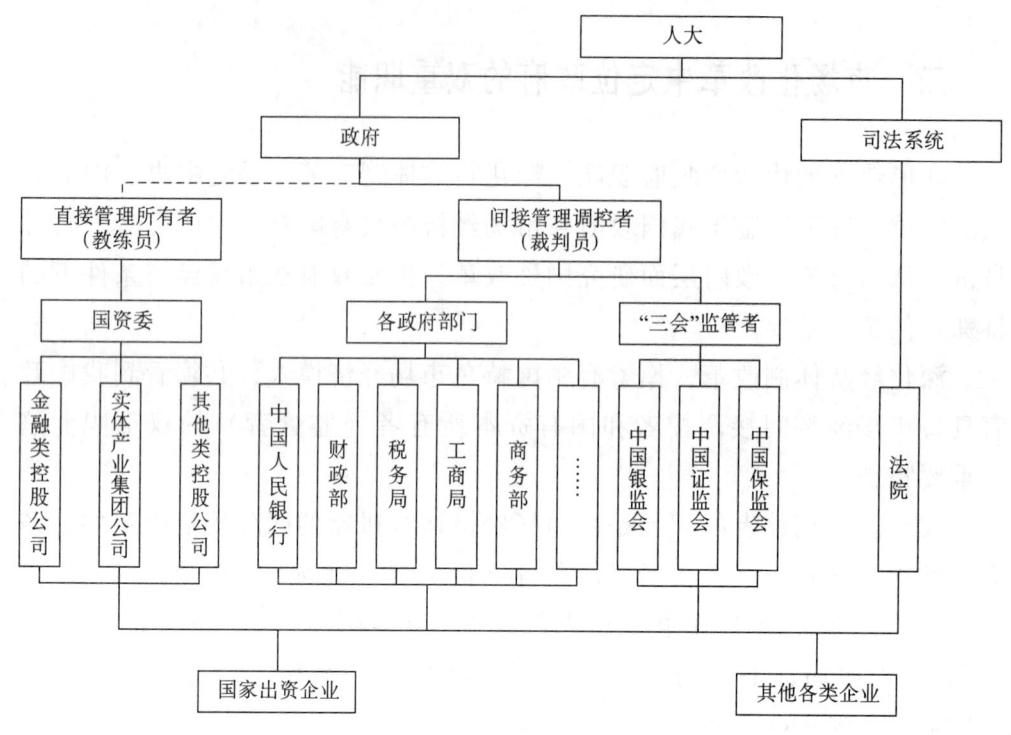

图 1　我国政府的双重职能

我国现行的公有制模式归根到底还是政府所有制，从法律上看，中央政府是唯一的法律主体，代表全国管理国有资产，但按照市场经济运行规则，一个主体是无法构造出真正的市场经济的。现实中，各省、市、区、县政府层面客观拥有地方国有资产，在法律上均不能得证，所以仅仅是中央所有、地方分级管理的模式。面对数量众多的国有资本和国资企业这一格局在国有资产规划布局、防止国有资产流失等问题上，需要统一监管者。但是由履行"裁判者"职能的政府部门担任国有资本的监管者不合适，有必要通过组建特殊公法人机构，构造出统一代表国家履行出资人职责并管理国有资产的主体。

中国的国资委体制正是在这样的背景下诞生的。党的十六大提出在中央、省和市（地）三级地方政府设立国有资产管理机构，完善国有资产监督管理体制。根据《国务院关于机构设置的通知》（国发［2003］8号）规定，国务院国资委为国务院直属特设机构。中国的国资委体制是世界上独一无二的，其确立是中国政治体制和经济体制领域改革的重大创举。国资委的成立与发展具有长远的战略意义和深远的历史意义。发展市场经济需要多元化商品生产者和交换者的存在，不仅是在国有企业、私人企业和外资企业之间，更由于我国现有国有资本体量庞大，分布领域众多，在特高压电网、高铁、航天航空等重点行业展现出了"举国体制"的强大优势。因此，在国有资本内部也必须重新划分和梳理中央与地方的国有资产管理权限，实现多元化的国资管理新格局，逐步完善国有资产监督管理体制。

正确认识国资委的责任与使命，这是深化改革关键。国资委在政府体制改革中承担着政治体制和经济体制改革相结合的重要角色，已然成为连接公有制与市场经济的有力桥梁，实现了从1到300的飞跃。

四、界定不同国企的功能

如何界定不同国企的功能？如何对不同类型的国企采取不同的治理模式？这一直是国资改革中争论激烈的焦点问题。对国企进行科学分类是厘清市场与政府的关系，构建新型国资管理体制的前提和关键。

走出目前社会上将国企做公益性和竞争性划分的误区，此种分类在理论上不成立，在现实中不可行。

首先，在理论上，公益与营利相对，竞争与垄断相对，二者不能混淆。简单地把国企划分为公益性和竞争性不仅没有解决公益性国企该不该营利的问题，而且现实中竞争性与垄断性界限模糊，自然垄断行业国企的类别归属难以界定。

其次，实践中竞争性国企提法的背后是国企全面退出。将国企划分为公益性与竞争性，公益性国企由财政部监管，竞争性国企由国资委监管，表面似乎合理。但在打破国企垄断呼声高涨的背景下，此种分类伴随的潜台词是"国有企业应从一切竞争性领域退出"。最终结果只能是国有经济全面退出，实质上是否认国有经济、否认公有制的主体地位，这与我国基本经济制度相背离，是对三十多年改革成就的变相否定。因此，笔者一贯主张在中国特色市场经济模式下，结合政府国有资本所有者职能与市场经济间接调控者（公共管理者）职能兼具但又有所区分的理论基础，对中国国企应进行营利性和公益性的科学分类。

第一类公益性国企，特点是采取国有独资形态，不以营利为目的，企业家是公务员。这类企业以提供公共物品和接受公共补贴的企业为主，主要履行社会公共服务职能，充当社会公共物品提供方的角色，在数量上应只占极少数。

第二类营利性国企，在生产运营方面与一般现代公司无异，特点是采取国资控股或参股形式，以追求营利为目的，按照商业原则运营的公司，主要受民商事法律调整，企业家来自职业经理人。绝大多数国有企业都应属于营利性国企范畴。

在此分类基础上，政府两元职能得到协调，清晰划分，同时也为"监管统一、出资多元"的新型国资监管体制奠定理论基础。

一方面，财政部基于其履行社会公共管理职能，对公益性国企进行监管。从目前来看主要有以下几类：一是纯粹为提供公共产品而设立的企业，比如国防、城市道路和路灯等基础性设施的供应商；二是生产国家专营专卖产品的企业，这类企业由于其高度垄断的特征，不能由一般的私人提供，比如造币、烟草等领域；三是涉及邮政中普遍服务业务、铁道经营等改革过程中尚不能完全交由私人提供的行业，这些领域由于其业务的特殊性，也应当划入公益性国企的领域，交由公共财政进行管理。

另一方面，国资委作为国有资产所有者对营利性国企实行统一监管，具体包括产业类（如各国有资本经营公司）、金融类（如中投公司）和其他符合营利性条件的资本。大型商业银行、证券公司、保险公司、资产管理公司等在内的金融类国有企业，与普通市场主体无异，并且大部分已经在交易所挂牌上市。这些金融类国企应与其他从事石油、石化、电信产业的国有企业一样属于营利性国企，应当是在竞争性领域接受国资委监管的企业，不应将其划归其他机构独立监管。而如何实现营利性国企统一监管，深化国资监管体制是下文重点论述内容。公益性国企与营利性国企对比见表1。

表1 公益性国企与营利性国企对比

特征类型	法律地位	组织形态	预算	监管方	经营范围	治理结构
营利性国企	一般民商事法人	股份公司独资公司	国有资本经营预算	国资委	一般领域	职业经理人
公益性国企	特殊公法人	国有独资	国家公共预算	财政部	特殊领域	公务员或职业经理人

五、创新国资监管模式

(一) 从国企监管向国资监管跨越

党的十八届三中全会以来,以发展混合所有制为主要思路的国资改革备受热议。混合所有制经济已成为当前及今后国资改革的"重头戏"。2014年政府工作报告再次强调"增强各类所有制经济活力。优化国有经济布局和结构,加快发展混合所有制经济,建立健全现代企业制度和公司法人治理结构"。

发展混合所有制经济就是要加快推进国有企业特别是母公司层面的公司制、股份制改革,优化国企股权结构。鼓励民间投资主体积极参与国有企业改制重组和国有控股上市公司增资扩股,积极引入股权投资基金参与国有企业改制上市、重组整合、国际并购。其优势在于,一方面规范了企业的法人治理结构,通过股权多元化在一定程度上限制国有一股独大;另一方面通过引入民间资本活水,在风险控制、创新和治理决策方面将有利于决策质量和其增长质量的提高。因此,在未来发展混合所有制、建立现代公司法人制度的进程中,国资委作为国有资本出资人,要逐渐退居幕后,在现代股份公司制度的基础上,成为与外资、民营无差异的股东主体之一。在企业整体股权中,国有资本只是其中一类,国资委履行应有的监管职能也只能是按照现代公司制度规范,对其中的国有资本进行监管,绝不能再简单地将企业整体都纳入监管统计口径。故,未来的国资委改革必须从国企监管向国资监管跨越。

(二) 国资委应从央企出资人向国有资产监管者转型

1. 对营利性国有资产实行统一监管

组建监管统一的国资管理体系(见图2),履行对各行业包括金融类、产业类、教育、文化、卫生等营利性国有资本的统筹监管,有利于实现国有资本的战略布局规划与结构调整,使国有资本成为我国特色市场经济的亮点。

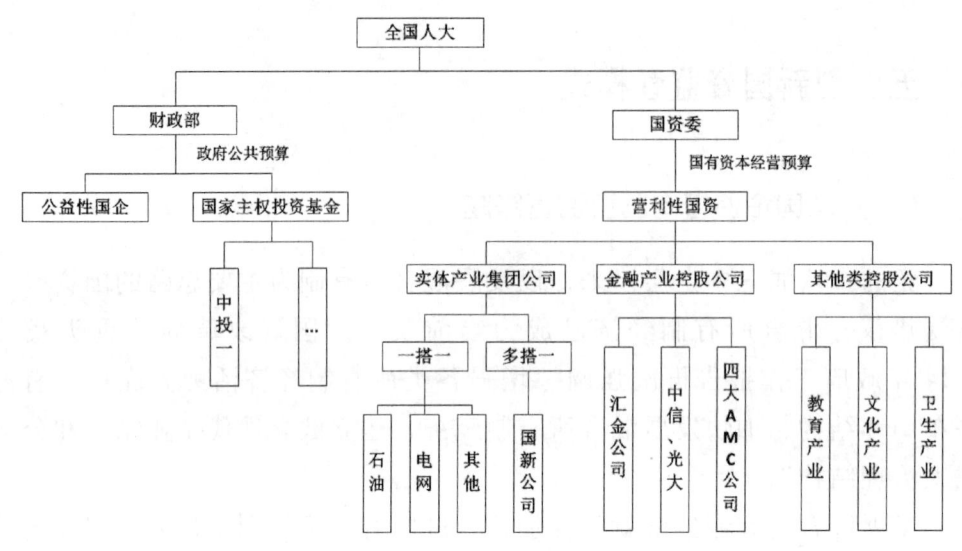

图 2　监管统一的国资管理体系

2. 国资委与国资委系统的异同与分工

目前，国资委在工作中既承担着国有资产监管者的职责，同时又担任113家央企的出资人，在现实中存在以下几大障碍：首先，作为国有资产的统一监管者，国资委却种着"自留地"，客观上还无法履行对金融、教育、卫生、科技类国资的统一监管；其次，由于国资委履行对113家央企的出资人职责，从国际规范看，部分央企在参与国际竞争时就经常受到与其他央企之间存在关联交易等的责难。综上，国资委处于作为监管者无法实现统一监管，作为出资人又管得过细的两难境地。因此，现行的国资管理体制必须改变，我们认为可行的思路是从国资委目前的双重职能出发，将国资委"一身两任"转变为通过组建国有资本运营公司，最终实现国资委系统内的"两身两任"。利用两类机构、两种身份，履行两种职能，将履行统一监管者职能的国资委和行使直接出资人权利的国有资本运营公司彻底区分，实现监管统一与出资人多元的并行不悖，构成国有资产管理的三个层次（见图3）。

具体而言，第一层是在国务院和各级人民政府之下设立的中央和地方国资委，政府授权国资委作为国有资产的终极出资人代表。国资委作为终极出资人代表，充当赛场上国家队的"领队"，制订国有资本整体战略布局规划，据此编制国有资本经营预算，并对任命国有资本运营公司董事、制定章程、审批重大事项、收取与支出国有资产收益等事项拥有最终决定权。

第二篇 完善国有资产管理体系

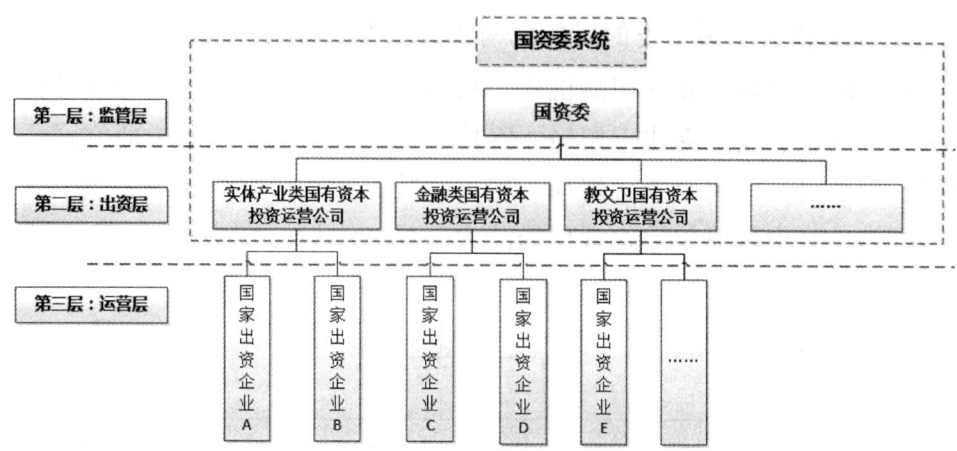

图3 国有资产管理的三个层次

第二层是国有资本投资运营公司，它作为国有资产的资本运营机构，是国资委制定的国有资本战略和国有资本经营预算的实施载体，主要负责国有资产的投资经营和存量资产的流动与重组，定位于国有资产的直接出资人代表，原则上保持国有独资形态，专门以股东身份从事国有资本的经营管理和运作，不从事具体的产品经营。通过资本层面的运作，有效组合配置国有资产，充当赛场上的"教练员"。

第三层是享有企业法人财产权的国家出资实体企业（包括国有参股、控股企业），定位于国有资产的具体运营，通过国有资产的经营与管理，实现国有资产的保值增值，充当赛场上的"运动员"。

需要强调的是，随着国资改革的不断深入，推进混合所有制经济以及股权多元化的企业管理体制，对第三层国家出资的实体企业应该有更宽泛的理解。事实上，在一个公司集团里面，不仅有集团公司、母公司、子公司的区分，还有子集团的概念，即第三层国家出资实体企业依然可以通过股权联结实现对四层、五层子公司的管理和控制，从而形成整个公司集团系统的子集团（见表2）。

表2　三层次国资管理体制中的职责分工

层次	机构/类型	国资规划统计与监管	股权管理与资本运作	投资中心	利润中心	成本中心
监管层	国资委	√				
出资层	国有资本经营公司		√			
经营层	国家出资实体企业			√	√	√

3. 创新模式下国资委的职能机构设置（见图4）

现行国务院国资委的职能机构包括委内厅局、监事会办事处及委内直属机构。图4省略了党建工作局、宣传工作局、群众工作局、研究局、外事局、人事局、机关服务管理局、机关党委、纪委监察局、国资委巡视办十个机构，其中企业领导人管理局分为一局与二局。

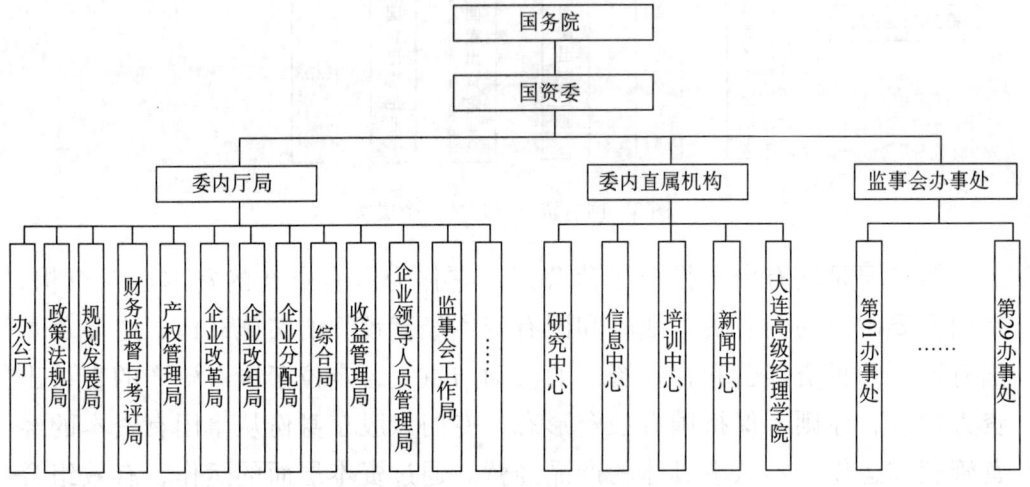

图4 创新模式下国资委的职能机构设置

根据三十多年国企改革经验，结合未来中国市场经济发展方向和对中国模式的理解，笔者对国资委职能机构做出初步设计，仅供批判性参考（见图5）。

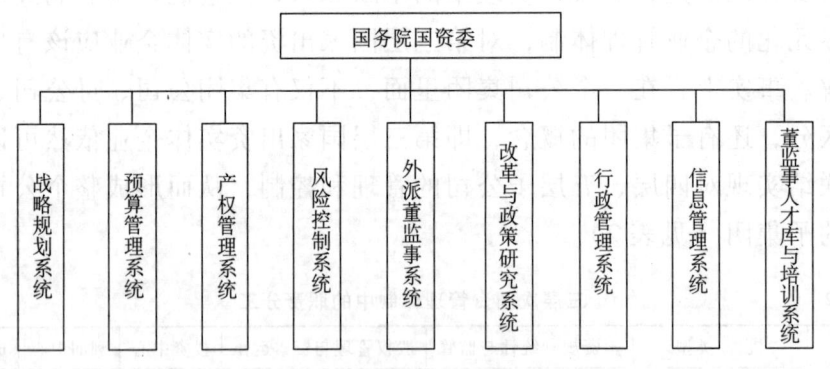

图5 对国资委职能机构的初步设计

九个系统主要适应国资委未来四大职能目标：一是国有资本宏观战略布局与规划；二是根据战略规划进行资金的科学预算，并对预算执行过程、通过决算方式进行管理；三是管理和培训董监事等高级人才，并根据规划与投资向企业派驻董事，选聘高管；四是防范运营风险，维护国有资产安全。

4. 创新模式中国资委的主要职责

在国资委实现营利性国资统一监管，构造国资委系统将出资人职能让渡给国有资本运营公司的背景下，国资委的具体职能定位主要体现在以下四方面：

（1）国有资本战略布局与规划主导者。在国资改革领域，理清政府和市场的关系突出表现在国资委从国企具体经营事务中脱离出来，转变为国有资本宏观战略布局和规划的主导者。

国资委制定的国有资本战略布局和规划并不直接干预企业的经营决策，而是以促进国民经济发展为出发点和落脚点，主要运用市场机制，由企业自主决定投资方向，使投资效益成为引导资源流向的决定性因素。具体而言：①国有资本战略规划是从国民经济和产业规划布局出发，进行资源整合，推动国有资产向优势产业和领域集中；②国有资本战略规划是从壮大国有资本和加强资本运作、追求盈利的角度综合考虑国有资本的进与退，最终形成国有资本合理流动机制；③国有资本战略规划在必要时，可以在授权管理范围内，制定国有经济布局调整和国有企业改革的法规和政策，为避免行政化趋向，国资委在行使这些职能时，应接受相应的监督。

（2）国有资本经营预算权编制者。就国资管理而言，预算和规划是国资布局的"两条腿"，国资规划需要资金的匹配。随着我国社会主义市场经济体制的逐渐完善，政府作为国有资本所有者，应建立起独立于公共预算之外的国有资本经营预算，以全面掌握经营性国有资本的收支及资产负债情况，确保国有资本的保值增值。但是，在目前的体制下，国资委无支出权，极大地限制了国资委对于资金的使用，国有资本战略布局规划无法顺利实现。再加上在实际工作中，由于国资委比财政部更加了解企业情况，目前清产核资和资产统计等大量基础性工作其实都是国资委在负责，财政部编制国有资本经营预算最终还是要依赖国资委，这就导致了财政部与国资委之间出现"有权的人干不了，能干的人没有权"的尴尬局面。因此，国有资本经营预算的编制权应由国资委行使，这样不仅有助于将国有资本的运营从政府公共事务中剥离出来，实现政府国有资本出资人职能与政府公共管理职能的分离,而且有利于政企分开、政资分开,推动国有企业完善现代企业制度。

(3) 国有资本运营公司管理者。在新型国资管理体制下,国资委只需要在把握战略布局规划及国有资本经营预算的基础上,向国有资本运营公司派驻董事行使股东权利,即可实现对国有资本运营公司的管理。具体而言,国资委与国有资本运营公司两者之间应处理好以下两方面的关系。

一方面是国资委对国有资本运营公司充分放权:赋予后者较大的经营决策自主权。国有资本运营公司原则上成立董事会,在董事会的指导下,其以追求盈利为目标,并兼顾政府的产业政策,以自己的商业判断力和灵活性来进行投资和其他业务,有利于国有资产保值增值。

另一方面是国资委对国有资本运营公司适当收权:包括部分人事任命权、重大事项决策权及财务审核权。首先,国资委负责组建中间层的董事会,董事会人员可以有来自国资委内部及其他政府部门的公务员、具有专业知识背景的独立董事以及具有丰富管理经验的执行董事等;其次,在股权并购和出售等重大事项及重大政策制定时,国有资本运营公司必须事先征求国资委意见;最后,国有资本运营公司每年定期报送经审计的财务报表供国资委审阅,使国资委能随时了解其经营状况,有效防范失控风险。

(4) 国有资本安全维护者。股份制是深化国资改革的方向,发展混合所有制经济,使国有资本与非国有资本共融于同一企业,使国有企业产权主体多元化的广度和深度得以拓展,这对维护国有资本安全提出了新的更高要求。

从国有产权交易方面看,目前我国主要存在两个问题:一是在国有产权评估和定价问题上,企业账面评估价值普遍高于市场价格,在这种情况下进行国有产权交易,容易造成形式上的国有资产流失;二是交易不够市场化,存在着"内部人控制"和"自卖自买"现象,容易造成事实上的国有资产流失,直接影响国有产权流动重组的质量和进程。

国资委作为国有资本安全的维护者应重点做好以下四方面工作:一是明晰产权关系,强化产权登记检查和日常管理;二是严把工作流程,依法规范产权交易;三是全面加强企业净资产核定和资产损失认定,规范资产评估程序和制度,公正地评估国有资产;四是通过推动国有资产进场(产权交易所)交易及推行竞价交易制度,使国有资产转让在公平竞争中展开，使整个过程变得高度透明，避免暗箱操作；四是努力做好国有资产收益收缴工作，严格规范资产处置和担保行为，保障国有资产的安全与完整。

（三）出资人再造——国有资本运营公司的组建与组织

1. 国有资本运营公司的分类及特点

国有资本运营公司是在国资委和实体企业之间组建的国有独资的、专门从事国有资本经营的特殊形态的法人，是连接国有资产管理部门和国家出资企业桥梁。运营公司是统称，法律上并没有"运营公司"的提法，事实上分三类：国有资产投资公司、国有资本经营公司和大型企业的集团公司。具体而言，国有资本运营公司有以下三大特点：

第一，国有资本运营公司原则上保持国有独资形态，专门以股东身份从事国有资本的经营管理和运作，与股权多元化的实体企业相区别。其处于中间层，发挥承上启下的作用，既接受国资委的监督和管理，又发挥国有资产出资人的作用，例如通过向控股、参股企业派驻董事行使重大人事任命权。

第二，国有资本运营公司是纯粹控股企业，专门以股东身份从事国有资本的经营管理和运作，不从事具体的产品经营，如中国汇金公司、新加坡的淡马锡公司。

第三，国有资本运营公司追求盈利。

2. 组建国有资本运营公司有两种方式：改组和新建

国有资本运营公司的组建有两种方式，原则上应以改组为主，新建为辅，同时以集团公司改组为主，国有资本投资公司、经营公司改组为辅，避免叠床架屋，节省成本。这个过程将有力推动国有企业并购重组和产业整合，一些具有战略意义、符合产业导向、具有国际化经验的企业集团，如高端装备制造等领域，将成为组建国有资本运营公司的首选。任何抛开现有集团公司新设一批国有资本运营公司、画蛇添足的做法绝不可取，只会造成委托代理链条的无意义扩展及国资监管成本的无谓增加，同时极有可能出现其与现有集团公司争地盘、争利益、与国资委撞车的混乱格局。

3. 完善国有资本运营公司的董事会制度

国有资本运营公司的董事可分为执行董事与非执行董事两类，非执行董事又分为股东董事和独立董事。

（1）执行董事。执行董事是指在公司高管层中担任执行职务的董事，是从社会公开招聘的职业经理人。执行董事本身是公司的经营管理层，其不同于作为出资人代表的股东董事，也不同于独立董事，执行董事是地地道道的职业经理人，彻底脱离公务员序列，享受完全市场化的薪酬待遇。由执行董事组成的执董会是国有资本运营公司的核心。

（2）非执行董事。

第一，具有公务员身份的股东非执行董事。股东非执行董事是指由出资人依法向企业派驻的，具有国家公务员身份，不在公司担任具体执行职务的董事。

与外部董事相比，股东董事的创造性之处在于其具有公务员身份。股东董事由国资委委派，从国资委各处室领导中选拔，不从国有资本运营公司取薪，而是领取公务员薪酬，以割断股东董事与公司之间的利益关系，保证公正性和中立性。

股东董事的考核由国资委实施，国资委对股东董事的考核指标应以管理绩效而不是财务绩效为主，管理绩效主要包括战略管理、发展创新、风险控制等指标。对股东董事应实行"经营优而升迁"的激励机制。

第二，由知名专家担任的独立非执行董事。独立非执行董事是指由没有任何股东背景，没有与公司业务关联关系的社会知名专家担任的，独立于所受聘公司及其主要股东的非执行董事。国有企业独立董事制度一旦施行，其需求量必然是巨大的，为了保证"有人可用，有人可选"，国资委应建立专门的独立董事人才库。人才库主要由从社会公开选聘的具有会计、金融、法律知识背景的知名专家、学者组成，同时还可以适当吸收其他政府部门的人员进入，比如财政局、发改委等部门的工作人员。

进入人才库的人员需经过国资委统一培训考核，考核通过后由国资委颁发独立董事资格证书，派驻到企业的独立董事一律从具有资格证书的人员中选拔。

国有资本运营公司董事会人数宜限定在 7~9 名为宜，可考虑按照以下原则确定董事的合理比例：执行董事占 1/3；非执行董事（股东董事、独立董事）占 2/3。

由此，国有资本运营公司董事会由代表出资人的政府官员、代表经理层的企业领袖，以及代表社会力量的知名专家三方面共同组成。这种安排较好地体现了出资人、企业、民间三方面权利的均衡，广泛代表了各方利益。

（四）国有实体企业——建立现代公司法人制度

1. 构建现代公司治理结构，培养职业经理人

现代公司制度的建立与完善要求企业的股权结构和公司治理结构都必须合理科学。前者将随着混合所有制的推进逐步完善，后者则是目前现代公司制度建设无法真正推进的症结所在。其中，职业经理人队伍的培育是关键。

中共十八届三中全会《中共中央关于全面深化改革若干重大问题的决定》在此已明确破题，在推动国有企业完善现代企业制度的过程中，要"健全协调运转、有效制衡的公司法人治理结构，建立职业经理人制度，更好发挥企业家作用"，"建立长效激励约束机制，强化国有企业经营投资责任追究"，"国有企业要合理增加市场化选聘比例"等。

现实中，中组部和国资委对监管企业的人事任免存在问题，亟待解决。一方面，国资委曾多次热衷于为央企集中招聘副总及其他高管职位；另一方面，在人事任免程序上存在中组部越过国资委，不经实体企业董事会而直接决策的不合理情况，引发部分央企上市公司信息披露遭到质疑。因此，实体企业的人事聘任制度必须改革，在现代企业制度逐步完善的基础上，建议中组部可具体在国资委内设置机构，两块牌子一套人马，最终按照现代股份公司运行程序，通过国资委向国有资本运营公司推荐合适人选的科学程序，通过国资委系统内国有资本运营公司控制实体企业董事会进而实现大股东提名的方式，实现公司的人事任免程序。同时，实体企业董事会应对职业经理人进行完全市场化的选拔和录用，摆脱当前改革羁绊，培养出中国真正的企业家阶层，调动企业发展积极性，充分激发企业活力。与此同时，应加强身份转换的信息披露。西方高盛领导可以当财长，也能当政府官员，哪个手里都有股票，关键还是披露。

2. 现代公司制度中"仆人"当家的现实

在法人所有权背景下，现代公司的股权结构普遍高度分散，难以找到真正的大股东，并且股东退居幕后难以有效对公司运作进行管理。在此情况下，公司的运作就交由职业经理人等高级打工者管理。可以说，没有"保姆"的家不是大家，但没有"保姆"也管不好这个家，当众多分散的股东面对少数"保姆"的时候，法律上的"仆人"就转变为现实中的"主人"，"保姆"当家的社会已然来临。

3. 薪酬激励制度市场化改革

传统的资本压迫劳动的理论在现代公司制度下被颠覆，西方现代公司制度运行过程中现存更多的是高级劳动在领导分散的资本，甚至是资本要寻求相应的保护，这已成为人类社会发展的必然趋势之一。随之而来的问题就是，我们应如何有效地制约"保姆"，同时如何对其进行合理的激励。

对于实体企业而言，最为有效和直接的激励制度改革就是推进职业经理人薪酬激励制度的市场化，既包括年薪也包括股权、期权，通过建立合理的奖惩制度，加强分类考核，调动职业经理人的工作主动性与积极性，在其获得收益的同时，也为其拷上一副"金手铐"。对于非上市企业而言，同样可对此制度进行探索和尝试，通过市场化薪酬激励机制，对人才进行辨别，最终推动实体企业的健康发展。

综上所述，一是通过混合所有制完善股权结构，二是通过培育职业经理人完善治理结构，这是决定中国国企能否凤凰涅槃、浴火重生的两大关键要素，缺一不可。

中国新一轮国资改革已经扬帆起航，正朝着实现市场经济与公有制的有效对接、通过法人所有权建立新型公有制实现形式的彼岸成功前行。相信只要坚持正确的方法和路径选择，中国国有企业一定能够通过现代公司法人制度实现浴火重生、凤凰涅槃。

（本文节选自专著《凤凰涅槃：刘纪鹏论国资改革》，东方出版社2016年3月版）

国企分类改革战略下的国有资产管理体制重构

杨瑞龙[*]

一、国有企业分类改革的逻辑与原则

国有经济与民营经济是可以并存和共进的，但其前提是国有企业应该待在该待的领域。那么，国有企业应该待在哪些领域呢？

（一）国有企业分类改革的逻辑

确立市场取向的改革以后，国有企业改革的必要性毋庸置疑。没有国有企业改革，就不可能有社会主义市场经济体制的构建。但是，到底用什么逻辑来进行国有企业的改革呢？在这一方面，我们一直存在争议。国有企业从最初的放权让利，到承包制、租赁制，再到以产权制度改革为主线的股份制与现代企业制度这一脉络走过来，我们一直在探索，如何在国有制的框架内把国有企业改造成为自主经营、自负盈亏的市场竞争主体。这是30多年来一直寻找的逻辑。在公有制的框架下，国企市场化难以解决以下两个问题：

一是无法在国有体制框架内解决政企分开的难题。

二是无法在国有体制框架内解决所有权可交易的难题。

想让国有企业走向市场，必须要实行政企分开。政企不分开，就会发生行政干预，导致改革无法进行，企业也不能成为真正的市场主体。但

---

[*] 杨瑞龙，中国人民大学经济研究所联席所长。

是，如果政企分开了，还是国有制吗？就不是了。所以，根本没有办法在公有制框架内解决政企分开的难题。

当我们说这个企业是国有企业的时候，它就是国家的。而国家是一个抽象概念，是没有行为能力的。当我们说某种事物由国家所有的时候，一定要为国家找一个代理人。没有办法，就在政府之外找一个代理人，因为政府是国家权力的执行机构。所以，所谓的"国家所有"，一定是政府行使所有权。但是，一旦政府行使了所有权，就要照顾到方方面面的利益目标，就不可能纯粹遵循利润最大化的原则。这个时候，政企不分就一定会表现为行政干预。所以我们发现，在公有制的框架里，政企分开是过去解决不了、今天解决不了、以后也很难解决的问题。

没有解决的路径，行政干预的老问题就始终存在，只能改善。市场机制配制资源的本质是资产要有流动性，所有权要有转让性。但是如果开放了国有企业所有权转让的限制，就很有可能由非国有经济主体来"接盘"，从而导致非国有问题。所以，过去说国有企业实行股份制或者上市时，要对股份成分进行限定，要划分国有股、法人股、个人股。原因是什么呢？因为即便国有企业上市，也要保持国有股份的不转让，保证企业的国有性质。如果国有股份转让给了非国有经济，国有企业就消失了。

这表明，在国有制的框架内探寻国有企业成为真正的市场经济主体的改革思路可能是走不通的，它解决不了所有权转让的问题。而所有权不能转让，市场配置资源的能力就会受到很大的限制。

因为这两个问题解决不了，所以"一包不灵""一租不灵""一股不灵"，即采用承包制不行，采用租赁制不行，采用股份制也不行。这些组织形式通通都是有效的，为什么放在中国不行呢？并非是这些企业的组织形式没有效率，而是因为，在政企不分与所有权不可转让的条件下，频繁的行政干预扼杀了这些企业组织形式的效率。无论是承包制、租赁制，还是股份制，只要政企分开的问题解决不了，所有权转让问题也解决不了。哪怕上市了，甚至在海外上市了，这个企业的国有资产转让权问题依然会存在。

基于这样的认识，笔者曾经在1995年《经济研究》第二期的论文中，从委托代理框架证明了在国有制框架内国有企业很难解决这两大难题。不仅如此，还会导致国有资产流失的问题。所以，笔者提出了分类改革思想，并在1997年《管理世界》第一期中对这一思想进行了细化。论证了根据国有企业提供产品性质及所处行业的差异，应对不同类型的国有企业选择不同的改革思路。不应该按照一个固定的模板，在国有制框架里面探寻国有企业制度成为市场经济主体的改革思路，而应该根据国有企业所处行业差异，选择不同的改革思路。就是说，该国有的，政府要好好管起来；该市场化的，要探寻如何解决政府和市场之间关系的问题。因此笔者在这两篇文章里具体提出了提供公共产品的国有企业宜选择国有国营模式；垄断性国有企业宜选择国有国控模式；竞争性国有企业一部分宜进行产权多元化的股份制改造，一部分宜实行民营化。

（二）国有企业分类改革的原则及模式选择

中共中央 2015 年颁布的《关于深化国有企业改革的指导意见》（中发〔2015〕22 号）文件指出，要对不同行业的国有企业界定功能，划分类别，实行分类改革，分类发展，分类考核。具体地说，就是把国有企业划分为公益类和商业类两大类。

现在我们看到的商业类企业包括自然垄断行业和竞争性行业；非竞争类企业包括自然垄断行业和公益类企业，不能"眉毛胡子一把抓"。什么是"眉毛胡子一把抓"？就是该国有企业发挥作用的地方，它可能过度市场化了，而该让市场经济发挥作用的领域，又有国有企业的过度参与，导致了对市场的伤害。

综合上述两类标准，可以根据国有企业所提供产品的性质以及国有企业所处行业的特征，即产品性质及行业特性两个维度形成功能导向的分类方法，让不同的国有企业选择不同的改革模式。图 1 的横轴是从竞争到垄断，纵轴是从私人产品到公共产品。

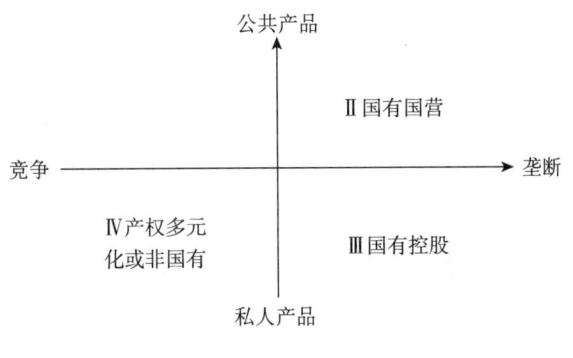

图 1　不同的改革模式

第Ⅱ象限是垄断和公共产品类型的领域。我们认为，一般来说比较适合搞国有国营模式。第Ⅲ象限和第Ⅳ象限是私人产品竞争领域，一般就是非国有或者是多元化股份制改造。具体地说：

（1）处于第Ⅱ象限的国有企业，其提供的产品具有公共产品类行业特征，其行业具有垄断性，一般应采用国有国营模式，即政府拥有所有权和经营权。

在国家所有、国家经营的模式中，国有企业最大的优势不是两权分离，而是政企不分，所有权不可转让。只有这样才可以解决市场失灵问题。如果完全采用市场化的模式，政府在其中又能起到什么作用呢？所以，在这个象限里面，又可以分为提供纯公共产品的企业、提供准公共产品的企业和提供公益类产品的企业。第一类是提供纯公共产品的企业，由于政府可以预测社会对公共产品的实际需求，并按照社会福利最大化的原则直接建立国有企业，由政府直接经营，向公众提供有效、充分的公共产品，比如国防等。当然，这并不是要完全排斥市场元素。比如，国防是由政府来控制的，但是武器、军装、皮鞋等可以外包，然后由政府进行采购。但总体来讲是国家所有、国家经营。

第二类是提供准公共产品的企业。这里面产品还会分为两类，一类是具有非排他性和不充分的非竞争性公共产品，比如地下水流域、牧区、森林等；另一类是具有非竞争性的特征，但非排他性不充分的准公共产品，比如公共道路、广播电视等。当然，实行企业核算的自来水、电网、邮政、铁路、码头、城市公共交通等也属于准公共产品范畴。一般来说，在这个领域里，政府拥有、政府经营要比私人经营效率高很多，而且能够让老百姓受益更多。但是，提供准公共产品的国有企业实行过度市场化改革可能会产生市场失灵的现象，比如前几年，有一些城市将水权卖给私人企业，甚至卖给外国公司，这个笔者是不认同的。准公共类产品私人化，会出现大问题。尽管由政府来经营可能会损失一些微观效率，但是宏观效率会大大增加，并最终使百姓受益。所以，政府应该把这类企业管理好。过去，在不该市场化的地方市场化了，而在这个领域，除非有人能够保证市场化以后不会出现市场失灵的问题。如果不能保证，政府经营就要比市场化经营好得多。

第三类是提供公益类产品的企业。这类产品可能具有私人性质，但是有很强的正外部性。比如医疗、教育、社会保障等,其产品的技术特征可能是竞争性和排他性的。在这个领域里面一些最基本的公益类产品,比如基本教育、基本养老服务等,都应该由政府进行管理,不能推给市场。如果推给市场,可能会导致教育类资源不均衡的问题,导致穷人和富人享受的教育和医疗完全不一样。我们希望最广大的老百姓,包括农民兄弟、城市工人阶层都可以享受到最基本的教育服务、最基本的医疗资源、最基本的社会保障,而要实现这一目标,私人靠不住,还是要靠政府来经营。

我们认为,准公共品和公益产品领域的改革要坚持一个原则,即保证国有企业数量,不能通过私有制和股份制降低国有企业对这些产品的供给。同时,要采取"两条腿走路",一条腿是基本的,包括基本医疗、基本教育等产业,要由政府来提供;另一条腿是非基本的,比如美容整形项目。有人要装一个德国的烤瓷牙,一颗要三四万元,如果他负担得起,那么可以提供服务,可以引进市场化的机制。

(2) 处于第 III 象限的国有企业提供的产品具有排他性,但具有自然垄断特征,一般宜采用国有国控模式,即此类国有企业应该进行股份制改造,但国有资本应具有控股地位。

自然垄断特性是由生产技术的性质决定的,与产权结构没有内在联系。有人可能对中石油、中石化不满,但是,如果把这部分国有企业私有化,让国外资本控制了,会比国有控制更好吗?未见得。因为它和产权是没有关系的,私人拥有这部分照样是垄断的。相比较而言,中国目前处于发展阶段,让国有资本发挥主导作用,无论从微观效率还是宏观效率来讲都有好处,特别是在一些基础产业,包括很多社会目标和产业政策领域。这就是后发优势,都需要在这个领域得到体现。

另外,大量的实证数据表明,在由垄断导致的市场失灵领域,私有企业和国有企业相比并无制度上的优势,何况我们国家还有强大的社会、军事、安全目标。所以,对于处于自然垄断行业的国有企业,一方面毫无疑问需要通过股份制改造,引入多元化的投资主体,特别是要引入战略投资人,明确产权关系。但是不能完全按照市场化的标准把自然垄断性国有企业改造成纯粹以盈利为目标的市场主体,而应该选择国有国控模式。

(3) 处于第 IV 象限的国有企业所提供的是具有竞争性与消费排他性的私人产品,原则上应该完全走向市场。

第一，对于那些不存在行政性垄断，但尚有较强市场竞争力的国有企业宜进行产权多元化的股份制改造，但股权结构应具有开放性。

完全走向市场不等于完全非国有化。经过30多年的改革，有一批竞争性领域的国有企业，其效率是很高的。如果没有证据证明这类国有企业的竞争优势来源于行政垄断和歧视性政策，就没有必要让国有企业强制性退出。只要坚持市场原则，完全可以让有效率的国有企业生存下去，但是需要对这类企业进行彻底的股份制改造，实现多样化、开放式的产权结构。

在此，我们并没有强调国有资本的控制地位，尽管它现在可能处于控制地位，但未来一段时间可能不再需要控制了。没有关系，这类企业的唯一标准是利润的最大化，所以，只要能够改善效率就可以。

第二，对于那些效率低下、规模较小、市场竞争度较高、市场需求变化快、产业重要性和关联度小、国家对其承担的风险大于其上缴收益的竞争性国有企业宜采用民营化的方式实现国有资本的退出。

同时，从竞争性领域退出的资本应该充实产业发展基金与社会保障基金。为了防止因低估国有资产造成的国有资产贱卖、流失等现象，必须要坚持公开出售的阳光原则，避免暗箱操作。

（三）在创新领域建构"国民共进"的新格局

除了上述三种不同类型的改革路径，在中国还有一个特定领域——创新领域。因为中国是一个发展中的大国，存在弯道超车问题。在弯道超车中什么是最重要的因素？是创新。所以，仅从产品及行业的特性来划分国企与民企的边界就不够了，还需要根据创新过程的特性来界定国企的存在范围。因此，中央政府启动了创新驱动型发展战略。

毫无疑问，民营企业在技术创新过程中扮演着越来越重要的角色。但是，因为技术赶超和创新往往存在巨大的风险，需要大量的研发投入，并且在后发国家实施技术赶超战略的基础上，在推动产业结构调整和升级的过程中，国有企业发挥了不可替代的作用。所以，在具有较强的公共品供给特征的技术创新领域，通过国有企业实现技术创新和技术扩散是弥补市场失灵的可行途径。大量的数据证明，过去20多年来，在研发规模、研发投入、专利产生等方面，国有企业具有一定优势。对此，需要做专门的讨论，即在创新过程中，怎样让民营企业和国有企业各自发挥重要作用，怎样进行分类考虑。

一般来说，创新链包含五个关键环节：一是基础研究阶段；二是应用开发阶段；三是中间试验（简称中试）阶段；四是实现商品化阶段；五是大规模产业化阶段。我们可以根据创新链各个环节的不同特征打造适宜的"国民共进"新格局。

第一，针对创新链中具有完全公共品性质的基础创新和原始创新构建"国有+"和推进"国进"的新格局形成。

第二，针对创新链中具有准公共产品性质的应用开发和中试环节等特定的应用创新，要全面启动和推进以"国有+民营"的混合所有制模式。既要发挥国有经济抗风险能力的特点，也要发挥民营经济在创新当中有很强激励机制的优势，构建混合所有制。

第三，针对创新链中偏向于私人产品性质的商业化转化环节，体现"民进"以及"民营+国有"的混合所有制新格局。在这个阶段，民营经济应该发挥主体作用。

第四，针对创新链中的大规模产业化环节，应该体现"民进"和"民营+"的新格局。

第五，针对中国产业链中竞争力提升的薄弱环节以及产业集群中的关键性技术短板部分，应促进"国进+民进"的新格局的形成。

二、分类改革战略下的国有资产管理体制重构

分类改革战略的实施要求，是必须推进国有资产监管体制的改革，这个也很重要。尽管经历了10~20年的国有资产改革，我国已经有了相对成熟的经验，但是仍需继续完善。

一是在政资分开的基础上实现政企分开，使国资委真正履行出资人职责。

二是逐渐把分散在各个政府部门的所有权职能集中到国资委，形成权利、义务、责任的统一，形成管资产、管人与管事相结合的国有资产监管体系。

三是为了提高国有资产监管效率以及调动地方政府积极性，要实行国

有资产的分级管理,即中央与地方分别代表国家行使国有企业的所有者职能。

四是在国资委和地方国资委建立平等的关系。

国资委如何对国有企业行使监管职能,目前一般的表述是从"管资产为主"转向"管资本为主"。由于国有企业所处行业不同,国资委具体的监管重点也有差异,其功能不能仅限于管资本。

(1) 处于第Ⅱ象限的提供公共品类的国有企业一般采用国有国营模式,国资委对公益企业通常兼顾管企业和管资产职能,以管企业为主,即国资委通过管理企业,保证必要的公共产品供给,满足社会需要。这一块必须要"一竿子插到底"。同时,要兼顾管资产,主要是控制成本和控制质量,尽可能提高公共产品的供给效率。

我们建议在中央与地方的国资委专设一个公益类国有资产管理部。这类国有企业主要不是追求国有资产保值增值,而是要履行社会职能。对公益类国有企业应进行单独监管:一是由政府筹资创设提供公益类产品的企业;二是政府直接任命或罢免这类国有企业的负责人;三是为了确保规模经济效益和范围经济效益,应对进入和退出进行控制,同时建立必要的规制。

通过管资产、管企业,体现国资委应该体现的职能,要构建一个管企业、管资产并重的模板(见图2)。

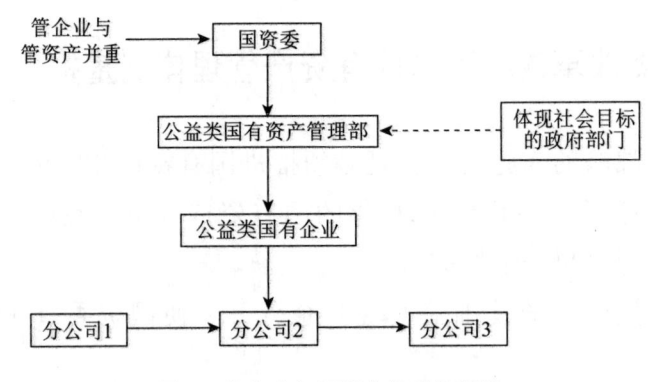

图2 管企业与管资产并重的模板

(2) 第Ⅲ象限的国有企业处于自然垄断行业,一般采用国有控股模式。国资委通常对垄断性企业兼顾管资产与管资本,并以管资本为主。就是说,国资委通过管资产实现超越利润目标的社会目标,保持国有经济在国民经济中发挥主导作用。同时,通过管理资本实现国有资本的保值增值。以管资本为主的模板见图3。

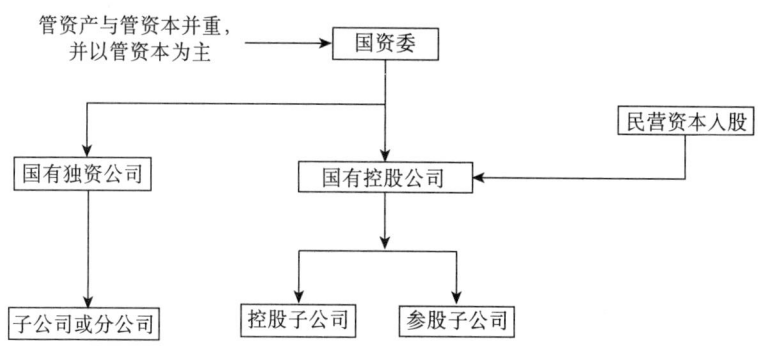

图3 以管资本为主的模板

假定我们定位这个企业是国有控股,并且要兼顾社会目标和利润目标,那么怎么来管资本呢?就是国资委通过对自然垄断企业进行股份制改造,使其成为具有独立法人资格的国有控股公司,并对它行使所有权约束。国资委和法人之间建立产权关系,因为这类企业比较大,而国资委和政府关系靠得比较近,为了避免过度干预,可以考虑在国资委与股份公司之间构建一个中间层的代理机制。这一中间性国有资产代理机构既可以按照市场化原则,建立一批竞争性的控股公司或者国有资产经营公司,也可以把一批央企集团公司、总部改造成新加坡"淡马锡"式的控股公司。哪个效果更好,就按照哪个模式进行。考虑到自然垄断性国有企业不仅追求利润目标,实现国有资产的保值增值,还需要满足某些社会目标。因此,国资委既要对这些企业履行管资本的职能,也要与国家某些产业规制部门合作,有必要为企业设置一套企业经营绩效的评估体系,从而有效履行管资产职能。

为了有效实现管资产和管资本的目标,要满足三个条件:一是国有企业要透明化,预算公开,成本、费用、信息公开;二是国有企业公司化改造后,要降低进入壁垒,消除地域保护,可以自由进入和退出不同地区;三是保持国有企业的潜在竞争性,通过混合所有制改造,引入非国有资本,进行增量改革。这是以管资本与管资产兼顾,并且以管资本为主所构建的一种模板。

(3) 处于第Ⅳ象限的竞争性国有企业,由于其处于纯私人物品领域，国资委只履行管资本的职能机制，追求利润最大化。它的经营模式可以类似于像基金会、基金公司这样的模式，进行一种证券化操作。处于竞争性领域的国有企业应完全由市场机制来协调，国资委通过委托代理方式把国有资产的运营权授权给市场化运作的基金会，履行管资本的职能（见图4）。

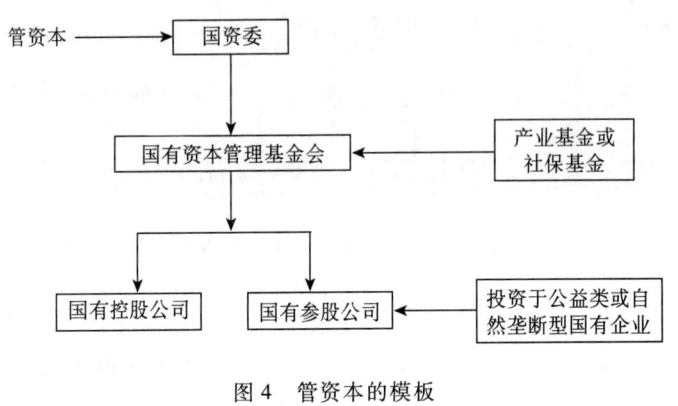

图 4　管资本的模板

（本文原载于《新时期新国企的新改革思路》，2017 年 3 月 27 日）

深化国资体制改革需系统性重构

刘尚希[*]

国有资产管理体制改革应坚持问题导向。我国现行的以管企业为基础的国有资产管理体制已不能满足国企改革的新要求。作为国企改革的前提条件，国资管理体制改革应从管资产转向管资本为主。从着重国有企业的"所有权与经营权分离"的改革，转向国有资本产权构建的改革。

产权改革是任何所有制都面临的永恒课题。在现代市场经济条件下，产权是从所有权分化出来的，源自于所有权，又不同于所有权，取得了符合现代市场经济要求的独立存在形式。产权不看重拥有、占有，而看重其通过交易而能带来的利益或收益。

这意味着国资体制改革不是修修补补，而是系统性重构。其基本思路应该是，横向上实现国有资本所有权管理职能的"三分开"，纵向上实现国有资本所有权权能的"三分离"。

一、改革思路内涵

我国现有"三结合"的国有资产管理体制下，政府主体和市场主体边界不清，国有资本所有权各项权能混在一起。这既不利于国有资本宏观战略目标的实现，也不利于国有资本微观经济目标的实现。因此，应以资本为纽带建立政府与市场主体权责划分明确，国有资本所有权权能相互分离的新的国有资本授权投资运营体制，实现横向"三分开"与纵向"三分离"。

---

[*] 刘尚希，中国财政科学研究院院长。

横向"三分开"强调的是国有资本所有权管理职能的分开。

国有资本所有权的管理主要包括宏观管理、资本运营和监督评价三种职能。三种职能共同构成了国有资本所有权管理的完整体系，应当分开行使，各有侧重，以提高效能。

宏观管理着重从国家战略高度对国有资本的使命进行宏观规划和管理；投资运营着重通过具体的资本投资和资本运营行为履行国有资本使命，完成国有资本战略目标；监督评价着重通过对国有资本所有权管理过程及结果的监督评价继而确保国有资本管理使命和战略目标的实现。

宏观管理不能直接参与投资运营，投资运营不能与监督评价混为一体，宏观管理与监督评价要相互独立。

纵向"三分离"强调的是国有资本所有权权能的分离。

国有资本所有权主要通过资本所有权、出资人产权和企业经营权三种不同形式的权能得以实现。三种权能应当相互分离，明确权责界限。

资本所有权是国有资本投资运营的前提和基础，其终极所有权人为国家，政府代表国家行使所有权；出资人产权是出资人代表政府完成国有资本各项使命和目标的权力，主要体现为对国有资本的投资运营权；经营权则是国有资本投资运营权和国有资本所有权得以实现的重要保障。

资本所有权不能直接干预出资人产权的行使，出资人产权不能直接干预企业经营权的行使，资本所有权更是不能越过出资人直接干预企业经营权的行使。

横向"三分开"与纵向"三分离"是从不同维度确保国有资本所有权、使命和战略目标得以实现的重要制度保障。只有实现"三分开"与"三分离"，才能真正理顺国有资产管理的关系，新的国有资产管理体制才能得以构建。

"三分开"与"三分离"既各成体系又相互交叉。宏观管理与监督评价主要是对资本所有权的管理和监督评价，投资运营主要针对出资人产权和经营权。宏观管理和监督评价不能干预出资人产权和经营权的行使。出资人产权和经营权都是通过市场化手段实现的，但出资人产权不能干涉企业经营权。

二、改革理论依据

我国公有制为主体的基本经济制度和国有资产规模、国有经济占比大的国情,决定了我国不能照搬西方发达国家的国有资产管理模式。我国应统筹考虑国有资本的经济目标和社会使命,建立既符合市场经济要求,又能服务于我国战略大局的以管资本为主,横向管理职能相互分开制衡的国有资本管理新体制。

(一)横向"三分开"

其一,宏观管理职能与投资运营职能分开。政府追求公共利益和公共目标的"公共性"决定了其不能既是国有资本投资运营规则的制定者又是投资运营规则的执行者,两种混淆,不符合市场经济的基本要求。因此,政府应当把国有资本的投资运营职能真正交给市场主体,使国有资本所有权的宏观管理职能与投资运营职能互相分开。

其二,投资运营职能与监督评价职能分开。可将二者关系比作运动员和裁判员的关系,若二者职能不分,国有资本投资运营将难以得到有效的监督评价,或者因监督评价主体以监督评价之名行干预具体运营之实,而难以实现国有资本投资运营的目标。因此,国有资本所有权的投资运营职能应当与监督评价职能分开。

其三,宏观管理职能与监督评价职能分开。根据分权制衡理论,决策权与监督权应当在相互分开的基础上实现互相制衡。国有资本所有权的宏观管理主体与监督评价主体不能是同一个部门和机构。应彻底改变过去长期以来国有资本宏观管理与监督评价职能集于一身的管理模式,使宏观管理和监督评价通过相互分开而实现互相制衡。

(二)纵向"三分离"

其一,资本所有权与出资人产权相分离。政府的公共属性和所有权权能的可分割性决定了政府作为国有资本所有权人代表不能,也不必亲自履行国有资本所有权的各项权能。政府可以通过授权,将其所有权的部分权能交给具备资质的投资运营市场主体来履行出资人职责,并完成国有资本保值增值和服务于国家战略大局的目标。

其二,出资人产权与企业经营权相分离。出资人与所投企业之间的联系纽带是资本,二者是平行的市场主体。企业(包括独资、控股、参股的)享有独立的经营权,出资人不能以出资为名干预企业的具体经营,出资人的产权与企业经营权应当分离。

其三,资本所有权与企业经营权相分离。资本所有权与企业经营权之间没有直接关系,主要依靠中间层面的出资人作为二者间的桥梁和纽带。作为资本所有权人,其既不直接参与出资人的具体投资运营行为,也不应越过出资人干预企业的经营行为,资本所有权应当与企业经营权相分离。

通过"三权"分离,国有资本的存在就不必拘泥于国有企业这个躯壳之内,构建混合所有制企业就有了前提,发展混合所有制经济就有了必要的条件。

三、实现途径

不管是横向上的"三分开"还是纵向上的"三分离",都强调分工基础上的协同,是既相互独立又相互协作的有机整体,共同服从并服务于国家战略。横向"三分开"与纵向"三分离"的实现,需要明确相应的主体以及主体责任。

(一)横向"三分开"的主体及主体责任

宏观管理主体应当是负责国有资产、资源宏观管理的综合部门。

宏观战略层面,国有资本的使命有别于非国有资本单纯追求"保值增值"的目标定位,其职责主要是制定国有资本战略布局及国有资本进退的相关制度和政策;微观操作层面,其职责主要是制定国有资本预算编制、资本管理、投资运营、收益分配、相关财务报告等具体政策。宏观管理部门不参与企业的具体经营。

投资运营主体为依法经政府授权履行国有资本出资人职责的国有资本投资公司和国有资本运营公司。

这二者应当是真正意义上的市场主体和干净的出资人,不具有产品和服务的经营职能,与其他企业不具有市场竞争关系。作为国有资本出资人，其既肩负着国有资本保值增值的经济使命，也肩负着国有资本优化配置和服务于国家战略目标的社会与政治使命。

"两类公司"应当按照不同于《公司法》的专门法律规定，建立包括董事会、高级管理层、监事会、党组织、运营机制在内的法人治理结构，依法行使其经授权的国有资本投资运营权，包括公司法人财产权、投资权、股权。

国有资本的监督评价主体为专业的国有资产监督机构。国有资本不同于非国有资本，对其进行监督评价的标准也应有别于非国有资本。宏观层面主要是对国有资本所有权管理、投资运营与国家战略目标、社会使命是否吻合进行监督评价；微观层面主要是通过对国有资本投资运营是否实现了既定的经济目标，是否切实维护和实现了国有资本所有权权益监督评价。但是，国有资本监督评价主体不能以监督为名直接参与投资运营主体的日常运营，甚至干预企业的日常经营。

（二）纵向"三分离"的主体及主体责任

资本所有权的主体为国家。由政府代表国家行使所有权。其主要职责是通过加强宏观管理和监督，评价实现其对资本所有权的管理，但不直接参与出资人的日常运营和企业的日常经营。要坚决避免"两类公司"成为政资不分、政企不分的新机构。

出资人产权主体为经政府授权依法履行国有资本出资人职责的"两类公司"。"两类公司"的主要职责是按照国家有关国有资本投资运营的基本规则和制度要求，通过规范、合理、高效的投资运营，实现国有资本的保值增值的经济目标和服务国家战略的社会目标。作为出资人，"两类公司"不直接参与其投资企业的日常经营。

企业经营权的主体为依法设立的企业，包括国有独资以及国有控股、参股的混合所有制企业。企业主要职责是通过加强公司治理而实现资本的保值增值，维护股东的合法权益。其法人财产权和企业经营权均不可侵犯，出资人不能随意干涉其具体经营。

（本文原载于《瞭望》，2015年4月27日）

国有企业改革新路

国资运营公司如何组建与运作

高明华[*]

党的十八届三中全会提出，要"改革国有资本授权经营体制，组建若干国有资本运营公司，支持有条件的国有企业改组为国有资本投资公司"。《中共中央、国务院关于深化国有企业改革的指导意见》进一步指出，国有资本监管机构依法"授权国有资本投资、运营公司对授权范围内的国有资本履行出资人职责"，国有资本投资、运营公司"依法自主开展国有资本运作，对所出资企业行使股东职责，按照责权对应原则切实承担起国有资本保值增值责任"。那么，国有资本投资运营公司是何种属性？如何组建才能尽可能降低交易成本？又如何运作呢？这些都是迫切需要解决的现实问题。

一、国有资本投资公司和运营公司无本质区别

首先需要说明，国有资本投资公司和国有资本运营公司是否存在区别。笔者认为，二者没有本质区别，如果有区别的话，那也仅仅是前者从事增量投资，后者从事存量运营。其实，这种区别是很勉强的。

从国际经验看，如新加坡淡马锡公司、意大利伊利公司等，国有资本运营公司都是既投资又运营，投资后欲获得回报，是不可能不参与运营的。当然，参与运营并不意味着干预，而是通过向投资的企业派出董事，来参与所投资企业的重大决策，以保证投资能够获得最大化的回报。因此，把国有资本投资公司和国有资本运营公司截然分开是没有必要的，反

---

[*] 高明华，北京师范大学公司治理与企业发展研究中心主任。

而容易造成混乱，也容易增加组建的成本。故本文对二者不加区别，统称国有资本运营公司（以下简称国资公司）。

国资公司是何种属性？国资运营公司是按照"政资分离"和"政企分开"的原则而设立的。从"政资分离"的角度，国资委是国有资本的唯一出资人代表，而不是行政管理机构；从"政企分开"的角度，国资委不能直接插手国有资本的经营，而是以出资人或股东的角色对国有资本经营予以监督。

在现代社会，财产权利（产权）被分解为价值形态的权利和实体形态的权利，国资公司享有的就是对价值形态的国有资本的经营权。国资委要管资本，但这种管理的核心是价值管理，不过，这种资本价值管理与国资公司的资本价值经营具有明显的区别。最根本的区别在于：国资委是单纯的出资人，而不是资本经营者；国资公司则既是出资人（向实体企业投资），又是资本经营者，是典型的企业组织。

在西方国家，国资公司普遍采取控股公司形式，且大都根据商法设立。这里所谓的控股公司形式，是指国资公司在国资监管机构授权范围内，对其投资控股的企业履行股东权利，根据国家政策及市场情况进行资本运营，在国资公司内部则实行人事管理、重大决策管理、收益管理等三项事权管理，同时要进行战略管理、预算管理、运营监控管理等三项辅助管理及产权事务管理，这是国资监管机构不宜直接管，也管不了的事情。

不过，要注意的是，尽管国资公司是控股公司，但并不意味着对其投资的企业都是控股的，也有部分是参股的。除了对关键领域的企业需要控股外，对其他企业控股与否，绝对控股还是相对控股，应由国资公司根据自己的实际和市场状况，从投资收益最大化角度，自行决定。由于一定量的国有资本可以调动更多的社会资本，国有资本的增值将得到进一步保证。

国资公司作为国资委授权经营国有资本的出资人代表，不从事生产经营活动，而是专门通过控股、参股其他企业（实体企业），从事国有股权经营及金融资本的营运，以此谋求国有资本增值的最大化。作为企业，为了实现国资增值的经营目标，国资公司在经营过程中应严格遵循独立核算、自主经营、自负盈亏的原则，其具体经营决策除了应符合国家颁布的法律、法规和政策，并接受有关监督部门依法监督检查外，不受任何部门的行政干预。国资委对国资公司的授权要符合法律程序，没有直接干涉的行政权力。

二、国资公司应主要由大企业集团的母公司改组而成

国资公司的组建可以有两种方式：一是新建；二是对大型企业集团的母公司实施改组。第一种方式成本太高，而第二种方式已积累了一定的经验，因此，将大型企业集团的母公司改组为国资委授权的国资公司，是一种摩擦最小、交易成本最低的选择。

具体说，国资公司的组建可以有以下两种方式。

对于目前既有的大型或重点企业集团，由国资委直接授权集团的母公司（即集团公司）负责国有资本所有权的运营，目前中央直接监管的100多家大型企业的母公司即属此列。目前的很多集团母公司，既有资本运营，又进行生产经营。严格意义上的国资公司应只进行专业化的资本运营，是一种投资运营公司，它负责把国有资本投资到最有价值的企业和领域。对于既有的大型或重点企业集团，无论是进行资本运营，还是进行生产经营，它们都积累了丰富的经验，如在其上再组建一个国资公司，无异于徒增一个"婆婆"，加大了资本的运作成本和管理冲突。因此，需要着力解决的问题是，把这些集团母公司的生产经营职能剥离出去，使其成为纯粹的资本运营公司。

对于分散的占用国有资本的实体企业，在国资委的协调组织下，通过新建一些国资公司，将这些分散的国有资本纳入统一的监管中。

总之，组建国资公司应以对既有大型集团的母公司改组为主，新建为辅。至于应该组建多少为宜，应视国资规模和交易成本大小而定。对于中央企业（含金融类企业），笔者认为改组30至40个为宜，将性质和功能相近的公司归到同一国资公司；对于省级国有企业，根据本地区国资规模改组或新建1至5个国资公司。

对于集团整体上市，需要和组建国资公司通盘考虑。一些巨型中央企业，不应盲目推动集团整体上市，而要立足把母公司改组为国有独资的国资公司。如果集团整体上市，那是否还要在其上新加一个国资公司呢？这显然是不现实的，将会产生巨大的摩擦成本。因此，集团整体上市，应主

要限于规模较小的企业集团,然后把它们归于某个已改组的国资公司中。

三、国资公司具有六大特征

国资公司是专职经营国有资本产权,谋求盈利最大化及国有资本保值增值,自主经营、自负盈亏的法人企业,其运作具有如下特征:

(一)国资公司是国有独资公司

国资委拥有向国资公司派出政府董事的权力,这种权力可使国资委能够有效地将自己的目标指向传导给国资公司,保证国资公司的资本运营,符合所有者的利益追求。然而,既然是公司,国资公司就应享有《公司法》规定的一切权利,国资委只是以所有者身份对国资公司实施监控,其行为必须限定在法律框架内。政府董事应保持独立。为此,政府董事应享受公务员待遇,不在公司领薪。董事会由政府董事、独立董事和高管董事组成,拥有重大决策权和选聘经营者的权力,董事会要对选聘的经营者独立承担责任。

(二)国资公司是从事多元化证券投资的控股公司

一方面,它要通过对实体企业的投资控股来维护国有资本权益;另一方面,它又要将资本(指价值化资本)投向多个企业和多种证券,以分散投资风险,实现投资目标。由于国资公司经营的是价值形态的资本,这使其经营范围不仅限于增量资本,而且包括存量资本,即包括所有的经营性国有资本。同时,对价值化资本的经营使国资公司具有了明显的金融性质,它可以运用某些金融工具通过投资获得利润和利息(股息)。

(三)国资公司作为营利性的独立法人,一般不进行政策性(非经营性)投资,追求盈利(资本增值)最大是它的首要目标

国资公司有权拒绝来自国资委和其他政府机构的任何政策性投资要求,政策性投资应属政府财政投资之列。假如必须让国资公司进行某项政策性投资,则由此造成的损失应由财政如数给予补偿,以维护公司的财产权利及其运作效率。这就是说,国资公司只适合于竞争性领域的国有

资本。

（四）国有资本运营公司收益分配采取"全额分配，四方分流"

国有资本运营公司的全部经营收益要在股东（国资委）、政府（财政）、劳动者（经营者和职工）和公司之间进行合理分配，并分别以股息（包括红利）、税金、薪金和工资、公司留利的形式支付。公司经营不善时，可以宣布破产或重组。需要说明的是，国资委获得的股息红利属于最终出资人（全体人民）的收益，应上缴国库。

（五）国资公司之间是一种竞争加伙伴的关系

随着市场经济的发展以及各种配套政策的完善，国资公司要全面走向市场，在市场竞争中一争高低。但国资公司不可能像一般企业那样星罗棋布，必须适度集中，保持有效的经济规模，以保证其对投资企业的控股地位，确保国有资本的有效运营。

（六）国资委不能干预国资公司所投资控股企业的自主经营，国资公司向所投资控股的实体企业选派董事作为产权代表，并监控董事的行为

国资公司作为其所控股的实体企业的最大股东，既要使实体企业的经营行为符合国家利益，又要尊重实体企业的独立性，为此，就有一个如何界定实体企业董事会自主权范围的问题。在这方面，应借鉴《公司法》中关于股东大会与董事会之间的权利配置原则，以是否涉及公司产权变动作为经营决策权的分界线。因为公司产权变动与资产变动不同。资产变动是公司法人财产的变动，其经营结果直接影响的是公司利益，也包括所有者、经营者和劳动者的利益。而产权变动则是公司出资人权益的变动，其经营结果直接影响的是公司出资人的利益。如果国资公司把产权变动也下放给实体企业行使，其产权约束将成为一句空话。因此，一般将此界定为国资公司分权范围的边界。在此基础上，国资公司与实体企业之间的责权关系存在着很大的可调空间。如果国资公司对实体企业只是参股关系，那么，这种可调空间会更大。

（本文原载于《企业观察报》，2015年10月15日）

构建现代国资监管制度的依据及路径

王 强[*]

以 2003 年以来各级国资委成立为标志，国有资产监管工作进入了一个全新的历史阶段。这一新阶段最显著的特点有四个：由"九龙治水"的多头管理向"特设机构"的专属性管理转变；由行政性管理向专业性治理转变；由离散式管理向持续性管理转变；由权利边界交错混杂的"大一统"管理向权利界分相对清晰的结构型管理转变。历时 7 年的持续转变，已取得了阶段性突破，其基本标志为：以破除传统体制（即主体企业的公司化）为核心、以退出非主业领域和非主体企业（即辅业企业的民营化）为核心的国有经济布局调整基本完成，发展国有经济的重心转移至国资监管体制如何进一步理顺、存留国有经济的布局和结构如何进一步优化、存续国有企业的治理结构及运营机制如何进一步完善这三大问题上。其中，国资监管体制如何进一步理顺（即国资委与政府、监管企业间关系的正确定位）则是必须回答清楚的首要问题。

但无论在认识上还是实践中，人们对国资委的身份确认不时出现困扰，在"政府机构"和"出资人"间交错混杂，摇摆不定，不少人将国资委（甚至包括国有企业）视同为传统意义上的政府部门，对国有企业的监管方式仍简单等同于传统意义上的行政监管模式（本文称之为"传统国资监管制度"），错误地用"政企分开"之说来界定和处理国资委与国有企业之间的关系。

---

[*] 王强，中国人民大学企业与组织研究中心研究员。

一、国资委在双重委托代理关系中的身份定位

国资监管事实上存在三重核心的委托代理关系：一是国有资产的本源所有者（即全体国民）与国有资产的事实所有者（即各级政府，合法产生的政府实际上等于得到了全体国民的授权）间的委托代理关系，这种代理关系产生的必然性在于"无论是让具体某人（法定所有者之一）对全部公有资产的流转走向发表意见，还是让全体成员都对具体某公有资产的流转去向表明看法，在技术上都是不可行的"（王强，2005）。相关研究证明，股权结构无论是高度集中还是高度分散，都不可能带来最优的公司治理绩效，而在股权分散的基础上拥有一定数量的、能对公司董事会产生实质控制力的一个或多个大股东（股东积极主义），才更有利于形成优化的公司治理结构，这从一个侧面论证了将高度分散的全民股东转化为一个代理股东（即国资委），以便实质性行使股东权能，具有其内在合理性。当然，像国资委这种拟制性质的出资人，能否具有像原始出资人同样强度的产权意识及行权动力，是这种内在合理性能否充分体现的关键，最为可行且有效的办法只能是法人法定，即"价值法定、身份法定、职能法定、权利法定"。二是各级政府与各级国资委（国有资产的代理所有者，即所谓"代行国有资产的出资人职责"）间的委托代理关系，这种代理关系产生的合理性在于同一主体将难以协调政府公共管理职能公益性与经营性国资盈利性间的内在冲突。三是代理所有者（各级国资委）与企业经营管理者间的委托代理关系，这种代理关系产生的必要性与通常公司治理结构中委托代理关系的形成机理没有什么两样。在后两重委托代理关系中，国资委作为"各级政府→各级国资委→监管企业经营管理者"委托代理链的中间环节，最受人关注，也最值得予以重点研究。

（一）政府与国资委间的委托代理关系

在讨论国资委与监管企业间关系时，人们常常为"政企分开"这一说法所困扰，事实上，尽管国资委属于一个政府部门，但它却不在"政企分开"的"政"之中。更为准确的说法应是：国资委的设立正是"政企分开"的结果，是为了实现"政企分开"而拟制的一个"特设机构"。

在组织形式上，它确实是政府的一个部门，但在功能定位和实质运行上，它又不具有政府部门"一般意义"上的特征。这其实是社会主义基本经济制度与市场经济体制相结合而产生的一种"制度创新"（尽管这一创新还有待不断深化），即一个不具有"社会公共管理"职能的政府部门，其职责在于以平等主体姿态并受私法管辖的条件下代行"国有资产所有者"（国有出资人）权利。因此，从本质上讲，政府与国资委间的委托代理关系是所有权层面的委托代理关系，即政府将国资所有权授权国资委以国有出资人的名义代为行使，从而实现"社会公共管理职能"与"国资经营职能"间的分离。从公司治理层面看，则是事实股东对代理股东的有条件授权，即在特定的限制性条件下由国资委在公司治理中实质性行使出资人权力，体现出资人意志，实现出资人目标。政府公共管理职能和国有资产经营职能的分离需要以各自所对应的不同资产间的分离为前提，即"公共管理类国有资产"和"经营类国有资产"间的分离，通常的"政资分开"之说就是基于这一分离而言的，这其实是经济学意义上的一种"产权清晰"。

这一委托代理关系的产生，显然始于中国特有的政治经济制度。政府拥有庞大的经营性国有资本，追求保值增值又是资本的内在属性，而政府作为"社会公共服务"的提供者和市场竞争行为的仲裁者，既不允许以盈利最大化为目标，也不应当成为竞争者之一。在现有体制框架内，唯一合理且可行的办法就是创设一个不具有社会公共服务职能的"政府部门"——国资委。这一格局的形成，首先实现了公共事务管理部门不再承担国资保值增值责任，其次意味着国资委是唯一不承担社会公共事务管理职能的"政府部门"，也是唯一以"私权"方式维护国资安全、实现国资保值增值的"政府部门"。从财务角度看，国资委就是不行使社会公共服务职能，但却致力于为行使该类职能的政府部门提供"非税型资源"的专设机构，是国有资本人格化的现实载体和直接产物。由此也引申出另一个问题，即应逐步实行国有企业向出资人分红的制度，过度强调"留利"于企业，既不符合投资的基本目的，从动力角度和长远角度看，也并非有利于企业的实际发展。目前有观点认为国有企业的存在非但没有改善公平状况，反而加剧了不公平，其中一个重要原因就是国有企业长期以来少有分红，即使分红也很少惠及亿万本源所有者（全体国民）的福利，但国有企业内部人拿高薪酬、享高福利的报道却不时见诸报端,这显然脱离甚至背离了国有资本及国有企业存在的价值基础。

(二)国资委与监管企业间的委托代理关系

国资委与监管企业间的委托代理关系具体表现为以出资人委托经营者的方式实现所有权与经营权的分离,而这正是现代企业制度或者说公司治理结构得以产生的基础。这就不难明白:国资委实际上是作为监管企业内部治理结构中的一个层面或环节而实现出资人功能的,或者说,国资委是企业微观制度中一个不可或缺的组件。国资委的产生正是实现政企分开的产物,国资委与监管企业间的关系不应再简单地定位为政企关系,而应是所有权与经营权分离层面上出资人与代理人间的关系(可以简称为"委企关系",以区别于传统意义上的"政企关系")。

总之,国资委作为国家制度与市场制度杂交而成的组织机构,它最大的特点是具有两面性:相对于政府而言,它是政府在形式上的组成机构之一,是"公权"意义上的部门,从而实现与政治制度的对接。在该层面属于公权规制的范围,政府对国资委的授权具有如下特点:(1)所有权层面的授予,表现为原始所有者与派生所有者间的关系;(2)政治性授权,政府对国资委的授权是以实现国有资产增值保值作为政治目标之一为动因的;(3)上下级授权。应当注意的是,政资不分以及政企不分最容易发生在这一层面,因此,对于这一类授权应当坚持"授权法定"原则,以避免政府在收放"出资人"权利上的随意性和不当性。但相对于监管企业来说,国资委则是具有股东地位的纯经济性委托人,属于私法规制范围,从而实现与市场制度的融合。在该层面,国资委是与其代理人具有平等地位的行为主体,它对企业的授权特点表现为:(1)所有权与经营权分离而产生的授权,这是公司治理结构产生的基础根源;(2)经济性授权,授权的动因来自于对资本收益最大化的追求;(3)平等主体间的授权,国资委与企业间的关系是基于平等主体间依约形成的监管与被监管关系,正因为这一点,国资委对监管企业的授权应坚持法定性与合意性相结合原则。由此可见,国资委是国有资产不同层面所有者中,与企业经营层之间关系最近也最直接的"拟制出资人",它实质性拥有着《公司法》所赋予给股东的权利,具体履行着股东的职责。

（三）国资委与淡马锡的异同比较

不少人将国资委等同于新加坡的淡马锡，这其实是不准确的。新加坡经营性国有资产的管控架构实质上包含三层：财政部→淡马锡控股公司→各类淡联企业（由淡马锡全资或控股）。这一架构形成的基础在于无论是公共性国有资产还是经营性国有资产，在新加坡都统归于财政部名下，而中国却实现了二者间的相对分离。在经营性国有资产的管理上，中国的国资委实际上扮演了新加坡财政部的部分角色。由此可以推导出我国经营性国有资产的管控架构应为：国资委→"类淡马锡"控股公司→各实体企业。在这一架构下我们可以将国资委直辖的各类集团公司视同或改造为相当于淡马锡职能的控股型公司，也就是说，国资委只有一个，但"淡马锡"却可以有很多个。更为重要的是，将国资委"淡马锡化"，就意味着将国资委公司化，而公司化则意味着完全意义上的"私权化"（不等于"私有化"），因此，即使将国资委改造成为一个公司化组织，在被公司化了的"国资委"之上还将重建一个类同于现有性质和职能的国资监管机构。也就是说，在政府和国有企业之间，客观上存在一个不可或缺的缓冲区，这正是实现"政企分开"所必需的隔离带。这进一步证明，将"国资委"直接打造为中国"淡马锡"的观点，既不符合客观现实，也缺乏理论依据。

二、从公司治理机理看国资委的应有职能

"监管"其实是"治理"的另一种表达方式，在通常意义上有两种用法：一是具有公权力的政府对下属部门或各类社会主体的监督管理，可称之为"规制性监管/治理"（Regulatory Governance），其特点在于监管主体具有运用公权力对监管对象实施某种强制的能力；二是私权性主体对其代理人或下属机构的监督管理，可称之为"合意性监管/治理"（Contracted Governance），其特点则表现为监管主体对监管对象的约束力主要来自于经双方合意所达成协议中的约定。国资委作为出资人，对国有企业的"监管"（Supervision 和 Administration），理当归属于私权主体间的"合意性监管"。因此，只有始终站在法定出资人的角度来看待国资委的地位和

权能，才能正确把握国资委监管的内在本质及合理形式。

（一）国资委拥有国有公司"三会"职能配置的主动权

公司"三会"产生的经济根源，一是投资者专业能力有限性与投资机会无限性间的矛盾；二是集合投资所导致的多位投资者和单一经营者间的矛盾。解决矛盾的可行办法就是由"非资产所有者"来经营所有者的资产，这样，在公司治理层面就出现了决策权、执行权和监督权间的分工现象，这种分工格局的机制化、制度化就形成了通常所说的"公司治理结构"。现代公司治理的基石可以归结为一句话：委托人在客观上必须依靠代理人（分权），在主观上又必须控制代理人（控权）。"分权"与"控权"只有相互结合，才能确保分权及分工的有效性。

在形式上看来，"三驾马车"似乎各自拥有相对独立的一组权利，但事实上，这种相互独立的权利界分依托于股东（及股东会）对部分决策权及经营权的有条件让与。也就是说，所有者是否授权他人代为经营？向何人授权以及怎样授权？其主动权在所有者或出资人手中。在相对稳定的公司治理架构中，这种主动权的一个重要体现就是某类权力是否授权董事会或在什么限制条件下授权董事会，应当由股东大会或股东来决定。

尽管《公司法》对股东大会、董事会、经理层各自的职权给予了相对明确的规定，但所有者（股东）仍具有如下主动权：（1）对由何人在何种条件下来担当董事（以及经理）拥有决定权；（2）对部分重大事项拥有不可剥夺的直接或最终决定权；（3）对部分本属于股东（及股东会）的重大事项决定权，股东或股东大会可以根据对董事会成员能力和品格的信任程度来决定是保留在手还是委托给董事会。显然，国资委作为出资人（股东），在国有公司"三会"职能配置上同样拥有无可争辩的主动权。

（二）股东的应有职能就是国资委的职能

在现代企业制度的架构下，国资委作为出资人，股东职权就是其应有的权能。参照《公司法》和《企业国有资产法》，我们可以将国资委应当具有的主要职权分类归并如下：（1）顶层规则制定及实施权，制定权实质上包括了对基础权力或权利的界分及选择性授予权，如"制定或修改公司章程"，只有出资人才有这样的资格和权利。但是，制定或修订章程只是解决了谁来行使以及如何行使某些权力或职责的问题，而更为重要的东西恐怕就是国资委如何具体行使这些权力的行为本身。（2）高层人事权，即对董事、监事等高管人员的选择、监督及奖惩权。（3）重大事项决策权，主要包括战略决定权、投融资事项决策权、其他重大事项（如公司合并、分立、解散等）决策权。（4）资产受益权，即公司利润分配和亏损弥补方案的审议批准权。（5）公司章程规定的其他职权，《公司法》在股东会、董事会的职权规定中，均载有这一相机性条款，这表明在股东会和董事会间的权力安排上存在一个"弹性区间"，并非一成不变，毫微不改。但这种"弹性"的大小，无疑应由出资人（即国资委）视公司治理的规范程度、代理人能力和资信状况、决策及执行效率、风险复杂及可控程度等来灵活掌握，而不应由第三方以强制或法定的方式予以限制。

三、构建基于公司治理结构安排的现代国资监管制度

从职权安排上看，作为出资人的国资委应当被赋予股东（及股东会）所应拥有的全部权能，我们将以公司出资人身份为核心而构建的国资监管制度称之为现代国资监管制度，以区别于以行政性监管为特征的传统国资监管制度。现代国资监管制度的具体特征可以概括为"政资分开、主体到位、权能完整、职责匹配、治理规范"。所谓"政资分开"，是指政府履行公共管理职能的资产应与经营性国有资产完全分开，并在此基础上实现机构、人事、财务、管理上的相互独立；"主体到位"是指经营性国有资产的监管主体必须明确，并以立法形式予以确认，以确保其监管资产不受其他任何非国资监管部门的无偿占用或强制剥夺；"权能完整"就是所谓的"管人、管事、管资产"相统一，使得资产收益、重大决策、选择管理者等股东类权力集中归属于国资委；"职责匹配"是指国资委应根据其所拥有的权力、履行的职责，承担相应的责任，实现权力、职能和责任间的有机统一；"治理规范"是指国资委行使监管职权应严格遵循《公司法》和公司章程所确立的治理规则和治理机制。

现代经济制度的特征是"地位平等的企业、自由交换的市场、维护公平和间接调控的政府"，与之相适应的现代企业制度特征体现为"产权

清晰、权责明确、政企分开、管理科学"，现代产权制度特征表现为"归属清晰、权责明确、保护严格、流转顺畅"，而现代国资监管制度正是在现代市场经济制度的内在要求下，现代产权制度和现代企业制度在国有资产监管制度中的综合反映和具体体现，是以市场经济体制为核心的现代经济制度和以国有资本为主体的社会主义基本经济制度二者兼容融合的产物，它科学地规定了国资监管机构与政府、国资监管机构与企业间的内在关系。现实中的国资监管实际上正处于由传统监管方式向现代监管方式的转型过程中，只不过这种"转型"确实存在意识上的自觉性不足、思路上的明确性不足以及操作上的系统性不足等问题。

现代国资监管制度是对国有企业实现科学监管的制度保证，对国有企业得以实现科学监管的首要体现就是真正做到公司善治（Efficient/Good Corporation Governance）。公司善治的基本标志就是代理人能否如委托人所愿最大限度地完成委托人所托付的事项（即实现国有资本盈利最大化和国有资产增值最大化）。作为具有自身利益诉求的代理人，由于与委托人效用函数的不一致性及信息的非对称性，不可能自觉且全力忠"他人"之事，需要一套严格周密的制度体系和技术体系以促使代理人对委托人的"所托之事"尽心、尽智、尽力。这套制度体系和技术体系正是现代国资监管制度的实现形态和具体架构，主要体现在以下几个方面。

第一，确保对代理人威慑的真实性和激励的充分性。由于合格代理人的搜寻、选取以及验证需要花费较大的成本和较长的时滞，在"情非得已"的状况下，保持在位代理人的相对稳定实质上是一种相对优化的选择。然而，尽管频繁更换在位代理人不是改善经营管理绩效的最佳路径，但充分拥有行使"更换"的真实权力并保证相应机制的实际存在，将对在位代理人形成切实的威慑，这种压力往往比报酬的增减更为奏效。当然，对代理人给予充分的激励也不可或缺，现在最重要的是国有公司必须在激励制度安排上尽快扭转大量存在的"合同内"报酬过低（激励不足）而"合同外"收入膨胀无度（约束缺失）的激励失衡问题。

第二，重建规范的董事会。此前国有企业公司治理结构最突出的问题在于董事会成员与经理层几乎完全重叠，内部人主导董事会（简称"传统董事会"），使得国有公司的决策制衡体系形同虚设，"内部人控制"现象十分严重。构建以外部董事过半为基本要求的新型董事会正是解决

"内部人控制"弊端的重要手段。新型董事会建设成功与否的关键,在于外部股东董事的素质与品质、"三会"间权利的合理界分、董事会的议事及表决规则、对董事及董事会的评价及激励制度、董事的选聘及淘汰方式等的并行作用对于外部股东董事而言,应当做到能力专业化,董事必须真"懂事";工作专职化,董事职业化应成为董事会建设的重要内容;管理专属化,专职外部董事由于自身特性,既不能归属于所任职企业以免"内部化",又不能以"公务员"身份归属于"国资委",切实可行的办法就是专设新型的董事会管理中心(事业法人性质)来予以管理。

第三,构建立体的监督体系。对代理人的行为究竟采取事前监督、事中监督还是事后监督,取决于监督绩效、监督成本以及监督事项重要性间的比较。一般说来,事前监督的主要对象应是对企业发展具有重大影响、自身风险度较高,且潜在损失一旦产生就难以补救的关键事项,立足于"防患于未然";事中监督的主要对象就是结果信息不足以做出准确判断,或者可能由于时滞因素导致"为时已晚",这正是设立监事会或在途专项审查的核心理由;事后监督的主要对象是连续性较强、阶段性效果明显、以边际调整为主的事项或行为,立足于"惩前毖后"或"奖前励后"。出资人对企业运营中的一些重大事项行使事前的最后决策权,或者对企业某些运营行为实施事中的在途监督,实质上完全符合公司治理的内在规定性,并非传统意义上的"(政府)过度干预"。任何被监管者都会对委托人的监管产生"排拒感",但这丝毫无损于监管行为的正当性、合理性和必要性。

第四,健全信息获取与披露机制。信息透明是公司治理有效性的基础保证。对于信息获取而言,在出资人决策能力既定的情况下,治理的有效性取决于委托人与代理人间的信息对称度,因此,获取充分而又及时的信息是委托人或监管者必须解决好的首要问题。对于信息披露而言,信息披露的范围及程度受公司类型的限制,由于国资委出资企业大多以有限责任公司或国有独资公司形式存在,自然采取了现行有限责任公司的信息披露方式。但不少国有企业尽管在组织形式上表现为封闭性的有限责任公司,但事实上比上市公司还具有更为广泛的公众性,是地地道道的"公众公司",完全应当参照上市公司的信息披露规则向公众发布信息,从而将国资监督引向深入。再者,国资委机构实质上代表政府具体行使全国人民

（通过各级人民代表大会）赋予的国资监管权，因此，各级国资委应当向同级人大会实行年度报告制，提交《关于上年度国资监管及运营计划执行情况和本年度国资监管及运营计划草案的报告》，以接受各级人民代表大会的质询及监督。

第五，实现内、外部治理的有机协调。公司内部治理的有效性与公司外部治理有效性高度相关，而且，公司外部治理状况对公司内部治理的结构安排还具有直接性影响。这正是罗纳德·科斯所反复强调的经济制度系统性特点的表现，这表明国有监管制度建设如果仅仅只讨论公司内部治理结构，公司内部治理结构建设如果仅仅只强调董事会，董事会建设如果又仅仅只注重外部董事制度建设，其最终结果极有可能与初始愿望相去甚远甚至背道而驰。在现实中，国有企业由于经理人市场缺失，难以对代理人形成真实制约，使得公司外部治理的效力十分有限，在这种情形下，又只有通过加强公司内部治理来予以弥补。这进一步说明，对具体公司治理结构的实际安排，应从公司治理的本质含义、内在机理和实际逻辑去理解和把握，而不应满足于对法条或习惯说法的教条式理解甚至生搬硬套，在此基础上，结合国有企业的体制实际和企业现状，在总体坚持"硬分离"原则的条件下，相机决定部分职权的灵活配置，既是合理的，更是有效的。

（本文修订于 2017 年 8 月 15 日）

第三篇

深化混合所有制改革

党的十八届三中全会强调发展混合所有制是一次理论创新。混合所有制是很多年前的一个提法，党的十四届三中全会就已经提出来了，党的十五大的时候进一步做了明确。但中共十八届三中全会再次强调发展混合所有制经济并不是老调重弹，而是在新的经济制度和国有资产实现形式条件下的理论突破，特别是将混合所有制作为基本经济制度的重要实现形式，就是一个重大的理论创新。作为一个重要的理论创新，混合所有制改革如何在实践中得到落实，确实还有很多工作要做。

积极推进国有企业混合所有制改革

张卓元[*]

2014年年底举行的中央经济工作会议,专门讲到国有企业改革问题,提出,"推进国企改革要奔着问题去,以增强企业活力、提高效率为中心,提高国企核心竞争力,建立产权清晰、权责明确、政企分开、管理科学的现代企业制度。"国有企业的混合所有制改革,是推进国有企业改革的重要方面。党的十八届三中全会决定提出积极发展混合所有制经济后,理论界和经济界对这个问题有很多讨论,实践中许多地方和国有企业都在积极推进混合所有制改革并取得成效。

一、积极发展混合所有制经济是三中全会决定的一个亮点

党的十八届三中全会决定60条改革项目中,第六条专门讲积极发展混合所有制经济。提出"国有资本、集体资本、非公有资本等交叉持股、相互融合的混合所有制经济,是基本经济制度的重要实现形式,有利于国有资本放大功能、保值增值、提高竞争力,有利于各种所有制资本取长补短、相互促进、共同发展。允许更多国有经济和其他所有制经济发展成为混合所有制经济。国有资本投资项目允许非国有资本参股。允许混合所有制经济实行企业员工持股,形成资本所有者和劳动者利益共同体"。这是决定的一个亮点。这里说的混合所有制经济指的是微观经济主体,即企业或者公司,是由不同所有制资本共同持股的,也就是特指不同所有制资本共同持股的股份制企业或公司,这同一个社会里面有多种经济成分并存的

---

[*] 张卓元,中国社会科学院学部委员。

含意是不同的。混合所有制经济是混合所有制企业的统称。为什么决定要突出讲积极发展混合所有制经济？笔者认为，其目的是经过三十多年改革开放后，我国国有资本、集体资本、非公有资本都有巨大发展。据财政部材料，2013年年底国有企业所有者权益37万亿元。2012年私营企业注册资本31万亿元，外商投资企业注册资本15万亿元。2014年居民储蓄存款近50万亿元，其中有相当一部分可以转化为投资。积极发展混合所有制经济，就是为了进一步完善基本经济制度，更好发挥各种所有制资本的优势，提高运营效率，从而促进经济持续增长。有一位央企企业家说过，央企实力加民营企业活力等于企业竞争力。所以，国有资本和民营资本实现优势互补，就能提高全部资本的资本运营效率和竞争力，并能促进我国经济转型。

发展混合所有制经济，还为深化国有企业改革进一步指明了方向。党中央在1993年就确定了国企改革的方向是建立现代企业制度，以后又明确指出股份制是公有制的主要实现形式，要求国企尽可能引入非国有战略投资者，实现投资主体多元化。但是，这方面进展不够快，有时还会走偏，比如前两年，一些地方国企都热衷于高攀央企，与央企合资。发展混合所有制经济则明确要求国企尽可能引入非国有资本，最好是引入非国有资本作为战略投资者，以利于建立规范的公司法人治理结构，形成新的机制。可以认为，国有企业建立现代企业制度要一步一步前进，第一步是建立公司制，但公司制可以是国有独资公司；第二步是建立股份制，但股份制可以都是国有股；第三步是建立混合所有制，使国有企业真正改革成为投资主体多元化的现代的股份公司。通过这一步步改革，可以使国有企业更加适应社会主义市场经济。

二、竞争性行业国企怎样推进混合所有制改革

积极推进国有企业的混合所有制改革，在竞争性行业，主要是完善股权结构和公司治理，探索企业员工持股。目前，大量处于竞争性行业的国有企业，都已先后实行了股份制，其中不少已经上市，但仍需进一步深化混合所有制改革。

2014年7月15日，国务院国资委宣布在中央企业启动发展混合所有

制经济试点,并确定中国医药集团总公司、中国建筑材料集团公司为试点。这两家公司都是在前一段时间股份制和混合所有制改革中搞得比较好的。比如,中建材到2013年底的总资产是3 600亿元,净资产是660亿元,其中国有资本220亿元,民营资本和社会资本440亿元。当年中建材实现了2 570亿元营业收入和123亿元利润。中国建材集团已成为全球第二大建材企业,进入《财富》世界500强。2009年,哈佛商学院将中国建材水泥产业大规模重组的经验纳入其教学案例。就是这么一个比较优秀的大企业,为何还要继续进行混合所有制改革呢?其改革要解决如下几个问题:

一是股份公司上面的集团公司仍然是国有独资,这跟现有110多个央企绝大部分一样,上面的母公司都是国有独资的,这些母公司将来可能要分类合并重组为一些国有资本投资公司。

二是完善股权结构和治理结构,按照中建材董事长的设想,现在国有股占三分之一,比较合适的是减少到占20%~25%。这有利于完善公司法人治理结构。少数支柱产业和高新技术产业中的重要骨干企业,需要国有资本控股的,也不一定都由国有资本绝对控股,有的也可以实行相对控股,或者由几家国有企业共同出资控股。这也有利于健全协调运转,有效制衡的公司法人治理结构。同时,董事会应当有战略决策权,董事会通过市场化选聘职业经理人负责公司经营管理。

三是按照中共十八届三中全会决定精神,逐步实行员工持股,形成资本所有者和劳动者利益共同体,健全激励机制。

以上是比较重要的三条改革举措。

有的专家提出,在竞争性领域,特别是一般竞争性领域,国有股占比太高的,要适当减持国有股,不要一股独大。有的也可以采取国有资本投资公司持优先股的办法,放手让民营企业家去经营管理混合所有制企业。这是可以研究和探索的。中共十八届三中全会决定说过,"鼓励发展非公有资本控股的混合所有制企业",所以并不是所有的混合所有制企业都要以公有制为主体,都要由公有资本或者国有资本控股。

三、积极推进垄断行业国有企业混合所有制改革

中共十八届三中全会决定指出,"国有资本继续控股经营的自然垄断

行业，实行以政企分开、政资分开、特许经营、政府监管为主要内容的改革，根据不同行业特点实行网运分开、放开竞争性业务，推进公共资源配置市场化，进一步破除各种形式的行政垄断。"随着科技进步，垄断行业中有越来越多的业务成为非自然垄断环节（非网络部分），属于竞争性业务，完全可以放开市场准入，开展竞争，提高资源配置效率。这些年对于垄断行业要不要放开非自然垄断环节的市场准入，一直争论不休。中共十八届三中全会上面的一段话对此做出了肯定的回答。可能有的单位和企业到现在还没有完全想通，但改革的大趋势是不可逆转的。不仅如此，垄断行业放开竞争性业务，进行混合所有制改革，是今后中国国企改革的最重要内容。

在此背景下，笔者对中石化2014年推出的销售板块吸引社会资本参股、搞混合所有制改革的做法是肯定的。中石化2014年把油品等销售板块拿出29.99%的股权，作价1 071亿元出售，经过竞拍，有25家境内外投资者购买，其中民营企业11家，投资总额382.9亿元，占35.8%。国有资本如中国人寿等也买了不少，也有外资参股。据中石化介绍，他们要将卖出的1 000多亿元，投向油气勘探等领域，以增强公司发展后劲。他们聘请了国内外知名评估机构和投资银行对其拟出让资产进行评估，竞价销售。将来中石化销售板块将单独成立公司经营，并争取上市。为做这件事，他们准备了两年，中共十八届三中全会决定出来后增强了他们的信心。笔者认为中石化的做法是符合中共十八届三中全会决定的精神的。对中石化的这一改革，有人指责其不合程序抢先搞改革，也有人评价不高，主要认为混改后，中石化仍占70%的股权，还是绝对控股，一股独大，民营资本进去后没有多少发言权，最多就是可以分到一些利润。后面这个批评有一定的道理。但是改革是要逐步推进的，很难一步到位。目前做的总体上是符合市场化改革方向的，是在垄断行业中开始放开非自然垄断环节的市场准入。但是改革并非到此为止。中共十八届三中全会决定说，今后国有资本要更多投向五个重点（提供公共服务、发展重要前瞻性战略性产业、保护生态环境、支持科技进步、保障国家安全），因此，可以预计，中石化对油品销售板块的持股比例总的趋势是要逐步减少的，不是一成不变的。有的专家认为，国有企业搞混合所有制改革应当主要是增量改革而不是存量改革。但是，像中石化这样在销售板块引进非国有资本的混合所有制改革，则是真正的存量改革，今后垄断行业放开竞争性业务的改革主要是存量改革。

还要看到，即使是自然垄断环节，有的也是可以在一定程度上引入竞争机制的。比如一些公用事业，就可以通过采取特许经营等方式使其具有一定的竞争性。对此，中共十八届三中全会决定还特地说到，要"制定非公有制企业进入特许经营领域具体办法"。

国有企业推进混合所有制改革，为防止国有资产流失，最重要的是对国有资产价格进行科学合理评估，且要公开透明，如在产权市场进行交易，不能搞暗箱操作。要找有资质的第三方评估机构进行评估，用公允价值进行评估，而且最好找两三家、三四家进行评估和比较。最后为竞价拍卖，如像中石化销售板块那样，有上百家企业申购，最终确认卖给其中的25家。现在看来，对央企来说，请第三方评估资产和公开招标拍卖不难做到，在当前会计审计制度逐步完善和反腐败斗争深入开展大环境下，那些趁混合所有制改革侵吞国有资产的企图是不容易得手的。

由上可见，随着改革的深化，特别是混合所有制改革的推进，将会有越来越多像中石化这样的大型央企逐步把非自然垄断环节的资产同非国有资本联合，使资本的流动越来越频繁，涉及国有资产产权交易的经济活动也会越来越多。这也就更加需要强化资产评估机构作为独立第三方的价值尺度功能，发挥资产评估的价值发现作用。

（本文原载于《中国浦东干部学院学报》，2015年第2期）

国有企业改革新路

国有企业混合所有制改革的"知行误区"

黄群慧[*]

党的十八届三中全会提出"积极发展混合所有制经济"以来，我国混合所有制改革一直在稳妥推进。混合所有制改革已经有了日趋完善的政策体系，实践推进也有了积极进展，但是，仍存在这样那样的"误区"。只有澄清或者避免"知行误区"，混合所有制改革才能取得更好的成果。

一、混合所有制改革等于股权多元化改革

无论是理论界还是实践界，有相当一批人认为，将国有单一股权的企业改制为多个国有法人持股的企业，也是混合所有制改革，这就将混合所有制改革等同于股权多元化改革。实际上，这是股权多元化改革而非混合所有制改革，混合所有制改革虽然与股权多元化改革一样是一种多元股权的股份制改革，但一定是指财产权分属于不同性质所有者的企业所有制改革，其具体形式可以是国有股份或集体股份与外资股份联合而成的企业，也可以是国有企业或集体企业与国内民营联合组成的企业，或者是国有股份与个人所有制联合组成的混合所有制企业。混合所有制改革与股权多元化改革的关键区别就在于，前者一定是改革为国有与非国有共同持股的企业，而后者只强调多个法人持股，但并不要求一定是不同性质的持股方的多元持股。

---

[*] 黄群慧，中国社会科学院工业经济研究所所长。

二、混合所有制改革等于国有资产流失

混合所有制改革过程中国有资产流失问题，一直是人们关注的焦点，是混合所有制改革必须克服的最大障碍。由于混合所有制改革涉及将国有股权出售给非国有方，如果这个过程中存在信息不公开透明、市场交易定价不合理、交易程序不公正等问题，那么很容易出现国有资产流失问题。一些反对推进混合所有制改革的人因此将国有企业混合所有制改革等同于国有资产流失，甚至等同于私有化，认为国企混合所有制改革必然出现国有资产流失，是一种私有化方式。但是，国企混合所有制改革并不必然带来国有资产流失，关键是程序公正、交易公平、信息公开、法律严明。如果操作流程和审批程序规范、国有资产定价机制健全、第三方机构作用得到很好发挥、审计纪检及内部员工等各个方面监管到位，完全可以做到守住国有资产不流失的"红线"和"底线"。企业的资产价值需要动态衡量，国有企业股权也需要在交易中体现其价值。宁愿将国有股份在静态中"化掉"，而不愿通过交易追求股权最优配置，进而实现更大的国有资产保值增值，这种"因噎废食"的错误观念一直制约着混合所有制改革乃至整个国有企业改革的进展，当前，在推进混合所有制改革中必须破除这一错误观念。混合所有制改革已经是我们党经过多年从理论到实践的探索后明确的国有企业改革方向，尤其是党的十八届三中全会及各类党的文件反复强调，决不应再将混合所有制改革贴上"私有化"标签了。

三、混合所有制改革等于全部国资国企改革

有些人在谈及新时期国有企业改革，就认为国有企业改革一定是指国有企业混合所有制改革。在充分肯定混合所有制改革重要意义的同时，还必须认识到国企混合所有制改革并不是国有企业改革的全部，不能认为只有推进混合所有制改革才是深化国有企业改革，不能将国企混合所有制改革等同于全部国资国企改革，也不能因为混合所有制改革推进的"获得感"不明显，就否认整个国有企业改革的进展。党的十八届三中全会对新时期全面深化国有企业改革进行的战略部署，明确新时期全面深化国有

企业改革的重大任务，包括国有企业功能定位和国有经济战略性重组、推进混合所有制改革、建立以管资本为主的国有资本管理体制以及进一步完善现代企业制度等方面内容。实际上国有企业混合所有制改革可以归结为完善国有企业的产权微观结构，而整个国有企业改革涉及国有经济结构调整、国有资产宏观管理体制构建以及国有企业公司治理结构完善等各个方面，这需要整体协同推进，任何单方面"冒进"，都不会取得令人满意的改革效果。

四、忽视"分类分层"前提

当前有人对国有企业混合所有制改革"细心"不够，笼统地谈国有企业混合所有制改革，忽视新时期国有企业改革推进的"分类分层"前提。回顾三十多年来的中国国有企业改革，先后经历了从改革开放之初到党的十四届三中全会的"放权让利"阶段、20世纪90年代初至21世纪初的"制度创新"阶段，以及党的十六大以后以2003年国资委成立为标志的"国资管理"发展阶段。党的十八届三中全会则开始了新时期全面深化国有企业改革的新阶段。如果说这个新时期改革阶段与前三个阶段有什么重大区别的话，那应该是新时期国有企业改革是以国企功能分类为前提的，甚至可以概括为"分类改革"。根据中央关于国有企业改革指导意见，国有企业可以分为公益类、主业处于充分竞争行业和领域的商业类，以及主业处于关系国家安全、国民经济命脉的重要行业和关键领域、主要承担重大专项任务的商业类国有企业。不同类型的国有企业，将会有不同的国资监管机制，混合所有股权结构中的国有持股比例要求不同，企业治理机制也有差异。一个国有企业，是否进行混合所有制改革，混合所有制改革中的国有股份比例多少，混合所有制改革进程的快慢节奏，这些问题的回答必以其功能定位和类型确定，并向社会公开透明为前提。不仅如此，对于中央企业，对于地方企业，对于集团公司，对于不同层级的子公司，其是否实行混合所有制改革以及混合所有制改革的方案都不应该相同，所以混合所有制改革还要先行分层。"分类分层"是推进混合所有制改革的必要条件和前提。

五、忽视法律法规前提

当前有些人对混合所有制改革"耐心"不够,提出要加快推进、全面推开,这就忽视了混合所有制改革推进要以相关法律法规建设和完善为前提,需有一个从试点到法规制度建设的稳步推进的过程。混合所有制改革是一个非常复杂的系统工程,涉及股权结构设计、各方利益调整、激励机制重构、产权市场交易以及资产价值判断等企业内外的各种活动,要求确保各类产权得到平等保护,确保股权转让、增资扩股等市场信息公开透明,确保市场交易过程严格监管和第三方机构的作用有效发挥,这都需要以法律制度建设为前提。当前推进混合所有制改革的最大障碍在于,从国有股东的角度看,国有企业推进混合所有制改革有造成国有资产流失的担忧;从非国有股东及混合所有制企业的其他利益相关者的角度看,也有在推进混合所有制改革过程中对非国有产权或其他类型的国有或公有制产权、与企业经营间接相关的各种权益受到侵犯的担忧。如果缺乏在产权、市场、公司治理等各方面的法律制度保障,这种担忧就难以消除,国企混合所有制改革也就无法实质推进。因此,混合所有制改革必须试点先行,在试点中不断探索完善法律制度,以法律制度建设为前提,只有法律体系相对完善后,国企混合所有制改革才能够全面实质推进。从这个角度看,国企混合所有制改革也就不能设时间表,不能急于求成。

六、重股权、轻治理

当前推进混合所有制改革中,很多案例都是把工作重点放在公司股权重构上,而忽视了进一步对公司治理结构的健全和完善。国企混合所有制改革的最终目标是提高国有企业经营效率和国有资本的运行效率,实现国有资本最大限度保值增值,更有效地实现各类国有企业的使命。而这个目标实现最为直接的决定因素是企业治理结构的健全和完善。混合所有制改革是否完成,不能仅体现在是否引入了非国有股东上,还要体现在是否构建了有效的企业治理结构上,要根据刚颁布的《国务院办公厅关于进一步完善国有企业法人治理结构的指导意见》，具体化和制度化股东会、董事会、经理层、监事会和党组织的权责关系，构建高效的运行机制，保证商业类国有企业的市场主体地位和有效市场运转机制，保证加强党的领导与完善公司治理有效结合起来。

七、重约束、轻激励

无论是从一些国有企业混合所有制改革方案设计看，还是从一些企业推进混合所有制改革过程看，存在仅仅强调约束国企管理人员的行为，而忽视了在推进国有企业混合所有制改革中的利益相关者的激励机制的建立，不能很好地实现激励与约束相结合的问题。国有企业混合所有制改革不仅要保证国有资产保值、不流失的"底线"，还要建立有效激励机制追求国有资产的最大限度增值。一方面，混合所有制改革方案要有利于调动各利益相关方参与和推进混改，保证各方获得公平利益分配和话语权；另一方面还要完善公司治理机制，要能够调动经营管理者、核心员工的积极性，要按照分类分层的原则对经营管理者进行选聘、考核和激励，对商业类企业要加大市场化选聘、差异化薪酬制度的力度。同时，还要从制度上设立针对个人的"改革容错机制"，改革过程中既有问责机制，也要有免责机制，要信任和鼓励企业家大胆创新。

八、重结果、轻过程

一些地方政府因为急于推进国有企业改革，往往从政府熟悉的目标管理的管理方式出发，设立国有企业混合所有制改革的时间表，提出在什么时间完成多少家国有企业的混合所有制改革，并将其作为国资管理部门的考核指标，层层分解改革目标任务。国有企业混合所有制改革应该是一个企业的市场化演进的过程，而不应该是政府的行政目标管理过程。推进国有企业混合所有制改革，关键是把握推进过程的管理原则。一是要坚持与国有企业使命和战略要求相符、有协同效应的原则；二是坚持各股东方长期可持续合作目标导向原则和共赢、负责、尊重的行为原则；三是坚持组织机构企业内要健全、企业外要专业的原则；四是坚持产权交易价格符合资本市场公允价值原则；五是坚持改革过程中的合作方选择、尽职调查与评估、谈判、签署协议、资产交接、后评估等所有环节不可缺省的原则。

（本文原载于《学习时报》，2017年5月12日）

国有企业改革新路

公平的市场环境更重要

傅蔚冈[*]

中共十八届三中全会《中共中央关于全面深化改革若干重大问题的决定》(以下简称《决定》)公布之后,有关国有企业改革的内容颇受公众关注,尤其是有关国有企业的混合所有制内容,更是得到一致好评。近段时间以来,无论是央企还是地方国企,都已经开始"混合所有制"的实践。

一、选择混合所有制的原因

什么是混合所有制?按照《决定》的表述,就是"国有资本、集体资本、非公有资本等交叉持股、相互融合"。换句话说,就是在一个公司(企业)里,股东来源多样化,除了国有资本外,还可以引入非国有资本。

其实,"混合所有制"并不是新概念。在1997年的党的十五大报告中就已经被提出,"公有制经济不仅包括国有经济和集体经济,还包括混合所有制经济中的国有成分和集体成分"。为什么公有制中会出现混合所有制经济?一个很重要的原因就是随着中国资本市场的建立,很多国有企业通过股票市场筹集了资金,变成了公众公司。在2002年的中共十六大报告中,对混合所有制做了更为详细的论述,"除极少数必须由国家独资经营的企业外,积极推行股份制,发展混合所有制经济"。中共十八届三中全会对混合所有制的论述之所以比以往更加引起关注,很重要的一点就是把混合所有制看成是"基本经济制度的重要实现形式,有利于国有资

---

[*] 傅蔚冈,上海金融与法律研究院执行院长。

本放大功能、保值增值、提高竞争力，有利于各种所有制资本取长补短、相互促进、共同发展"。同时"允许混合所有制经济实行企业员工持股，形成资本所有者和劳动者利益共同体"。而在相当长一段时间内，国有企业的员工持股都不被支持。

为什么在国有企业股份制改造之后要大力引进混合所有制？在笔者看来，大概有以下几个因素。

第一，推进混合所有制，可以大幅度降低持股成本。我们不妨以中国工商银行为例。目前，工商银行的股东中央汇金投资有限责任公司和中华人民共和国财政部分别以35.40%和35.20%的股份位居第一、第二大股东位置，超过70%的国有股份确保了该公司的国有成色。不过，单从控股成本计算，这并不是一笔非常划算的买卖。

银行有一个资本充足率要求，按照《商业银行法》的规定，"银行的资本充足率不得低于8%，贷款余额与存款余额的比例不得超过75%，流动性资产余额与流动性负债余额的比例不得低于25%"，这意味着假设国有股东要保证51%控股，那么，每年必须保证至少1.2倍于对银行资产的注资，这是一个非常庞大的数字，尤其是对工、农、中、建、交等五大国有银行而言。如果银行的规模越来越大，大股东可能就会不堪重负，就如中投公司副总经理谢平说过的"成本会高到所有的分红将来都拿去注资也不一定够"。尽管绝大多数的国有企业不是银行，没有资本充足率的要求，但是，目前很多国有企业动辄超过70%的国家法人股，持股成本也高得惊人，这笔资金本来可以用在更需要的领域。

第二，混合所有制可以改进企业法人治理结构。尽管目前绝大多数国有企业都已经通过股份制改造，也在证券交易所上市。必须指出的是，由于这些公司的国有股东在公司里占据着主导地位，企业的治理结构并未得到明显改善。以中国石油天然气股份有限公司为例，国有企业中国石油集团以86.3473%的股份保证了国家的绝对控制权。但是，因为大股东的股份实在过于庞大，使得其他小股东根本没有机会来对这家公司的治理提出反对意见。即便是小股东提出反对意见，也无法在股东大会上通过。

为什么中石油在过去一段时间里出现了高管利益输送？国有股一家独大是一个重要原因。因为内部人控制就存在各种利益输送而侵害公司利益；无视小股东的利益表决机制也使得其在资本市场备受冷落：中石油的股价从2007年11月30日开盘价的48.60元跌到2014年的8.10元。最直白的一句就是：你一家独大，为什么我要陪你玩？换句话说，如果国有股东股权过于集中，不仅不利于改善治理机制，也无从保护小股东权益。更重要的是，巨额的持股成本会给政府带来极重的负担，最终成本只能由纳税人负担。从经验层面看，股份分散是公司治理结构良好的必要条件，只有如此才会有分权制衡，才会避免股东滥用权力。

第三，混合所有制可以为政府筹措财政资金。随着城市化的推进，社会保障制度的建立，现在的地方政府比以往任何时候都需要资金。在过去十几年的发展中，地方政府的公共财政主要来自经济增长带来的税收和土地存量。但是，随着经济增速放缓和中央的土地调控，地方政府的资金日益捉襟见肘。当无法获得增量资金时，盘活存量就成为一个非常重要的手段。

2011年，上海国资委以51亿元整体出售了上海家化，即是跟政府理财相关。尽管交易后双方争议不断，但是，仅仅从投资收益来看，上海方面从这笔交易中收益很多。上海家化原来每年上缴的收益是4 000万元，如果不出售，51亿元要收近130年。而在国资退出后，这笔收益可以更多地用于城市的基础设施建设。可以想象，今后类似的交易会越来越多。

二、混合所有制是否能改善国有企业治理结构

混合所有制当然有助于改善企业的治理结构，但是不是"一混就灵"呢？笔者表示怀疑。如果混合所有制真的那么有效率，中国股市怎么还会存在那么多的治理结构低下的国有背景的公司。如果公众公司都无法改善治理结构，对于非上市的国有控股公司的治理结构，我们能保持乐观吗？

不妨以京沪高速铁路股份有限公司为例。京沪高速铁路股份有限公司于2007年在京成立，负责京沪高铁的相关建设与运营。最大股东是铁道部下属的中国铁路建设投资公司，持股56.2%。平安资产有限责任公司牵头的7家保险公司和全国社保基金会为第二和第三大股东，分别持股13.9%和8.7%。但引入平安和全国社保基金就改善了京沪高铁治理能力了吗？没有。

2011年前国家审计署专门针对京沪客运专线进行审计，发现京沪客

运专线在建设过程中发生诸多问题,《京沪高速铁路建设项目2010年跟踪审计结果》显示,2010年该项目存在招投标不合规、资金挪用、伪造虚假发票等问题,涉及金额近50亿元。为什么引入了平安保险和全国社保基金理事会还不能够改善高铁的治理结构呢?

也正是如此,尽管目前京沪高铁运营形势超出预期,但是,平安资产管理有限责任公司和全国社保基金理事会却出人意料地提出了退股要求。两家投资机构于2012年下半年分别提出希望京沪高铁股份有限公司(下称京沪高铁)大股东中国铁路建设投资公司(下称中铁投)代表铁道部回购股份。为什么这两家机构会在京沪高铁即将进入盈利期时提出退股要求,很重要的一个因素就是它们无权过问具体的运营决策。据媒体报道,包括调整运行图、减少发车数量、降低商务舱价格等直接影响其投资收益的重大决策,股东都无权过问,而长期在封闭系统的运营过程中形成的财务不透明,也让投资人无从知晓其真实的收入。在一般人眼中,中国平安和全国社保基金理事会是中国资本市场中呼风唤雨的角色,如果连它们的利益都无法得到保障,就更不要说普通投资人。

换句话说,如果混合所有制的"新政"只是让国有企业多了种从社会上获得资本金的渠道,却没有在公司治理上实现根本的变革,这种新政策就是不可持续的。中国国有企业之所以效率不高,根本原因并不是差钱——而是一直不差钱导致的各种效率低下:不差钱意味着它不需要为运营效益负责,一旦资金告急就可以从政府那里获得急救资金。

还是以铁道部为例,从2006年开始,铁路系统的年固定资产投资规模超过2 000亿元,其后投资额逐年增加,2011年达到峰值8 340.69亿元。如果分析一下铁路建设投资的资金来源就更加清晰,在铁路建设投资中,债务性融资占总融资额的比例过大,2009年后这个比例超过70%,导致铁路的负债金额和资产负债率节节攀升。

换句话说,铁路系统之弊病是典型的国有企业预算软约束之故。要解决国有企业的这个老问题,并不只是吸引社会资本,更要在企业内部治理上有一场脱胎换骨的改变。民间资本有效率就是因为预算约束是硬的,它会想方设法节约各种资源,改进管理方式提高效率,为投资人获得回报。

对于私营企业和普通居民而言,预算约束意味着决策者的收入总量约束着支出选择,因此不能够做一些超过预算收入的事。如果一家国有企业的支出超过了它的预算约束，将会发生什么情况？约束将根据不断出现的超支来调整，企业会得到各种外部帮助。根据经济学家科尔奈在《社会主义体制：共产主义政治经济学》一书中的解释，企业经常会得到的外部帮助主要是以这四种形式出现：通过和政府部门讨价还价的软补贴；按照每家企业单独处理的软税收；陷入困境的企业可以获得银行信贷的"软信贷"以及软价格管制。

无论是哪种帮助，最终都会出现的情况是，当国有企业出现经营问题时，政府可以帮它一把以免走向倒闭。相反，如果这是一家私营企业，它就可能面临破产的风险。这几年之所以会发生"国进民退"，很重要的一个原因就是国有企业比民营企业多预算软约束这口气。不过，必须指出的是，预算软约束并没有在根本上使国有企业摆脱困境，反而使得国企竞争力越来越弱，还恶化了市场竞争环境，扭曲了国企的行为模式——如果我亏损了就能够获得补贴，又何必去费力获得市场认可呢？

尽管这几年来国企的治理结构在形式上得到了很大改善，而且国资委对央企有着各种各样的绩效考核，其指标也不能说不先进，但是都没有改变预算软约束这个现实。一个可以作为佐证的事实是，到目前为止并没有一家央企因为亏损而破产，甚至地方国资国企也很少因此而破产。地方政府在处理地方国资国企经营不善的问题时往往采用重组的方法，由一个盈利公司接下亏损公司的各种负债。

如果混合所有制不能在破除预算软约束上下功夫，最大的可能性就是这些混合所有制企业比其他纯民营企业具备了预算软约束的优势，不必担忧市场竞争的威胁，最终可能是企业内部效率等大幅度下降，既不利于企业，也有损市场竞争。就此而言，如果混合所有制只是需要社会资本而不让社会资本真正参与企业的运营和管理，混合所有制就很难说是成功的。

三、改善企业治理结构与改善市场环境

1980年夏天，时任国务院副总理万里主持召开了全国劳动就业会议，目的是为了解决当年"上山下乡"运动中回城知识青年的工作问题。参加这次会议的绝大多数人士都认为，为了吸收更多的劳动力，政府应当大力兴办企业。但是，国家没有那么多资金怎么办？经济学家厉以宁在这次

会议上提出，可以组建股份制形式的企业来解决就业问题，通过民间集资，不用国家投入一分钱，就可吸收更多的劳动者就业。厉以宁的这次发言，是第一次在高层会议上发出的关于股份制的声音，受到了国务院的高度重视。

从某种意义上说，厉以宁第一次提出股份制是为了解决企业资金来源问题，为了提供更多就业岗位。但是，随着国企改革的深入，股份制不仅仅被视为是解决新办企业的资金来源问题，也被视为改造现有国企治理结构的重要手段。20世纪90年代后推进的国企大规模股份制改造，尤其是通过公开募集股票的方式，不能不说是受此影响。甚至可以说，目前的混合所有制实际上也只是股份制的一种形式。

问题是，为什么在企业的股份制改造以后，企业的绩效不能够得到改善，而民众对国有企业还是存有强烈抱怨？在笔者看来，这可能是有两个方面：一是如同本文前面所说的，大量的股份制改造并未根本改善企业内部治理结构，预算软约束还是大量存在；二是因为政府赋予了国有企业太多的特权，而给民营企业设立太多的准入限制，由此导致市场竞争的不公平，近几年内大规模的"国进民退"就是对此的反应。

如何改造国有企业？在当下中国，可能已经不是通过股份制改造就可以完成的。我们还必须建立一个公平竞争的市场环境。从20世纪80年代开始，吴敬琏教授就不断呼吁在中国建立市场经济，在以他为代表的一批经济学家的不断呼吁下，中国共产党十四届三中全会通过了《中共中央关于建立社会主义市场经济若干问题的决定》，1994年开始，中国实施了财税体制、银行体制、外汇管理体制、国有经济体制、社会保障体制等多方面的改革。正是根据党的十四大和十四届三中全会的总体设计和行动纲领进行的全面改革，建立起了社会主义市场经济的基本框架，奠定了中国经济崛起的制度基础。

必须指出的是，在这一轮改革中建立起来的市场经济还有很多缺陷，还保留着许多命令经济旧体制的"遗产"，主要是政府在资源配置中仍然起太大的作用。21世纪初，在政府职能转变、国有经济有进有退的布局调整和国有企业的股份化改制的问题上出现了停顿甚至倒退倾向，国有企业在若干重要行业中加强了绝对控制和较强控制的垄断地位。所有这些，都妨碍了市场在资源配置中发挥应有的作用。

国有企业改革新路

如何解决这些问题？重塑市场经济可能是我们所需要的努力方向。在政府和市场关系问题上，要让市场在资源配置中起决定性作用。如何起到决定性作用？很重要一点就是努力创造一个公平竞争的市场环境，让企业通过市场竞争实现优胜劣汰，而不是通过各种事先设立的准入限制竞争。只有通过公平的市场竞争，国资国企的效率才能够大幅度改进，否则，更多的股份制改造只能够不断压缩民企的生存空间，既不利于市场竞争，也不利于国企效率改进。

尽管从经营数据来看，国有企业的报表看上去非常漂亮。根据国资委网站的最新消息，2013年度中央企业累计实现营业收入24.2万亿元，同比增长8.4%；上交税费总额2万亿元，同比增长5.2%；累计实现利润总额1.3万亿元，同比增长3.8%。需要指出的是，尽管利润总额非常庞大，但是，绝大多数的利润都来自几家资源垄断型企业。中国石化联合会近期公布的数据表明，2013年石油和化工行业主营收入预计约为13.3万亿元，同比增长9.2%；利润总额约8 900亿元，同比增长8.8%。其中，2013年"三桶油"的营业额约占央企总额的55%，利润更是占央企的70%。

换句话说，目前央企的成功，最大的"功劳"实际上要归结于垄断。香港科技大学教授王勇在《中国的国家资本主义》一文中提出了一个非常有意思的分析视角：位于上游的垄断性国企能从充满活力的下游非国有企业的发展中得到好处，转而成为改革和开放的受益者。

同时，他还提出"国企和私企的关系也从先前的同行业之间你死我活的竞争对手，变成上下游之间互补性更强的共生关系"。

现在的国企和二十多年前相比存在的最大区别就是，目前的市场中存在着大量活跃的私企，为上游的国企提供了活力源泉。如果没有私营经济的繁荣，国企也就成为"无源之水"，二十世纪八九十年代国企的生存状态已经解释了这一点。但是，这种关系是否可以解释为"上下游之间互补性更强的共生关系"呢？值得怀疑。共生关系存在的前提，在于两者都能为对方创造价值。位于上游的国有企业能为下游的民营企业提供这样的价值创造吗？很难。垄断资源的上游国企极有可能成为吞噬下游企业利润的黑洞。

在笔者看来，与其说是共生者，还不如说国有企业是"分食者"。这种繁荣恐不能持久。理由很简单，由于上游国有企业的挤压，近年来下游私营部门的活力日渐消退。一旦下游企业倒闭了，上游国企的好日子也就到头了。

如何不让下游私营部门倒闭？很重要的一点就是要创造一个公平竞争的市场环境，放开准入门槛，引入竞争对手，而不是像现在这样——国有企业引入特定民营合作伙伴，在国资股份占有绝对控制权的时候，这样做只能是引入了一个"分食者"而已。从这个意义而言，笔者不能不对目前中石化宣布在油气销售领域引入民资的改革举措持怀疑态度。更好的举措可能是政府放开成品油零售市场，甚至允许民营企业获得成品油进出口资格。只有引入更多的竞争者，国有资产才能得到保值增值，消费者的权利才能获得保护。

总之，国有企业之所以要改革，并不仅仅是因为国有企业效率低下，更为重要的是低效率的国有企业有损公平的市场竞争环境，它们可以获得比其他市场主体更为低廉的资金、土地等要素价格——如果这些要素配置给民营企业，它们会创造更多的价值。

也正是如此，改革国企必须从如何达成一个更为公平的竞争环境入手。如果市场公平开放，混合所有制的引入就能够提升国企的效率。如果市场不公平开放，垄断国企的混合所有制可能只是增加了一个"分食者"而已，甚至会导致各种腐败。

从这个意义上说，在大规模引入混合所有制之前，我们更需要花大精力去建设一个公平的市场竞争环境，消除针对民营企业的各种准入门槛：民企在绝大多数行业中都能生存，为什么不允许他们进入那些垄断行业？即便成不了中石油、中石化那样的"巨无霸"企业，但是，放几条"鲶鱼"也能让这些"巨无霸"提升效率。

（本文原载于《中国改革》，2014年第4期）

混合所有制改革存在的问题与建议

臧跃茹　刘泉红　杨娟　刘方[*]

一、存在的问题

（一）某些地区国有企业改制进展缓慢，国企混合所有制改制与现代企业制度差距较大

某些地区国有企业改制进展缓慢，国有企业改革初期需要解决的主辅业改制、主辅业分流问题仍未得到解决，遗留至今，使得改制难度和成本进一步加大。尤其表现为人员安置成本越来越高，剥离过程矛盾越来越多。

国企改革案例表明，确实有很多国有企业是事实上的混合所有制了，尤其是那些已经上市的国有企业。改制后混合所有制企业的数量不少，但普遍质量不高，存在具有产权多元化形式但无现代企业制度实质的缺点，由于多在母公司以下层面搞混合，改制的活力和效率等收益均被大股东所消耗或侵占，国有股一股独大、内部人控制或政府过多干预等问题没有解决，公司治理相互制衡的机制不健全，与现代企业制度差距很大。即使是公认的产权多元化改革走在前面的银行体制改革，国有股一股独大等问题仍然突出，银行的运行机制尚待检验。交通银行在股权结构上已实现均衡化与多元化，具有混合所有制经济特征，但交行董事长说："目前银行虽已有混合所有制之名，但尚未达到混合所有制之实，离充分市场化、商业

---

[*] 臧跃茹、刘泉红、杨娟、刘方，国家发展和改革委员会宏观经济研究院研究员。

化的现代商业银行运行机制尚有差距。"

(二) 混合所有制发展中存在对非公经济的歧视或不公正待遇案例

一是参与方对话权不平等。由于某些行业的特殊性、企业的规模差异较大以及缺乏完善的公司治理结构，出现了混合所有制经济的参与方在混合后的企业中没有与其出资额相对应的话语权，甚至难以参与项目的经营管理和对大股东投资经营行为进行有效监督。一直以来，不少民营投资者参与国有企业改革，但是却没有得到公正对待，他们的利益常常被国有股东所侵占。一些大型国有企业特别是垄断企业凭借强大的资金实力和行政权力，在引进了其他所有制资本以后，又通过非正常手段侵吞这些资本的利益，导致这些资本不得不选择退出，使得混合所有制企业又再度"纯国有化"。

二是合作过程不稳定，因为国资委等国有持股机构要求，提出调整已经签订合约的情况，甚至要求民营资本强行退出。

三是混合后待遇差别化。混合所有制企业难以享受与其行业内国有企业同等的待遇。如中国木偶艺术剧院股份有限公司转企改制后，因是混合所有制，在得到的上级扶持上与其他院团一直存在差异。

这一轮改革过程中，民企对未来参股控股国企信心或动力不足。民营企业发展混合所有制存在是"陷阱"还是"馅饼"的困惑。政府是否会拿出国企的优质资产与社会资本重组，还是"甩包袱"？即便混合，一旦发生纷争之后，"黑头"法规能否抵得住"红头"文件？民营企业对于政策的稳定性也充满担忧。国有企业发展混合所有制经济还担心背上"国有资产流失"的名声。

(三) 缺乏多层次、多功能的资本市场等交易平台

在过去国有企业改制中，民营企业购买或交换国有企业股权，均涉及国有资产作价问题。对于资产定价，不同的评估方法决定了资产的不同价格，过去随意性较强。由于缺乏多层次的产权交易市场，只能通过"招拍挂"方式获得资产交易价格，但无法全面反映资产的价值，往往达不到通用资产"招拍挂"所取得的效果。这样使得国有资产当事人也冒着"贱卖"的风险。

(四)混合所有制改革相关的政策准备不足,政府职能缺位

一是国有经济布局产业开放和产权开放具体的政策导向还不明确。虽然基础设施、金融等重要领域已经对民营资本开放,但产业开放中国企民企地位如何?能否保证公平竞争和效率提升?产权开放中对非公资本股比限制如何?这些仍然还没有整体布局。如国家政策要求国有大中型银行要占控股地位,并对外资股东持股比例设置了20%的上限,非公资本想要话语权甚至分庭抗礼需要在顶层设计上予以突破。

二是部分地方政府缺乏契约精神,政府提供基本公共服务的责任缺失。如汇津长春污水公司案例中,政府一直不按合同约定支付污水处理费,最后导致项目失败,政府回购合作方的股权。实践中政府或国有大股东违约、不执行合同的案例时有发生,导致项目最终失败。有些政府对准公共品属性的混合所有制企业或引入混合所有制和PPP模式后的项目缺少应有的支持,往往一改了之或一卖了之,不再承担任何责任。但是,在一些公共品属性和正外部性较强的领域,如市政公共交通,存在市场失灵,追求利润最大化的企业在收入不能补偿成本时,会选择取消客流量较少的线路,过度压缩成本造成安全事故频发,而政府未承担提供基本公共服务的相应责任,如低票价补贴、亏损线路补贴等。又如木偶剧院经营的是传承型文化艺术,具有较强的公共品属性,但是,政府在其转制后对其的支持力度不够,导致木偶剧院改制后面临表演人才断档、市场化宣传费用太高等企业难以承受的问题。因此,在基础设施和公用事业等领域,关键是要完善相关领域特许经营条例。当然,完善价格机制、增强财政补贴及透明度也很重要,只有事先明确收益成本机制并建立长期合理稳定预期,才能吸引非公资本投资进入这一领域。

三是已有政策不支持非公经济控股的混合所有制企业的建立,相关配套不足。根据国企兼并重组的指导意见,没有职工代表大会同意,即使是一般竞争性领域的国企,让民营资本控股也很难实现。同样,现有的国有资产管理体制也不允许非公经济控股。政府对垄断属性的行业监管还没有到位,过去是政府职能不到位可以依靠国企来替代部分职能,引入非公资本后,需要政府加强对其提供的产品或服务质量的监管。但是从国内发生的一些事件看,政府监管远不到位。

(五) 发展混合所有制经济过程中存在不正当行为

这主要表现为混合操作中造成国有资产流失或利益的输送。国有股权的代理人与其他股东串谋起来，将国有资产或者国有股权收益转移到其他股东和代理人自身的手上。华润等央企的腐败案就是典型的例子。另外，操作中不规范行为会导致职工利益受损。有的企业不按规定计算和发放职工身份转换经济补偿金，有的改制只为能够大批裁员，严重损害了职工的合法权益。

二、相关建议

发展混合所有制经济即将进入高度实践化的阶段，要实现混合所有制经济健康发展，下一步关注的重点势必集中在具体的方案和机制设计上。要解决混合发展的动力、范围和路线图等问题，就必须借力多层次、多功能资本市场，加快完善公司治理，加快改革国有资产管理体制，加快推进政府职能转变。

(一) 建立资本混合的动力机制，解决激励相容问题

当前，不管是国有企业还是民营企业，对于发展混合所有制经济均有各自顾虑。理论上，混合所有制企业中存在出资方（国有资本管理者、民间资本所有者）、资本方代表（董事会）以及运营者（企业管理层），应通过制度设计消除这些群体的忧虑，优化这些利益群体的激励机制，从而使得公有资本和非公有资本同时具有混合的动力。

(二) 明确国有经济战略布局，即要明确资本混合的范围

当前影响混合所有制经济发展的最大政策不确定性源于中央缺乏明确的政策细则。这其中，有两个领域需要重点关注：一是产业开放，明确不同行业的分类混合政策细则，明确要放开哪些领域、哪些行业，放开到何等程度；二是产权开放，明确不同类型和层级的国有企业混合政策细则，比如国有企业混合到几级，控股或参股的持股比例如何安排。

（三）制定实施细则，明确发展混合所有制经济的路线图

发展混合所有制经济，在基本方向和范围已经明确的基础上，关键是细化方案和明确实施细则。分行业制定让其他所有制经济成分看得见、进得去、混得好的"线路图"，使非公有制经济能找到进入的结合点和切入点。

（四）加快完善公司治理，促进混合所有制经济规范化发展

为促进混合所有制经济规范化发展，要推动绝大多数混合所有制企业包括其母公司层面进一步健全现代企业制度，形成权责统一、运转协调、有效制衡的法人治理结构。要吸收一定比例的专业化人士进入董事会，董事会下设立若干专业委员会并切实履行职责。加大引进独立董事和外部监事的力度，进一步完善董事会、监事会议事制度，使包括独立董事在内的每一位董事、监事都能够发挥应有的作用，而不是充当"花瓶"。在公司治理机制层面，有必要建立强制性的小股东累计投票权制度，使混合所有制企业中小股东有充分的利益诉求和顺畅可靠的表达渠道。同时，加强制度创新，建议引入"金股"、优先股或特殊管理股等创新手段，有选择地进行员工持股试点，以此丰富混合所有制经济的途径与方式。建议对于关系国家安全和国民经济命脉的少数行业，在实行混合所有制经济的企业中，国有股权可实行具有否决权的"金股"制度，维护国家和全社会的公共利益。也可以将国资以优先股的形式部分留存于改制后的企业中，既满足了国有资产保值增值的现实要求，又保证了民资拥有企业经营的话语权，还可以发挥优先股要求稳定回报的特点，使之成为企业经营者不断提升运营效率和盈利水平的硬性约束。还可以在重要的国有传媒企业转制、股份制改造过程中探索实行特殊管理股制度。另外，可以在竞争性行业、国有企业辅业改制分离过程中或知识密集型国企中考虑员工持股试点。

（五）发展多层次产权交易市场，为混合所有制经济的发展提供了有效运转的平台

发展混合所有制经济，要求产权清晰和流转顺畅，只有建立起产权自由流动的机制，才能实现资本、股权的优化配置。目前要建立和完善多层

次的产权交易市场体系,建立合理的定价机制,加快信息披露建设,促进国有企业和各类企业产权的规范、有序、高效的流转。另外,要重视发挥资产评估、审计等各类中介组织的独立作用,使其服务方式、程序、标准等进一步规范化和科学化,为混合所有制经济可持续发展创造良好的市场环境。

(六)推进国有资产监督管理体制改革,由"管人管事管资产"向"以管资本为主"转变

大多数国有企业成为混合所有制的公司后,国资委作为国有资产监管机构,要由"管人管事管资产向以管资本为主转变",并进一步简政放权,以监管模式的转变提升国有资本的市场活力。建议实施"权力清单"的管理模式,研究监管清单、报告清单和问责清单的权力清单管理机制模式,让政府和监管机构在不该伸手的时候绝不伸手,有效破除政府干预企业经营决策的行为,最大幅度减少涉及企业的行政审批事项,让混合所有制企业真正成为自主经营、自负盈亏、自担风险、自我约束的市场经济主体。彻底取消企业的行政级别,使混合所有制企业去行政化,去部门利益化,切断企业和主管部门之间的利益输送链条。

(七)弥补政府职能缺位,构建促进混合所有制经济发展的健康环境

一是加强政府的信用和公信力。政府应该严格执行特许合同的条款,如及时足额向项目运营方支付费用,补偿企业的政策性亏损,从而为这些领域引入社会资本提供良好的环境,也有利于降低投资成本。

二是一些公共品属性和正外部性较强的领域,政府应继续承担保障公共服务供给的职责,增强财政补贴透明度。如市政公共交通,在引入混合所有制模式后,对企业因政策性低票价或维持客流量较少的线路而造成的亏损,进行补贴。

三是建立合理的风险分担机制。最优的风险分担机制是 PPP 项目的经济活力所在。因此,需要在特许经营协议中明确界定各方的风险,比如项目公司应承担融资风险、建设风险、运营风险,而市场风险、通货膨胀风险、汇率风险和政策变化风险应由政府承担。

四是加强对服务质量和成本的监管。公用事业的提供方由国有企业变

为混合所有制企业后,政府必须加强监管,在特许经营协议中完善与监管相关的条款,建立定期监管和不定期检查相结合的制度。

五是消除非公有制经济发展的体制性障碍,坚持各种经济成分一视同仁、平等对待的原则,最终让多种所有制企业之间顺利相互投资和相互融合。

(八)做好统计数据监测、信用体系建设等基础工作,为制定相关政策提供决策参考

加强相关数据统计,设立专门的统计口径,及时公布各类混合所有制经济的企业户数,以及投资、就业、税收、对国内生产总值贡献等方面的数值和比重,以更好地监测与分析混合所有制经济发展的基本情况和面临的问题,加快信用体系建设,为制定相关政策提供决策参考。

(本文原载于《宏观经济研究》,2016年第7期)

发展混合所有制经济过程中的资产定价

黄卫挺[*]

一、如何正确看待资产定价

资产定价是市场行为,政府如能操控价格——恰恰反映出市场参与不足;资产价格的形成基础不是历史价值,而是它所能带来的未来收益;资产专用性决定战略价值,资产价格确定是个竞价博弈过程,资产交易价格与资产净值的某种程度背离——并不必然说明是"高卖"还是"贱卖";资产评估是定价的必要工作,必须基于市场证据对价值量化。

国有资产的特殊性在于其所有权属性,但其价格并不存在特殊性,也要以其未来收益为基础,国有资产定价也不能特殊化。同时,要对国有资产定价进行监管,主要目的是防止国有企业现有"监管权—所有权—管理权"架构下可能存在的内部交易、合谋等问题,监管目标是让市场真正发挥决定性作用,最有效率的监管是让国有资产在最有效率的产权交易市场中交易。

在国企改革的历史实践中,定价偏低与国有资产流失只是一个硬币的两面,背后的深层次根源是没有真正建立起针对内部交易、合谋等道德风险的有效机制。

混合所有制改革中,资产价格发现同样要依靠市场的力量,由市场来决定。整体思路是按"进场属常态,协议属例外"原则明确制度要求,让大部分国有资产进场交易,并推动与之相适用的配套建设和监管改革,

---

[*] 黄卫挺,国家发展改革委宏观经济研究院研究员。

提高价格发现效率。

二、现行监管框架及实践中存在的问题

(一)现行监管框架

目前,与资产定价相关的监管主要是对上市公司的资产转让监管和企业国有资产转让监管。其中,上市公司的资产转让由《公司法》《证券法》和证券监管部门的相关规章监管。企业国有资产转让主要由《企业国有资产法》和国有资产监管部门的相关规章监管。上市公司监管对信息披露、转让程序等均有更严格和明确的规定,因此其资产定价相对更加科学和公正。由于国企改革和混合所有制改革主要涉及国有资产定价问题,也是社会关注所在,因此下面重点分析国有资产转让的监管制度。

《企业国有资产法》是国有资产监督管理的核心依据,对国有资产的管理、交易等进行了详细规定。例如,第五十四条规定:"国有资产转让应当遵循等价有偿和公开、公平、公正的原则。除按照国家规定可以直接协议转让的以外,国有资产转让应当在依法设立的产权交易场所公开进行。转让方应当如实披露有关信息,征集受让方;征集产生的受让方为两个以上的,转让应当采用公开竞价的交易方式。转让上市交易的股份依照《中华人民共和国证券法》的规定进行。"第五十五条规定:"国有资产转让应当以依法评估的、经履行出资人职责的机构认可或者由履行出资人职责的机构报经本级人民政府核准的价格为依据,合理确定最低转让价格。"

从上述规定可以看出,国有资产价格发现过程存在以下监管要求:(1)除协议转让外,交易必须在产权交易场所公开进行;(2)在存在两个及两个以上受让方的情况下,必须通过公开竞价方式确定;(3)以评估价值为依据设置最低转让价格。

此外,《企业国有产权转让管理暂行办法》(国资委令第 12 号)、《企业国有产权交易操作规则》对上述监管要求进行了细化。综合来看,在实践中:(1)产权交易场所不仅包括上海证券交易所和深圳证券交易所,同时也包括各类全国性或区域性的产权交易中心。(2)公开竞价方式包

括拍卖、招投标、网络竞价以及其他竞价方式。(3) 原则上最低转让价格是评估结果的 90%。交易价格低于评估结果的 90%，应当暂停交易。在交易流程设计中，也存在 90% 的红线。

从上述细化条款可以看到，在现有监管框架下，国有资产转让过程中的价格发现主要以资产评估结果为基础。对于国有资产的具体评估要求，《国有资产评估管理办法》（国务院令第 91 号）、《企业国有资产评估管理暂行办法》、《资产评估机构审批和监督管理办法》（财政部令第 64 号）等文件也进行了详细规定：(1) 评估的程序包括申请立项、资产清查、评定估算、验证确认。(2) 评估的方法：国有资产重估价值根据资产原值、净值、新旧程度、重置成本、获利能力等因素和各办法规定的资产评估方法评定。具体包括收益现值法、重置成本法、现行市价法、清算价格法、规定的其他评估方法。

（二）存在的主要问题

通过上述梳理可以看到，我国企业国有资产转让及定价的最大监管特点是：价格确定遵循市场化原则，如对产权交易所和竞价机制的要求，但同时也设立了防止国有资产流失的交易价格红线，即评估结果 90% 的下限约束。由于整个交易程序设计和监管方面的问题，上述监管方案仍然存在很多漏洞，难以有效防范国有资产实际成交价格被人为扭曲。

1. 制度设计缺乏明确的细则，既为"该进不进"提供了漏洞，也导致了实践中的所有权歧视

(1) 缺少场内外交易的明确边界和确切条款，为"该进不进"提供了漏洞。按照《企业国有资产法》，除按照国家规定可以直接协议转让的以外，其他转让均必须在产权交易所公开交易。在《企业国有资产法》下，国务院国资委等部门印发了《企业国有产权转让管理暂行办法》、《关于国有企业产权转让有关事项的通知》（国资发产权 [2006] 306 号)，对可协议转让的条件和范围进行了进一步规定。《企业国有产权转让管理暂行办法》规定的两个许可条件是：一是"经公开征集只产生一个受让方或者按照有关规定经国有资产监督管理机构批准的，可以采取协议转让的方式"。二是"对于国民经济关键行业、领域中对受让方有特殊要求的，企业实施资产重组中将企业国有产权转让给所属控股企业的国有产权转让，经省级以上国有资产监督管理机构批准后，可以采取协议方式转让国有产权"。

《关于国有企业产权转让有关事项的通知》规定的两个许可条件是：一是"在国有经济结构调整中，拟直接采取协议方式转让国有产权的，应当符合国家产业政策以及国有经济布局和结构调整的总体规划。受让方的受让行为不得违反国家经济安全等方面的限制性或禁止性规定，且在促进企业技术进步、产业升级等方面具有明显优势。标的企业属于国民经济关键行业、领域的，在协议转让企业部分国有产权后，仍应保持国有绝对控股地位"。二是"在所出资企业内部的资产重组中，拟直接采取协议方式转让国有产权的，转让方和受让方应为所出资企业或其全资、绝对控股企业"。整体来看，这些规定均属原则性，可协议转让的边界并没有被实质地明确界定出来。

（2）实践中所有权属性成了是否进场的主要依据，存在一定的所有权歧视。由于制度设计缺乏细则，一方面"该进不进"没堵住，另一方面也形成了严重的所有权歧视。很多国有企业为了避免被扣上"国有资产流失"的罪名，实践中形成了一定的惯例：国有产权转让给非国有经济部门的进场交易，转让给国有经济部门的则采取协议转让方式，即所有权属性成了"进不进场"的主要依据。2013年发布的《关于中央企业资产转让进场交易有关事项的通知》更是把协议转让的审批权力授予中央企业。该通知第一条规定："涉及企业内部或特定行业的资产转让，确需在国有、国有控股企业之间协议转让的，由中央企业负责审核批准。"

在与某央企相关人员的访谈中了解到，该企业近三年开展了大量产权买卖，但卖出的资产或产权均是以协议转让方式给了其他国有或国有控股企业。进一步了解发现，在该企业所出售的下属企业中，并不是没有民营企业感兴趣，有的民营企业甚至出价更高，但是为了避免"不必要的麻烦"，最终选择了国有企业为交易对象。

2. 监管架构未触及现实利益关系，无法真正制止内部交易、合谋等发生

（1）产权交易所的发展与监管尚不成熟，不少地方的交易所行政化色彩浓重，独立性较差，与资产交易方的关系不局限于简单的"用户—平台"关系。据中国证监会有关部门的研究和大量媒体报道，有的产权交易所并未形成真正的市场，只是给"手拉手"进来的企业办个登记手续而已，并没有真正意义上的信息披露和充分竞价。"手拉手"，是业界对于产权转让中买卖双方事先在场外谈妥，到场内"一对一"转让的形象比喻。

（2）缺乏利益输送阻断机制，国有资产监管部门与国有企业之间的监管与被监管关系有时十分脆弱。

（3）企业用"非同比例增减资"手段规避监管。公司部分股东拟从该公司撤资，即非同比例减资；公司部分股东或者是新的投资者拟对一个老公司注资，即非同比例增资；这两种行为都会引起公司原有股东持股比例的变化。由于对非同比例增减资还没有建立全国统一的监管办法，目前只是靠各地方监管部门各自发文监管，且监管力度并不如国有企业产权转让，因此，很多企业采取非同比例增减资的方式间接实现国有产权转让，由于不需要进行产权转让的挂牌手续，无法形成有效的市场价格，也可能存在国有资产流失的风险。

（4）资产评估机构缺乏独立性，操控评估结果的现象时有发生。在国有企业、国有资产监管部门、产权交易所、资产评估机构的上述关系下，各类弄虚作假和合谋行为存在极大的操作空间，国有资产转让的实践程序往往与监管所要求的程序相背离，比如对交易信息的披露、招商谈判、竞价评选、交易对手的确定等资料秘不示人，用合法掩护非法。通过合谋压低国有资产转让价格并不鲜见。

朱红军等研究过宇通客车的管理层收购案件，发现现行国有产权分级管理制度、国有资产处置收益权利划分制度导致中央和地方政府间目标利益的不一致，在国有企业管理层收购的管制方面，地方政府与国资委、财政部、中国证监会等中央级政府部门间有着不同的管制策略，充当了不同的行为角色，甚至出现地方政府与地方国有企业合谋巧妙地规避中央政府部门管制政策的现象。

3. 评估后置和刻意操纵问题严重，存在多种不规范行为

在现有监管架构下，资产评估是形成交易基准价格的基础，但评估实践中也存在诸多问题。

在技术方面：（1）评估方法选择与参数设定。评估报告往往对不同种类的标的采用各异的评估方法，而且各评估机构在具体评估过程中采用的参数也不同,这导致同一交易标的由不同评估机构评估得出的结果可能大相径庭。(2)无形资产评估存在障碍。在许多实际工作中,无形资产未评估即出让的现象普遍存在,原因在于无形资产评估缺乏定性定量标准,即便评估也因与市场价值严重脱节而缺乏实用性。

资产评估最大的问题还在机制方面:(1)评估后置和倒推评估现象突出。按照正常的逻辑关系,资产评估工作应该先于交易谈判,然而很多国有资产转让过程中,往往是"先谈判后评估",以谈判结果"倒推评估"。(2)刻意提高评估结果实现协议转让。一些企业先通过操控评估,形成一个较高评估结果,即使按照90%的红线标准也找不到受让方,之后以此为由申请协议转让,将交易转至场外。

总体而言,目前我国资产评估的象征意义大于实质意义,在资产评估行业管理体制和评估行业发展尚不成熟的情况下,评估客观性和独立性不足,很多情况下评估工作只是为国有资产转让加了一道事务性程序。更有甚者,由于现行监管框架下根据评估结果划定了成交价格的红线,一些人认为成交价格应该由评估说了算,而排斥和放弃市场的决定性力量。这样,在评估机构与交易双方的共同合谋下,以操纵评估结果来操纵交易价格,最终导致国有资产披着程序合法的外衣被非法侵占。

三、有关政策建议

混合所有制改革中,资产价格发现同样要依靠市场的力量,由市场来决定。整体思路是进一步按"进场属常态,协议属例外"原则明确制度要求,让大部分国有产权进场交易,加快产权交易市场改革发展,推动与之相适用的配套建设和监管改革,提高价格发现效率。具体建议如下:

(一)按"进场属常态,协议属例外"原则,制定例外清单和例外审查制度,清单之外的国有资产转让一律进所交易

首先,要对《企业国有产权转让管理暂行办法》中提到的"特殊要求"进行明确界定,按资产的专用性和国家战略意义制定例外清单,并制定详细的操作规范,清单内的国有资产将采取协议转让方式,到相应权限的监管部门核准。清单之外的国有资产转让,一律进入交易所交易。其

次，如果进场之后确实出现"只有一个受让方"或找不到受让方的情况，要优先考虑延长挂牌时间，确需调整挂牌价格再上市的，要上收审批权限。按照资产评估价值的大小（不以隶属关系为标准），限额以下由各省级人民政府审批，限额以上则由国务院国资委会同相关部门省市共同审批。最后，对于国有企业引入战略投资者等情况，则要建立严格的例外审查机制，聘请独立的第三方对引入战略投资者的必要性和可行性进行论证，最终方案由省级政府和中央政府从严审批确定，对于通过例外审查的国有资产定价，要按照商业惯例，聘请独立的中介机构与潜在受让方进行询价议价。

（二）加快改革和发展产权证券交易市场，允许更多企业在全国性交易所上市

提高定价的公正性、科学性是国有资产监管的重要目标，也是市场追求的目标，从国际经验来看，全国性的产权和证券市场是发现资产价格的最佳地点。因为全国性的证券市场往往拥有专业的中介服务、相对完善的信息披露机制、更多的参与者以及专业化监管。目前看来，在全国性交易所上市是最有效的竞价机制。应对《证券法》等相关法案，以及沪深两市的上市规则进行修订和调整，以允许更多企业在全国性交易所上市，进行资产和股权交易，真正让价格由市场力量决定。

（三）建立供地方交易所对接的全国性交易信息平台，解决信息披露问题

不管从市场规模还是利益分配角度，不可能让所有企业都进入全国性交易所交易，但地方性（含区域性）交易所又受到地域以及自身影响力的限制，在信息发布和传播等方面存在相对不足。信息不对称、不透明是合谋等现象发生的核心条件。因此，建议在允许国有资产在不同地区、层次产权交易所上市交易的大框架下，建立全国性的国有资产转让信息（网络）平台，让各地方产权交易所将国有资产转让信息对接至该网络平台，通过该平台集中发布。这样可以解决信息披露不充分的问题，扩大受让方，通过竞价机制更好地发现公允价格。

（四）加快建立混合所有制改革的法定程序规范，以严格程序监管替代交易价格数量限制

当前，在法律层面仍然缺乏国企改革的程序管制和规范，比如，《企业国有资产法》虽然就企业改制等问题设置了专章，但授权意味过于浓重，授权的同时并没有建立相应的法定程序管制体系。为此，建议根据混合所有制改革的实践要求，重点就以下三个程序进行立法：一是决策程序，明确混合所有制改革的触发条件、法定决策程序以及利益相关方的权责。二是实施程序，这是法定程序的核心。围绕"进场属常态，协议属例外"原则，明确进场交易的基本流程和规范，完善进场交易过程中的交易所选择、信息披露、资产评估等监管制度。三是监管程序，要本着"法定职能必须为、法无授权不可为"的原则，推动监管机构、职能、程序、责任的法定化，严格督导各项法定程序的有效实施。改革现有的国有资产转让监管机制，建立针对内部交易、合谋的专门条款与责任追究制度，以明确的程序规范和严格的程序监管替代价格数量限制，在阻击非法侵占国有资产的同时，最大限度地发挥市场决定性作用。

（五）加快配套领域的立法工作，建立"法定审计+法定评估"体制

首先，建立"法定审计"机制，在国有产权转让前进行强制性专项审计，重点针对近三年的产权变动以及各项关键性经营领域展开专项审计。其次，发展混合所有制经济不仅涉及国有资产定价，也涉及非国有资产定价。建议加快制定适用不同所有制资产的《资产评估法》，从法律层面明确资产评估行业的管理体制和运行机制，并对国有资产转让进行强制性评估，即"法定评估"，明确评估过程中的权责关系。同时，加大改革力度，大力培育和引进专业化的资产评估机构，建立行业自律机制，提高资产评估的独立性和公正性。

（本文修订于 2015 年 12 月 10 日）

国有企业混合所有制改革引入民营企业，关键在确定公允价格

*潘向东**

20世纪90年代的时候，中国进行了一场国有企业的改革，改革主要围绕抓大放小，增强国有企业的活力。毫无疑问，那场改革使国有企业建立了现代企业的治理结构，董事会、经营层的职权相对明确，摆脱了过去那种纯行政的内部管理体制，一些企业也摆脱过去那种沉重的"软预算"约束，国有企业在随后的十几年，迎来了史无前例的快速发展期。但由于那场改革缺乏相对完善的市场秩序，导致中小国有企业在"放给民营"的改制过程中，出现较大面积的国有资产被贱卖，导致本来属于全民的国有资产流失到一些权贵资本手中，人为地加剧了社会分配不公。这一直为学界所诟病，也导致很多人以此否定甚至攻击中国的市场化改革，认为那是瓜分国有资产的"盛宴"。

国有大中型企业经历了十几年的快速发展，目前无论是规模还是盈利能力都已经与十几年前的企业不可同日而语了。但这些企业到现在也到了需要进一步改革的时候。由于大中型国有企业的主要管理人属于国家行政序列，代为管理国有资产，甚至与政府行政人员之间交叉任命，这就容易产生政府既是市场的裁判员，又是市场的参与者。双重角色的弊端也随之出现：一是产生市场不公，裁判员的角色会导致资源会向国有企业倾斜，对与其竞争的民营企业产生不公；二是很容易产生国有企业主管部门、企业管理者和员工之间"共谋"，导致资源配置效率极低，"他们一致同意

---

* 潘向东，中国银河证券首席经济学家兼研究所所长。

国有企业改革新路

面对分配给他们的资源，向上司承诺较少的产出，并提供给上司较少的产品。这样就会出现他们可以控制并可部分用于他们自身福利的剩余"。由于大中型国有企业的主要管理人缺乏明确的激励机制和约束机制，导致他们寻求体制上的不完善，寻求寻租、用人唯亲，或完全不作为去避免事后的追责。例如：国有企业在采购和业务关联方的确定过程中，会去选择可以日后能获取寻租的合作方，造成国有资产的流失；在用人方面会去提拔较亲近的人或者招收较亲近的人，尽管公司治理流程都已经相对较完备，但由于制度的落实都是内部人控制，导致出现所走的流程都是"虚假流程"。

目前，新的一轮国有企业改革已经在推动，把国有企业分为商业类和公益类，商业类的国有企业将实施混合所有制改革，对商业类国有企业的管理，主管单位更多是管理资产的保值增值，政府对国有企业将建立管理的负面清单。这种进一步加强国有企业的发展，进行公司治理结构的理顺，实现混合所有制，当然会更有利于国有企业的做大做强。

国有企业的主管单位从过去的全面管理过渡到管理国有企业主要领导任期内的资产保值增值，是实现了跨越，但企业的发展本身就是长、中、短相结合，短期的效益好，有时候是以牺牲企业的中长期发展为代价。在这方面我们曾经吃过苦果，以前考核地方政府主要是 GDP 增速的考核，当然这样积极地调动了地方进行经济建设的积极性，但与此同时，由于地方政府的领导均有任期，这就导致他们的理性选择就是在任期内疯狂地追求短期 GDP 增速，而不去关注所任职地方的经济可持续发展。其结果就是政府负债的过度透支、环境的过度破坏、为了政府工程去采用对民营企业"竭泽而渔"的税费透支等。

在市场秩序都还有待完善的时候，如何有效地进行国有企业的混合所有制改革，这是一大考验。在一个法制化的市场秩序环境下，国有资产的评估和公允价格的确定均以市场价格为基础，进行混改的参与方也不需要去担心是否存在国有资产流失和事后追责。但在市场秩序不完善的条件下，强势型政府为主导，是否会出现"权商"勾结，贱卖国有资产？会否出现目前的市场评估价格相对公允，但几年之后快速增值，被事后追责为国有资产被贱卖？国有企业的进一步做大做强，是否会进一步挤压民营经济的发展空间？是否会加剧全社会资源配置的扭曲，加剧垄断资本的形成？

尽管会建立政府管理企业的负面清单，但是由于国有企业的主要领导由主管单位任命，那么主管单位的领导很容易运用正规的和非正规的途径进行干预，或者是冠以他们所理解的公共利益需要、政治政策需要等理由进行干预。这种干预的压力所带来的"寻租"或"勾结"，必然会是扭曲的委托代理机制，也容易导致国有企业经营目标的多元化。这些在新的一轮国有企业改革过程中如何去避免英国撒切尔夫人当年国有化改革的经验教训也许能为我们提供一些借鉴意义。

1945年7月，工党出身的艾德礼出任英国首相推行其以计划为主体的改革政策，兴起了英国第一次国有化的高潮，国有化主要集中在重化工业、金融业和基础设施行业。从1945年10月通过《英国银行法》，将英格兰银行的全部资本收归国有，到1949年11月通过钢铁国有化法令，启动大部分钢铁企业国有化，历时5年多，使英国的国有工业占英国工业的20%。到了20世纪70年代，工党的威尔逊当选为首相，为了摆脱经济低迷的现象，再次启动了国有化运动，把英国的制造业和高科技领域的企业，包括汽车、宇航、电子、船舶等行业均实施国有化。

但是，国有化的进程并没有阻止英国经济低迷和扭转英国经济国际竞争力的下降；相反，从已有的数据来看，还进一步扭曲了资源的配置。从20世纪60年代开始，国有企业的投资回报率远低于私人企业，20世纪70年代起，国有企业的投资回报率为零，国有部门的综合利润率在大多数年份都是负数。在1970年至1989年期间，煤炭、煤气、电力和电信国有企业中，雇用的平均费用分别高出社会平均水平的21%、38%、18%和18%。

在面临20世纪70年代全球发达经济体持续的"滞胀"时，英国国内便把这种"滞胀"更多归结于国有化的低效所致。1979年撒切尔夫人顺应这种民意对国有企业进行改革：首先，严格约束财政资金，对国有企业的管理从偏重立法和行政手段的直接管理转向运用市场进行间接管理，扩大董事会权限，努力提高效益；其次，出售盈利的国有资产，实现国有资产从公共部门向私人部门转移；最后，放松管制，打破国家对产业垄断的格局，取消新企业进入产业的行政法规壁垒，引入私人资本的竞争。

撒切尔夫人所领导的政府国有企业改革的核心是鼓励国有资产出售，

国有企业改革新路

以加快国有企业私有化，尽管英国政府在很多企业仍然保留了股份，有的直接保留了控股权，例如英国宇航公司和英国石油公司等，有的企业中政府保留了"黄金股"，保留有否决权，例如英国电信公司和美洲虎汽车公司等。

从20世纪90年中国国有企业"抓大放小"的改革中我们知道，国有资产的出售关键在于出售价格的确定。英国国有企业也一样，假若按照市场上通行的办法，例如通过投标竞价确定价格或者市场价格，其实是很难操作的。因为很多国有企业涉及的是垄断经营，竞争者很少，缺少可供参考的私人企业，很难找到可供参考的市场价格，而股票市场的价格波动又比较大，容易受整个股市环境的影响；采用竞价的方式则因其资产规模庞大，很难吸引中小型投资者，出售给海外容易出现安全问题，因此可选择的竞价者相对较少。为了避免国有资产的流失，英国政府主要采用事先确定的市场价格出售，主要参考股票市场价格。例如对英国电信公司、英国煤气公司和英国航空公司采用发行股票的方式出售。

尽管英国政府的国有企业改革，特别是私有化的加快，让英国甩掉了国有企业的包袱，减少了财政补贴，盘活了国有资产，使企业的活力得到了提升，但是由于国有企业改制后，其股价都出现了不同程度的飙升，这成为后来者攻击此次改革导致了国有资产流失、加剧了分配不公的重要依据。

英国的法制环境比较健全，市场秩序相对完善，其20世纪80年代的国有企业改革尚且遭到国有资产流失的质疑，这对我们目前市场秩序仍然有待完善的条件下启动国有企业的混合所有制改革而言，更需要努力去避免这一次改革成为权贵资本侵吞国有资产的又一道盛宴。股票市场尽管可以成为有效的国有资本公允市场价格，但在国有企业未来需要进行混合所有制改革的预期下，需要尽量避免出现国有企业的管理层"默契"地做低业绩，抑制股价，或者在市场相对低迷的时候快速启动混合所有制改革等，变相地实现国有资产的流失。

（本文节选自专著《真实繁荣》，社会科学文献出版社2016年8月版）

国有企业实施员工持股典型案例研究

赵 雷[*]

目前,员工持股制度正如火如荼地开展,但我国尚没有明确的法律法规对员工持股制度进行指导和规范,实施员工持股制度的国有企业多数处于探索阶段,特别是在国企改革的大背景下,我国的员工持股很难有统一的模式和方案。笔者通过实地走访苏美达集团、江西盐业集团、上港集团等,了解我国国企推行员工持股制度的进展及遇到的障碍,以期为下一步国企开展员工持股制度提供一些借鉴。

一、我国国有企业推行员工持股的典型案例

(一)苏美达集团——推行员工持股较早的非上市国企

1. 企业基本情况

苏美达集团成立于1978年,前身为中国机械设备出口公司江苏公司,是国机集团贸易与服务板块的骨干力量。经过近40年的发展,苏美达集团走出了一条从单纯贸易公司向"贸工技"一体化企业转变、再向"专注于贸易与服务、工程承包、投资发展的国际化、多元化现代制造服务业集团"转型的发展之路。2015年,在国内外经济下行压力不断加大的形势下,公司完成营业收入417.52亿元,利润总额13.59亿元,EVA8.19亿元,实现了逆势增长。2016年1~5月份,公司实现营业收入162.36

---

[*] 赵雷,国家发展改革委经济体制与管理研究所研究员。

亿元，同比增长 6.3%，其中，进出口总额 18.35 亿美元，同比增长 12.65%；利润总额 3.37 亿元，同比下降 9.99%；EVA1.83 亿元，同比下降 10.87%。在公司持续发展过程中，员工持股制度发挥了重要作用。

2. 集团员工持股实施情况

（1）实施背景：20 世纪 90 年代中期，随着国家外贸体制改革的深入，大量民营企业进入外贸领域，传统国有外贸企业的垄断地位被打破，普遍陷入经营困境，人才外流形势严峻，如何留住优秀业务人才成为苏美达集团急需解决的问题。1994～1997 年，集团陆续有 50 名以上的骨干人员（1998 年苏美达集团员工总数为 250 人）成建制辞职，创建个体或股份制贸易公司，与集团展开竞争。1998 年，苏美达集团实施企业集团化改革，成立六大业务子公司，并同步实行骨干员工持股制度。

（2）基本原则：一是"存量不动，增量改制"。集团 1998 年以前的国有存量资产没有任何权属变化，改制部分为新出资的增量资产，由集团和骨干员工按 35% 与 65% 的股权比例以现金出资新组建六家业务子公司。二是保证国有控制。集团制定和实施总体发展战略以及统一的治理政策、组织政策、财务政策、人事政策等，保证集团整体经营质量和经营安全，通过各项制度设计确保集团为六家业务子公司的实际控制人。三是切实防止利益输送。集团总部不从事任何经营活动，主要承担管理、监督、保障职能；下属业务子公司是经营主体，具体从事相关业务领域的专业经营，确保集团与下属子公司之间不存在关联交易和利益输送。四是股权实行动态调整。员工所持股权与岗位和业绩紧密挂钩，每年进行调整，避免利益固化。

（3）参加对象：持股员工必须是与公司签订正式劳动合同、服务年限满三年、主管级岗位以上的在岗职工，且最近一个年度绩效考核结果为优秀。目前，集团参与员工持股的均为骨干员工，共 1 200 余人，约占全体员工总数的 12%。

（4）资金来源：员工以现金出资，一次性认购。

（5）股权定价：以经审计的企业账面资产净值进入。

（6）股权来源：集团和员工按 35% 与 65% 的股权比例以现金出资新组建六家业务子公司。

（7）持股期限：长期。实行动态管理，人走股退。

（8）持股规模：每家业务子公司的员工持股总量均占子公司注册资本的65%，且始终保持股权比例不变。个人持股限额最高不超过8%；具体持股比例依据人员岗位、职务、责任、业绩贡献等实际情况每年进行调整。

（9）管理主体：通过职工持股会统一持有、管理。职工持股会下设管理委员会，定期公开持股会管理事务，听取持股员工意见。由于中国证监会规定采取职工持股会管理方式不能上市，苏美达集团正积极推行有限合伙企业管理主体，通过设立多个有限合伙企业，组建有限合伙平台，统一管理员工持股事宜。

（10）持股权益：收益权及有条件的资产处置权，重大经营投票权、决策权上交苏美达集团。员工股权不得继承、赠与、交易、抵押及转让（包括内部转让）等，其进入、退出以及增减变动一概交由公司、职工持股会统一管理。

（11）退出机制：员工不在企业任职后，一律退出，股权退出价格按经审计的企业账面资产净值计算。

3. 突出特点

苏美达集团的员工持股制度最突出的特点是实施股权动态调整，由职工持股会下设的专门工作委员会根据员工岗位变动情况以及年度绩效考核结果，统一管理员工股权的"进、退、增、减"，每年对员工所持股权比例调整一次，防止利益固化。具体做法如下：一是将股权比例设置与岗位及业绩考核体系相结合，实现员工股权份额与岗位和业绩的紧密挂钩；二是建立股权转让与退出机制，明确股权回购定价依据，避免持股固化；三是持续进行增资扩股，为股权调整奠定基础；四是通过股权分红，解决员工入股资金来源。集团员工持股特殊之处在于，由于集团没有经验业务，允许集团向下持股，即持有下属六家子公司的股权，规模约占到10%。

4. 员工持股成效

集团化改组并实施骨干员工持股后，集团不断总结经验，完善各项制度建设。经过十余年的发展，目前已建立了一套与岗位和业绩紧密挂钩、员工利益与企业利益紧密结合、动态调整、运转顺畅的员工持股制度体系，保证了核心员工队伍的稳定，保障了业务持续健康发展，取得了积极成效。

（二）江西省盐业集团——近期推行员工持股的非上市国企

1. 企业基本情况

江西省盐业集团公司成立于 2005 年，于 2014 年 4 月被指定为江西省混合所有制改革的首家试点企业。江盐集团以整体混合所有制改革方式实现股权多元化，通过增资扩股方式，在江西省产权交易所公开挂牌，引进战略合作者。同时，集团经营层推行核心骨干员工持股，将江盐集团整体改制为混合所有制企业。改制后，江西省国资委保持相对控股，股权比例 46.92%；四家战略投资者合计现金出资 6.2 亿元，股权合计 47.15%，公司核心骨干员工以现金出资 7 800 万元，占股本总额 5.93%。2016 年 1~5 月，江西盐业运行平稳，经济效益大幅提升，累计实现营业收入 6.7 亿元，与 2013 年同期比增长 5%，利润总额 6 116 万元，与 2013 年同期相比增长 77%。预计 2016 年全年实现营业收入 18 亿元，利润 1.2 亿元以上。

2. 集团员工持股实施情况

（1）实施背景：伴随着集团混合所有制改革的步伐，江盐集团实施核心骨干员工持股。

（2）基本原则：遵循"同股同价""岗变股变""人走股退"等原则，确保政策合规、程序规范、公开透明，同时，制定了有序的股权流转和退出等机制，实现激励与约束相结合，形成了资本所有者与劳动者利益共同体，建立了充分调动员工积极性、主动性和创造性的长效机制。

（3）参加对象：一是集团本部高级管理人员及中层正副职；二是重要二级子公司高级管理人员及中层正职；三是其他二级子公司高级管理人员。参与持股总人数 146 人，基本涵盖了对企业经营业绩和持续发展有直接或较大影响的经营管理人员、业务、技术骨干。

（4）资金来源：由持股员工自筹，最低 30% 现金出资，其余 70% 由持股员工自行通过银行抵押贷款。国有股东、企业及关联方不提供任何形式的借款担保及资金借贷。

（5）股权价格：坚持同股同价原则，核心骨干员工持股的入股价格与外部战略投资者在省产交所摘牌的增资扩股对价一致。

（6）股权来源：存量不动，在增量上下功夫，以员工持股方式引入资本投资。

（7）持股期限：长期。实行动态管理模式，岗变股变，人走股退。

（8）持股规模：核心骨干员工以现金出资 7 800 万元，约占股本总额的 5.93%。

（9）管理主体：由持股员工共同出资，分别组建三个持股平台公司（投资有限公司），再由持股平台公司对江盐有限直接持股。持股平台公司经营范围设定为股权管理，不从事其他经营性活动，从制度上防止利益输送。所有持股人按实际出资额享有股权所有权和收益权，持股平台公司的全体股东授权股东代表（法定代表人）行使江盐有限的股东权利。

（10）持股权益：核心骨干员工持股与岗位紧密挂钩，持股人岗位职级变化，所持股权相应调整。

（11）退出机制：持股人正常退休、与企业解除劳动关系、合同期内丧失劳动能力、死亡等不再适合参加持股的情形，必须退出其所持股权，保持核心骨干员工股权正常流转和有序退出。

3. 突出特点

江盐集团员工持股方案的突出特点是建立了完整的股权转让机制，具体方式如下：一是核心骨干员工持有投资平台公司的股权在平台公司内封闭流转，不对外转让；二是持股员工与江盐有限解除或终止劳动关系的，其股权转让给其他符合持股条件的核心骨干员工或由持股平台公司回购；三是持股员工职级晋升或新入职核心骨干员工，可以受让持股员工减持或退出的股权，也可以受让持股平台公司的股权；四是持股平台公司建立股权流转现金池，资金来源为持股平台公司设立时所募集的资金余额和持股平台公司存续期间的未分配分红，现金池资金可用于受让持股人按规定减持或退出的员工股权。核心骨干员工持股平台公司共筹集资金 8 030 万元，实际股权投资 7 800 万元，现金池资金初始余额 230 万元，占总投资的约 3%，保证了股权正常流转的资金调剂需求。

4. 员工持股成效

江盐集团核心骨干员工持股方案，形成了资本所有者和劳动者利益共同体，激发了企业活力与员工能动性，促进了企业体制机制创新，核心骨干员工同时肩负股东身份，责任感、主动性与归属感得到大大提升，为集团下一步有效吸引、激励和保留核心员工，促进公司可持续发展奠定了良好基础。

(三) 上港集团——第一家推行员工持股的上市国企

1. 企业基本情况

上海国际港务（集团）股份有限公司（简称上港集团）是我国境内最大的港口企业，成立于 2005 年 6 月 28 日，2006 年 10 月 26 日在上海证券交易所挂牌上市。集团于 2014 年 11 月实施员工持股计划。

2. 集团员工持股实施情况

（1）实施背景：一是体制创新，深化公司混合所有制改革。上港集团作为国资控股混合所有制上市公司，先行先试，积极推进并深化混合所有制发展，探索建立员工持股的长效机制。二是进一步完善公司治理结构，巩固公司长期可持续发展的基础。上港集团作为我国境内最大的港口企业，近年来取得了良好的经营业绩。员工持股计划的实施有助于建立和完善公司与员工的利益共享机制，进一步增强职工的凝聚力和公司发展的活力，提升公司治理水平，从而更好地促进公司长期、持续、健康发展。

（2）基本原则：依法合规、自愿参与、风险自担。

（3）参加对象：参与的员工总人数为 16 082 人，12 名董事、监事和高级管理人员认购份额占持股计划总份额比例约为 1%，其余的 99% 由上港集团和下属相关单位的 16 070 名员工自行认购。参与员工人数占集团总人数的 72% 左右。

（4）资金来源：参加员工的合法薪酬及其他合法方式自筹资金。

（5）股权价格：非公开发行股票的价格为 4.33 元/股，不低于定价基准日前 20 个交易日公司 A 股股票交易均价的 90%。

（6）股权来源：集团非公开发行的股票。员工持股计划持有的股票总数不包括员工在公司首次公开发行股票上市前获得的股份、通过二级市场自行购买的股份及通过股权激励获得的股份。

（7）持股期限：员工持股计划的存续期为 48 个月，前 36 个月为锁定期，后 12 个月为解锁期。解锁期内，员工持股资产均为货币资金时，持股计划可提前终止。持股计划的存续期届满后未有效延期的，持股计划自行终止。

（8）持股规模：认购员工持股计划的总份额不超过 181 860 万份，总金额不超过181 860万元，最终参加员工持股计划的员工人数及认购金额根据实际缴款情况确定。

（9）管理主体：由集团员工持股计划全体持有人组成了持有人大会；"长江养老"为员工持股计划的资产管理机构，维护员工持股计划的合法权益，确保员工持股计划的财产安全。

（10）持股权益：锁定期内，在有可分配的收益时，每个会计年度可以进行收益分配，持有人按所持份额取得收益；解锁期内，资产管理机构陆续变现员工持股计划资产。计划终止并清算后，所有现金资产按持有人所持份额分配给持有人。

（11）退出机制：存续期内，除出现司法裁判必须转让的情形外，持有人不得转让所持份额，也不得申请退出。存续期届满或提前终止后30个工作日内完成清算，资产管理机构将员工持股资产以货币资金形式，按持有人所持份额分配。持有人丧失民事行为能力的、退休的、离职或调动的，其持股份额及权益不受影响；持有人死亡的，其持股份额和权益不作变更，受益权由其合法继承人享有。

3. 突出特点

上港集团的员工持股方案引起了社会的广泛关注，主要有如下特点：一是认购资金规模大，拟向公司员工持股计划非公开发行约4.2亿股股票，募集资金总额约18.19亿元，堪称国企改革中员工持股资金规模最大的一次"混改实验"。二是参与人员多。共有16 082名员工参与上港集团员工持股计划，人员覆盖面高达70%。三是市场化托管运营。由市场化保险机构"长江养老"，作为员工持股计划的法定管理机构和市场运营主体。

4. 员工持股成效

据介绍，尽管上港集团员工持股计划还未最终完成，但企业内部已初步显现出了联动效应，"人均出资10万元，既是员工也是股东，明显表现出了对企业发展的自觉关切"。这一改革将股权、劳动成果和公司利益紧紧地捆绑在了一起，尽管3年后才会兑现，但很多员工开始对公司二级市场的价值高度关注。

二、典型案例员工持股的关键要素分析

结合《关于国有控股混合所有制企业开展员工持股试点的意见》（以下简称《意见》）中规定的员工持股关键要素，对上述三家员工持股计划做简要分析。

（一）基本原则

《意见》针对国有控股混合所有制企业开展员工持股试点设立，采取的基本原则是"依法合规，公开透明""增量引入，利益绑定""以岗定股，动态调整""严控范围，强化监督"，是有效结合国企员工持股实践而设立的，具有很好的指导意义。从实际操作来看，三家国企基本遵循了上述原则，如苏美达集团坚持"存量不动，增量改制"，保证国有控制，切实防止利益输送，股权实行动态调整原则，切实从可操作性角度入手，做到方案落到实处。调研中发现，推行员工持股初期，只有业绩较差的企业才力推员工持股计划，以员工出资的形式解决企业暂时资金难的困境，采取强制手段，硬性摊派，强行入股，甚至以员工在企业保留工作相要挟。后期，由于企业业绩不断好转，多数人尝到了甜头，才慢慢地要求主动参与。

（二）参加对象

多数企业正如上述三家国企一样，都是采取核心骨干员工持股计划，而不是全员持股，这与《意见》不谋而合。实践证明，核心骨干员工持股原则能够充分调动核心管理层、业务骨干的积极性与主动性，对企业发展起到很好的促进作用。"二八法则"表示，从员工价值贡献来看，20%的核心骨干贡献80%的利润收益，员工持股不可能平均化，在股权有限的情况下只能尽量激励核心员工。员工持股并非全员持股，企业只有进入成熟期或稳定期后，员工持股才有可能惠及普通员工，成为员工的薪酬福利的一部分。

20世纪90年代，我国企业推行员工持股制度，普遍实行的是全员持股，其后果是干多干少一个样，干与不干一个样，不仅导致国有资产的大量流失，也很难起到调动员工积极性的作用。华为技术有限公司，作为推

行全员持股的典范，虽在初期确实起到了激励员工的作用，发展至今，也日益暴露出一些问题，如一些员工的股权收益明显高出一般劳动所得，出现了养懒人现象，反而削弱了员工的工作积极性。

（三）资金来源

《意见》指出，"员工入股应主要以货币出资，并按约定及时足额缴纳……试点企业、国有股东不得向员工无偿赠与股份，不得向持股员工提供垫资、担保、借贷等财务资助"。从实际操作看，我国现有员工持股资金来源都是员工以现金直接出资，企业不会为持股人提供任何形式的借款担保及资金借贷。苏美达集团员工以现金出资组建六家子公司后，每年根据公司业绩，将部分利润以现金形式转入子公司，增加国有份额。同时，为了保证国有与员工35%与65%的比例关系，每年员工持股的份额也逐渐加大，员工收益分红将转为股权继续转入下一年度。员工股权增加时，除收益分红转为股权外，剩余股权由员工继续以现金继续出资。江盐集团员工持股全部由员工现金出资，但允许金额的70%由员工自行到银行抵押贷款出资。上港集团也是让员工合法薪酬和自有资金出资。

（四）股权来源

《意见》并未对员工持股的股权来源做规定，《关于上市公司实施员工持股计划试点的指导意见》指出，上市企业股权来源主要途径包括上市公司回购本公司股票、二级市场购买、认购非公开发行股票、股东自愿赠与、法律行政法规允许的其他方式，实际操作过程中，一般以认购非公开发行股票为主。三家国企的股权来源都坚持不动存量、增量引入。苏美达集团是通过新设立的六家子公司来推行员工持股，江盐集团是通过员工持股参与混合所有制改革，上港集团也是通过员工持股，吸引员工出资参与公司经营。我国早期推行员工持股的股权来源都在存量上做文章，引发了一系列问题。事实证明，员工持股动存量的改革思路是行不通的。

（五）股权定价

从三家国企股权定价来看，非上市企业通常采取股权当期价格为准，上市企业的灵活性大一些，有些以原始股价格定价，有些以二级市场当期价格定价。苏美达集团为了保证股权进入与退出的公平，以经审计的企业账面资产净值进入或退出，一视同仁。江盐集团员工的入股价格与外部战略投资者在省产交所摘牌的增资扩股对价一致，充分保证公平、公正。同时，江盐集团对股权流转定价进行了严格规定，集团上市前，股权流转价格统一按持股平台公司经审计的上一年度净资产值为基准确认，这与苏美达集团做法一致；集团股改上市后，股权流转价格将按相关规定重新确定。上港集团作为上市公司，员工持股定价参考其二级市场股票价格，以不低于定价基准日前20个交易日公司A股股票交易均价的90%入股。

（六）持股期限

从三家持股期限来看，未上市企业的持股期限较长，只要未发生离职、离岗、退休、死亡等特殊情况，员工可以长期持股，持续享受持股收益，苏美达、江盐集团等都是如此。上市企业的持股期限较短，长则四年，短则两年，并设立严格的锁定期与解锁期。锁定期内，股权不允许发生流转、兑现等，只有在解锁期，股权才能实现流转、兑现，特殊情况除外。相比较而言，未上市企业的员工持股制度更能满足激励员工参与企业管理与经营的长期预期，激励效果较为明显、持续；上市企业的员工持股制度更像是短期股权激励行为，是一种福利待遇的补充形式，对企业长期运行而言，激励效果可能要略逊一筹。

（七）管理主体

在员工持股管理方面，上市与未上市的区别比较明显。苏美达集团员工持股制度最初设计阶段，采用职工持股会方式进行管理。职工持股会，作为一种社团法人，在实行中，由于缺少必要的法律法规，且制度设计上的先天缺陷，影响了企业决策效率，民政部办公厅于2000年7月7日印发《关于暂停对企业内部职工持股会进行社团法人登记的函》，否认职工持股会的法人资格，不再对职工持股会给予登记。2000年12月11日，中国证监会印发《关于职工持股会及工会能否作为上市公司股东的复函》，规定职工持股会不能成为上市公司的股东。苏美达集团为了准备上市，逐渐将管理主体转化成有限合伙企业。江盐集团通过成立有限投资公司加强对员工持股的管理，是一种有效的实践尝试，符合现有政策规定，为集团后续上市做好准备。上港集团采取持有人大会进行管理,并委托市场化经营机构"长江养老"对持有人大会的资产进行管理,将收益权与经营权分开,避免利益输送。

(八)权益处置

员工持股的目的就是获得股权的收益权。三家公司权益处置方式大致相同,都是直接获得分红,不同之处在于苏美达集团实行动态管理机制,第一年的分红以利转股的形式转入下一年度,多退少补,不断扩大员工持股规模。

(九)退出机制

三家公司都制定了明确的退出机制,不同之处在于退出条件的设定。苏美达集团员工持股推行时间较早,积累了丰富的经验,一方面,实行动态管理,整个股权结构灵活变动,保证了企业活力;另一方面,制定人走股退原则,凡是离职、离岗的,必须立即退股。较早推行员工持股的企业中,很多企业缺乏退出机制,甚至出现员工离职后创建新公司,却依然拥有该企业的股权,一边享受着该企业的股权分红,一边又与该企业形成业务竞争关系的尴尬局面。江盐集团坚持岗变股变、人退股退原则,离职、换岗、退休、死亡等,必须退出所持有股权,保持股权正常流转和有序退出。上港集团员工持股属于短期激励行为,一方面,持股期限到期后,员工将以现金形式退股;另一方面,持股期限内,员工离岗、离职、退休等,其股份份额及权益不变,员工死亡,其收益权由其合法继承人享有,这是与苏美达集团、江盐集团明显不一样的地方。

三、我国国企推行员工持股存在的问题

(一)缺乏员工持股制度的顶层设计

纵观国外推行员工持股制度,可以发现,它们都有其明确的发展目标,如美国的福利性、英国的激励性。而我国员工持股,从一开始就缺乏顶层设计,主要表现在以下方面:

一是我国在推行员工持股制度时，只出台针对上市企业的指导意见，以及关于国有控股混合所有制企业开展员工持股试点的意见，缺乏国家层面的顶层设计。各地国企虽结合地方发展实际，进行了不同形式的尝试，但差异性较大。

二是国企在引入员工持股制度之初，由于现实条件的约束，未能就员工持股的进入条件、性质、价格、管理、流转、退出等做出相应规定，导致后期操作中暴露出来很多矛盾，如退出机制，成为早期推行员工持股的企业的头等难题。

（二）员工持股的运行条件与制度体系不完善

国外实践已经证明，员工持股对企业、个人的激励效果显著，但为什么我国的员工持股制度发展历程却如此曲折？这与我国市场条件不成熟、制度不完善等因素有关。

一是制度往往滞后于员工持股实践，并且大多属于"问题补救型"，缺乏对制度体系的整体设计。我国实施的《公司法》《证券法》均未对企业员工持股制度予以明确的法律地位，主要以政策为手段规范员工持股行为。从地方实践来看，各地国企员工持股实践和制度建设走在全国前面，但这些规章制度之间常常存在冲突，处于"分而治之"的混乱局面，导致企业难以选择一种合法的、持续稳定的主体模式，这些"政出多门"的矛盾局面大大增加了员工持股制度的运行成本。

二是缺乏专业的第三方组织进行监督。早期国企推行的员工持股往往由企业内部人员经营管理，由于信息不对称，对利益输送、国有资产流失等内部腐败行为难以形成有效的监督。若有专业的第三方组织参与进来，如律师事务所、信托公司等，进行有效的约束和监督，可以一定程度上有效地杜绝这些问题的发生。

（三）国企按照市场化标准进行混合所有制改革机制尚未完全形成

一是国有企业改革资金筹资成本大，推进员工持股过程中存在强迫性集资行为，造成员工抵触情绪和负面影响。员工持股范围和比例设置不当，加剧贫富差距，引发分配不公问题。持股人员在公司上市后短期内持股套现，损害员工持股的长期激励效应。

二是对有些地方实施员工持股的企业而言,其主要作用是参与分红,增强一些风险意识,可以实现同股同权参与分红,但是同股同责承担风险在实际操作中困难大。

三是国有控股企业体制内外干部差别化待遇问题。例如,市场化的职业经理人高薪问题、体制内干部去行政化问题。

四是国有企业现代企业制度尚需进一步完善。政府不干预企业自主经营、股东不干预企业日常运营的体制机制需要进一步完善。

五是充分竞争性行业的国有集团高管在公司整体上市后的有效市场化激励机制尚未形成。核心骨干员工持股市场化、资本化的流动与退出机制有待完善。

(四)员工的角色发挥和在内部的流动性都受到一定程度的阻碍

企业推行员工持股,员工和企业共同参与到企业治理,会影响企业的经营决策。一方面,通过激励约束机制,发挥了员工对企业经营管理的监督作用;从另一方面来看,员工与企业管理者合谋,可组成利益共同体,利用自身具备的信息优势,做出仅有利于自身利益的经营决策,从而损害其他股东或出资人的利益。同时,由于有些企业规定员工只有在企业工作时才能享受利益,一旦离开本岗位就可能丧失权利,如苏美达集团与江盐集团的人走股退、岗变股变的规定等,员工在企业工作时间越久,持有的股权份额越多,员工流动的成本也越高,导致企业员工很难流动起来。按照国企管理层向下持股的规定,提拔到上一层级需要放弃个人股权,使得个人股权经营管理人才不愿意晋升到更高一层的管理岗位,造成了从经营业务一线选拔高管的限制。

(五)持股资金来源问题普遍存在

《意见》明确指出,"员工入股应主要以货币出资,并按约定及时足额缴纳……试点企业、国有股东不得向员工无偿赠与股份,不得向持股员工提供垫资、担保、借贷等财务资助"。从我国企业员工持股实践看,几乎所有员工持股资金都以个人货币出资(筹资)为主,企业不会为员工提供任何资金帮助或银行贷款担保,员工持股资金来源问题很难满足企业员工持股的实际需要。一方面,员工作为企业的一般劳动人员,工资水平普遍偏低，积蓄十分有限，购买企业股权时很难支付认股资金，导致企业持股规模不断萎缩，无法实现企业集资和激励的设计初衷。另一方面，由于企业不给员工从银行贷款提供任何担保，员工向银行贷款金额有限，且员工对企业未来前景持不确定态度，不愿意以贷款方式持股，导致员工认股资金面临诸多困难。

（六）员工持股不是短期的股权激励行为

员工持股是激励员工参与企业经营与管理的长效机制，而非一次性的股权激励行为。从案例中可以看出，苏美达集团、江盐集团的员工持股在员工在岗的情况下，是一种长期的激励行为，即只要员工不离开企业，就能一直享受持股收益。而上港集团的员工持股方案中显示，员工持股仅仅是四年内的一种激励行为，是短期行为，很难把员工与企业长远的发展利益捆绑在一起，对员工的激励作用也打了折扣。部分员工会为了这四年的发展努力打拼，从而忽略企业的长期发展战略。大部分上市企业的员工持股方案中规定的持股期限一般也都是阶段性的，这一点值得企业决策者深刻思考。

（七）缺乏员工持股的合法管理机构

我国推行员工持股过程中，始终缺乏对员工持股进行管理的合法组织或机构。早期，很多企业的工会承担了员工股份管理工作，但工会作为一个政治性官方组织，在行使员工权利、管理员工持股等方面缺乏合理性地位，很难为员工的经济利益代言。很多企业也采取职工持股会、持股人大会等社团组织进行管理，但由于其法律上的不合理、管理的漏洞等，被国家明令禁止。同时，中国证监会规定企业采取职工持股会等社团组织的管理方式不能挂牌上市，很多企业又纷纷改头换面，采取有限合伙企业的管理形式，自始至终，都没有一种固定的合法管理机构。

四、政策建议

（一）完善员工持股制度的顶层设计

我国员工持股制度已实践了 30 多年，目前在推进混合所有制企业实行员工持股过程中,政府有必要尽快制定符合我国实情的员工持股计划的顶层设计。如准确界定员工持股的内涵,明确规定员工持股的参加对象、股权来源、资金来源、管理主体、流转机制、退出机制等,并详细规定哪些企业、哪些行业可推行员工持股、上市企业和非上市企业实施员工持股的区别与联系、如何确立衡量绩效指标体系与业绩衡量基准、如何保证员工持股的长效机制、如何发挥好员工持股的激励作用等,便于企业参考借鉴。同时,建议国家从顶层设计出发,建立员工持股主管部门的统一协调机制,加强各主管部门之间的合作。如国资委和中国证监会,两者的意向是否完全匹配?出现不一致如何进行协调?这就需要建立双方统一的协调机制,保障国企员工持股制度的顺利有序推行。

(二)完善员工持股制度的相关配套措施

一方面,完善员工利益分享机制的监督管理工作。针对未上市企业及上市企业非公开发行股权,需要完善监督管理制度设计,避免通过某些途径向特定"员工"配发股权进行资产转移。针对员工持有上市企业公开发行的股权,必须完善信息披露制度,加强市场监管,避免向企业员工低价定向增发,为员工持股套现,制造各类利好可能,维护市场的公平性,从而保障二级市场投资者的合法权益不受侵犯。另一方面,加紧制定国家税收对员工持股制度的优惠政策。员工持股本质上是一种福利待遇,如果有相关税收优惠政策,对企业和员工的吸引力将大幅增强。从国际经验看,各国普遍为企业员工持股制定了多种税收政策,如美国对员工持股信托基金分配给员工的股票红利部分和还贷部分均给予免税,员工离职或退休得到的股份收益,可以享受税收优惠。

(三)深化国企干部人事制度改革和分配制度改革

一是进一步深化"政资分离、政企分离"的国企混合所有制改革配套制度的改革,赋予董事会对人事的选聘、绩效考核和薪酬管理等职权,从体制层面落实企业市场主体地位。

二是建立健全混合所有制的法人治理结构,保障和尊重董事会和独立董事会,使之成为切实的决策实体。

三是完善职业经理人市场化选聘机制。制定相关职业经理人管理办法及其实施细则，并对国有企业高级管理人员的选任，采用内部人才招聘和社会公开招聘相结合的方式，通过规范、公正的监督程序，择优选拔管理人员。

四是完善股权激励制度，推行多种形式的中长期激励方案，以增量利润分享计划、期权等多样化的手段进行员工激励，多种渠道实现对管理的激励作用。

五是根据企业经营和运营的实际情况，建立分层持股方案，让企业中各级中高层骨干直接持有企业股权，而不是面向集团层面持股或者仅仅面向子公司层面持股，加大股权激励的针对性，提高激励与约束效果。

（四）拓宽员工持股资金渠道

我国企业员工持股普遍存在资金来源难的问题。从国外的经验来看，如美国员工持股制度分为杠杆型与非杠杆型员工持股，杠杆型中，信贷杠杆发挥了关键性的作用。具体方法是成立员工持股信托基金，由企业进行担保，向银行申请贷款来获得资金来购买公司股权。所购股票由信托基金代为管理，通过股权的运行，分享企业利润所得、其他福利政策，来偿还银行贷款的利息和本金。将贷款还清后，按照事先确定的比例将股权转入员工个人账户，此时股权真正归员工所有。我国银行等金融机构对员工持股持谨慎和观望态度，个人是很难从银行申请到持股所需的资金，如果此时，中介机构能够发挥作用，协助解决员工持股的资金问题，对于推动我国员工持股的发展是很有意义的。

从企业推行员工持股实践来看，资金来源主要有以下渠道：一是员工出资，与现行做法一致；二是企业为员工提供全额激励基金购买企业股票；三是企业提供一部分激励基金，员工以合法薪酬，按比例参与员工持股；四是企业股东为员工持股进行担保融资；五是企业股东和员工共同设立资产管理计划购买企业股票；六是采取一定杠杆式的方式进行社会融资，这与国外主流做法一致。这些资金渠道只要与我国法律法规、管理制度等不违背，建议进行尝试，不断拓宽员工持股资金渠道，解决员工持股资金难的问题。

(五) 抓紧确定员工持股合法管理主体

有学者提出，由于现行员工持股会缺少社团法人的法律依据，不能履行职工持股权益，建议参照国际经验，把它转为企业外的一种信托组织开展活动。也有学者提出，员工直接持股更能受到现行法律的保护，人数在 50 人以下的员工持股，组成有限责任公司，受有限责任公司的保护；超过 50 人以上的受股份有限公司法的保护。但是，员工持股会作为与工人政治组织——工会并行的一个工人经济组织，在维护工人权利、伸张工人利益、表达工人意愿、获取工人利益上是一个非常重要的组织机构。轻易将员工持股会的功能抛掷给信托公司或者金融机构有失妥当。但是如何在现行法制框架之下，为员工持股会寻找一个合适的生长环境确实是需要进一步研究的问题。员工持股会是否能保证劳动者利益的最大化，是否可以约束经营管理者的经营效益，国家缺乏对员工持股管理主体的性质和法律地位的明确界定，急需以立法形式，区分上市与未上市的不同，抓紧将员工持股管理主体合法化。

此外，还必须正确处理好企业混合所有制改革与员工持股的关系。中共中央、国务院《关于深化国有企业改革的指导意见》明确指出，探索实行混合所有制企业员工持股。实际操作中，一些国有企业在计划推行员工持股制度时，因为不是混合所有制企业，不能推行员工持股制度。然而，在国有企业混合所有制改革中，混合所有制改革不是员工持股的必要条件，员工持股也是其中方式之一，两者不是前后顺序问题，可以考虑同步进行。

（本文修订于 2017 年 4 月 2 日）

第四篇
加快建立现代企业制度

党的十八届三中全会再次强调建立现代企业制度。从源头上深刻理解建立现代企业制度的初衷有重要现实意义。社会主义市场经济的重要含义是保持较大份额公有制国有经济的同时，发挥市场经济的高效率。这就提出了一个问题，就是在国有经济的范畴能不能构造出独立的市场主体？在排除私有化的情况下，唯一的出路就是企业制度的创新，即借助现代公司制度的安排，形成包括有资本投资或拥有股权的千万个独立的市场主体。基于这样的原因，党的十四届三中全会已深刻地指出，以公有制为主体的现代企业制度是社会主义市场经济体制的基础。同时还明确指出，产权清晰、权责明确、政企分开、管理科学的现代企业制度是国有企业改革的方向。

第四篇

加水量对水化热的影响

国企深层次问题解决要靠建立现代企业制度

陈清泰[*]

一、国企深层次问题最终的解决，要靠企业制度

传统国有资产实现形式是实物形态的国有企业（过去叫作国营企业）。1987年出台了《全民所有制工业企业法》，并以此作为规范；1993年，我们又颁布了《公司法》，为国有资产的资本化向公司制度转型创造了条件。因此，到现在国有资产有两种实现形式：另一种是实物形态的企业，一种是价值形态的资本。有两种企业制度，传统国有企业和现代的公司，相应的政府有管企业和管资本的两种管理方式。《全民所有制工业企业法》产生于计划经济时期，那个时候的企业是实现国家计划的生产单元，企业运作的是授予其经营的国有资产，企业没有法人财产权，相应的也就没有独立地位。政府在企业之外，管企业的人和事，这是法律规定的。政企不分，所有权与经营权不分，这是法律的本意。

《公司法》是适应市场经济的企业制度，概括讲有三个要点：一是公司拥有法人财产权，是独立的法人实体。二是实行有限责任制度。三是治理结构由法律来规范。因此，公司的独立地位是法律保障的，公司的权利是与生俱来的，长期困扰我们的那些政资不分、政企不分、所有权经营权不分等问题都通过法律解决了。但是，最近十多年来，政府管理企业的体

---

[*] 陈清泰，全国政协常委、经济委员会副主任。

制在不断加强，每个国企都有相应的行政级别，政府把国有企业作为行使职能的工具、推进增长的抓手、承担社会职能的基本单元。结果就造成国有企业被行政化，有多元目标。面对激烈的市场竞争，国有企业往往力不从心，走出去有时候也难以被国际市场所接受。面对这种情况企业深感无奈，政府也深感纠结。

实践证明，政策性调整不能替代体制改革。《企业法》的立意就是政企不分，《企业法》的主张就是政府管企业。《公司法》主张的则是公司的独立地位，是自我治理。因此，国有企业的转制就是要由《企业法》规范转向由《公司法》调节。政府要摆脱管企业的纠结，就要落实管资本为主，推进顶层国有企业的整体改制，从《企业法》变轨到《公司法》。

二、重温建立现代企业制度的改革意义

党的十八届三中全会再次强调建立现代企业制度。从源头上深刻理解建立现代企业制度的初衷有重要现实意义。按照传统理论，公有制对应的就是计划经济，搞市场经济就要私有化，但这两者都不符合我国的国情，社会主义市场经济的重要含义是保持较大份额公有制国有经济的同时，发挥市场经济的高效率。因此这就提出一个问题，就是在国有经济的范畴能不能构造出独立的市场主体？在排除私有化的情况下，唯一的出路就是企业制度的创新，即借助现代公司制度的安排，形成包括有资本投资或拥有股权的千万个独立的市场主体。基于这样的原因，党的十四届三中全会已深刻地指出，以公有制为主体的现代企业制度是社会主义市场经济体制的基础。同时还明确指出，产权清晰、权责明确、政企分开、管理科学的现代企业制度是国有企业改革的方向。

时间已经过去了20多年，但是现代企业制度如上的特征在企业中尚未普遍完整地体现。这就导致一些企业市场主体地位尚未真正确立，现代企业制度还不健全。政企不分、政资不分依然存在，国资监管还存在越位、缺位、错位的现象。

三、科学界定国有企业,把握企业转制的方向

目前,无论在政府文件还是媒体上,大都笼统地把市场主体称作企业,把与国有资产直接或间接有关的企业统称为国有企业,这种称呼上的混淆造成概念上的混淆、政策上的混淆。政府部门往往用管国有企业的办法管国有投资公司,或穿越国有企业管到其投资或控股的公司。目前,监管部门直接监管的主要是国有企业,所以国家出台的改革性文件很多是如何改进和加强对国有企业管理的。出现的问题是文件所指的国有企业没有准确的界定。它是针对所有"被称作国有企业"的范畴,还是只针对按《企业法》注册的那些企业?如果"被称作国有企业"的公司都照章执行或"参照执行",就会出现很多矛盾,使一些企业和政府人员不知所措。国企转制的关键是"转",在这个过程中,清晰界定两种企业制度十分重要。

对市场主体的称谓应当遵循企业制度,而不是所有制,按所有制区别对待的政策,应该尽快淡出。可以考虑摘掉企业所有制标签,将依照《企业法》调节的企业称作国有企业,按《公司法》调节的股份制公司统称作公司,政府对它们一视同仁。

(本文原载于《证券日报》,2016年10月21日)

国有企业改革新路

现代企业制度的精髓是经营者支配、所有者监督

华 生[*]

中国的国企改革，从20世纪80年代初的放权松绑、政企分开、承包经营的尝试，经历20世纪90年代的股份制改革和现代企业制度的探索，以及21世纪之初国有资产监督管理系统的建立和政资分开的努力，再到2013年党的十八届三中全会提出的以管资本为主的混合所有制经济，时间不可谓不长，创新不可谓不多，进展也不可谓不大，但国企改革的任务并未完成，国有资本作用的发挥还远不尽如人意。更尖锐一点地说，即便今天重新提出30多年前国企改革伊始"放权松绑、政企分开"的口号，恐怕也并不过时。那么，历时几十年的改革仍未达标的原因究竟何在？

最根本的，恐怕是我们一直没能解决的一个两难问题：作为国资国企，若由代表全民和国家的政府进行管控，必然是政资、政企不分；若政府不管或管不到位，又被指为所有者缺位。故而尽管我们的国企改革搞了几十年，名称也从国营企业、国有企业到国有控股的股份制或混合所有制企业等变了很多次，但政府任免掌控企业经营班子的国营企业体制本质并没有改变。国企领导们也就不能不是亦官亦商，身份尴尬。也正因为如此，新自由主义者干脆断言政府办国企既无必要，也肯定搞不好，就算搞好了也是利用政府权力与民争利，因而国企不是改革的问题，而是退出和出售的问题。而坚持国资国企是社会主义重要经济基础的人则强调国企完全可以搞好，只是需要通过改革增强活力。但后者由于始终不能明确回答

---

[*] 华生，经济学家，东南大学经济管理学院名誉院长。

国家出资办企业究竟是为了控制还是为了盈利，国企是否能如历次中央改革文件所说的那样真正做到政企分开，与政府完全脱钩呢？是什么原因造成了国企改革老是兜圈子？

从马克思主义创始人提出的政治经济学来看，他们主张公有制的根本原因与任何控制无关而只与社会公平有关。只是因为所有制的分配决定了产品的分配，所以他们认为离开生产资料所有制而去单纯围绕分配问题做文章解决不了社会公平问题。他们设想的公有制是自由人的联合体，其中根本没有政府或行政权力控制的位置。按照政府控制经济的思想建立起来的苏联式公有制计划经济，虽然控制已经无孔不入，但由于极度低效，结果根本不能解决产品丰富和公平分配问题。我们党推进的改革开放的伟大事业，就是要放弃政府大包大揽、全面控制经济的传统社会主义模式，让市场起决定性作用，将公有制与市场经济结合起来。而这个结合的关键，就是要使企业这个微观经济活动的细胞具有充分的活力，以切断政府对企业的控制和干预。

没有行政权力的干预，公有制在市场经济中能够存活吗？激进和保守的两种极端观点其实在这点上都是一致的：就是认为不能存活。前者认为必须干预，后者认为干预不干预只是死得快慢的问题。二者均否认公有制可以在没有政府干预的情况下与市场经济有机结合、发展壮大。但实际上，公有制与市场经济能否有机结合的关键在于能否找到结合的途径。党的十八届三中全会提出的"以管资本为主管理国有资产"，其实已经为我们指明了一条正确的道路。

在资本形态上，公有制可以与市场经济有机结合，这已经是全球化时代市场经济的成功实践。许多国家的主权基金在资本市场大行其道，各种大学的、公共社团和区域性、行业性的公有、公益和公共基金更是活跃。随着现代金融创新的发展，投资的专业化和委托代理日益普遍，公有资本完全可以由专业化的人才团队管理运营，为公有资本的委托人获取有竞争力的回报。传统上所谓的公有，就是无人所有、管理者不可能尽心、代理环节过多过长等问题，它们在资本形态上早已不复存在。因为对资金受托管理人来说，无论受托的是私人、社会、社团、行业退休金，还是公有资本，为其取得最佳回报是他们自己的利益所在。现在美国上市公司的股东以机构投资者为主，也就是说，这些公司的所谓股东本身也都是代理人。

国有企业改革新路

公有资本的代理成本和代理环节并不比大型上市公司遍及全球的各类分散的个人股东或代理人股东们更高、更长。

其实,即使传统的国企在经过股份制、市场化改造,实行政企分离之后在许多发达国家也经营得有声有色,在国家经济中发挥重要作用。如新加坡政府的投资公司淡马锡享有盛名,其控股参股的企业市值占新加坡股市总市值的近一半,但既没有人质疑淡马锡的经营效率,也没有人怀疑新加坡经济的自由开放性。因为政府并不介入干预淡马锡的经营,从管理班子到公司经营完全是经营者支配、市场化运作,盈利积累也是上交国库,用于公共福利。再如法国电信前身就是法国的邮电部,后来逐步改制上市,也有传统国企行政僵化、员工还都有国家公务员身份等各种特殊历史遗留问题。但经过多年渐进式改革过渡,公务员身份的职工随着退休不断减少,股权也逐步多元化。现在法国政府在法国电信仍合计持有23.04%的股份,为第一大股东。但在经营方式上,则大股不控股,15个人组成的董事会中政府只提名了3人,经营管理班子全按市场化规则聘任运行。现今法国电信在国际市场的竞争一点不落下风,海外营收收益已超过总营收的一半。德国政府在原有国有企业股份制改造中,对政府控股的企业也实行市场化经营,对有的政府逐步退出、不再绝对控股的企业,还专门立法,保证自己的权益不受损害。如德国大众汽车公司,德国就曾专门出台《大众法》,保障持股的联邦和地方政府在特殊情况下的否决权。直至今日,德国大众汽车仍有20%的股权由地方政府持有,但政府早已完全不介入经营。事实表明,国家持股从主动控制经营到卸下包袱退到二线的监督制约,对改善公司治理结构和提高公司营运效率都有积极的作用,对于国家来说,作为股东获得的回报,以及获得的税收收益,反而都会更高。

国家不控制支配企业,还要国资国企干什么?这个问题就问到了本源。在马克思时代的工业化起步阶段,资本主宰经济。没有资本所有权的公平分配,就不能解决社会的公平分配问题。到了今天信息社会,虽然知识和人的作用已空前提高,但是总体上看,资本在市场经济中的主导作用尚未根本改变,而在资本相对稀缺、以私人家族企业为主的发展中国家就更是如此。从发达国家情况看,福利制度的过度发展会导致罚勤养懒。而在经济全球化时代,由于资本和财富很容易从高税收国家和地区流向低税收的地方,各个主权国家进行税收调节的空间又受到很大压缩。因此,贫富差距的不断扩大和社会撕裂即便在发达国家也成为一个越来越严重的社会问题。这是皮凯蒂的《21世纪资本论》在发达世界引起那么大反响的主要原因。皮凯蒂关于由各国政府协调、统一去征收年度累进资本税的主张被普遍认为太不现实。但他认为中国公有资本比例很大，如果实现公共资本和私人资本之间的良好妥协和平衡，这种真正的混合所有制经济，会有助于实现更加公平和平等社会的观点倒是不无真知灼见。这也可以说是在全球化市场经济的新条件下对马克思传统的一种真正继承。因为脱离了行政羁绊的公有资本参加市场化竞争取得收益，优于税收等扭曲资源分配的工具，有助于实现缩小贫富差距、公平公正的社会主义目标。因此，市场化的公有资本倒确实是可能构建社会主义市场经济和中国特色政治经济学的基础。这对于中国这样容易在均贫富的极端平均主义和贫富对立这两极间震荡的转型社会来说，尤为重要。

但是，国家不控制企业，难道让私人和外国资本控制吗？这确实是问题的敏感之处。实际上，国家不控股并不等于国家不可以持有多数股份，国家不控股更不等于就让别人控股。世界上经营最好的大型公司往往都没有控股股东，都是经营者支配。其实，中国的一些著名优秀企业，也是经营者支配。如华为的任正非、腾讯的马化腾、阿里的马云，都不是公司的大股东，这样的公司恰恰能成为中国的一流企业。纠结于控股问题是我国股份制乃至混合所有制提出之后至今难以真正突破的关键。因为传统国家控股的管理方式、干部任用乃至职工身份与民营企业往往是家族性的控股完全不同，二者格格不入。在这种情况下，控股与否就成为一个天然的分水岭和敏感的界限。结果不是各搞各的、不愿当配角陪别人耍，就是同床异梦、参股只是为了谋取短期特殊收益。要解决这个问题，就必须为混合所有的股份制找到不纠缠于非要谁控股的共融形式。这种形式就是经营者支配、所有者监督的现代企业制度。

1993年党的十四届三中全会就提出企业改革的目标是建立产权清晰、权责明确、政企分开、管理科学的现代企业制度，20年后的十八届三中全会又提出进一步完善现代企业制度。但是，到底什么才是现代企业制度的精髓？应当说至今实际上并没有揭示清楚。须知，所谓现代企业制度，是相对于所有者自己控制和经营的古典企业制度而言的，其特征就是所有权与控制权的分离。而谁所有、谁控股、谁经营倒恰恰是古典企业制度的典型特征。在资本主义的古典企业形态上,不完全契约的产权理论所说的剩余索取权与剩余控制权是高度统一的,因而有效率的企业只可能是私有产权。但在现代企业制度形态上,所有权与控制权分离,剩余索取权与剩余控制权已不再对应和统一,这样就为各种性质的资本和所有权形式创造了共融的空间。但是,由于我们没有抓住经营者支配、所有者监督这个现代企业制度的核心,直到今天,我们的企业无论是国有企业、国有控股企业,还是私人控股和家族经营企业,实行的都还是所有者控制和经营的古典企业制度。这样,不仅真正意义上的职业经理人队伍不能形成,而且国资国企的改革自然就难以有大的突破,混合所有制也不可能得到真正发展。万科之所以过去长期被称为企业改革的标杆和公司治理的典范,其实并不是他们做得有多好,只是万科是国内罕见的经营者支配、所有者监督的现代企业制度样本,也是国有企业作为第一大股东监督不经营的成功改革模式。这种模式尽管在今天的条件下还非常脆弱和不完善,但是确实代表了我们国资国企改革和上市公司治理发展的方向。

(本文节选自作者自己的博文《万科之争的公司治理和国企改革意义》,2016年10月24日)

国有企业"瘦身健体、提质增效"的政策建议

刘现伟　李红娟[*]

长期以来，国有企业以做大规模为企业发展的主要目标，但是规模的扩张并没有带来企业实力尤其是核心竞争力的增强，随之而来的反而是企业资产、人员规模持续膨胀，企业经营效率和总资产收益率下降。以规模为核心的扩张，还加剧了国有企业盲目投资、项目重复建设现象，使钢铁、煤炭、水泥、光伏、风电、船舶、机械等众多行业都出现了产能过剩问题。党中央、国务院要求对国有企业"瘦身健体、提质增效"，这无疑找到了问题的症结，抓住了问题的关键。国有企业必须通过深化改革，解决大而不强、风险隐患大、运行效率不高、适应市场能力不强、内在发展动力不够、市场竞争力不足的问题，从而真正成为合格高效的市场竞争主体。要深入推进和落实党中央、国务院改革任务部署要求，在新一轮国企改革中着力解决好为改革而改革的问题，把"瘦身健体、提质增效"、做强主业作为国企改革的主要目标，通过改革增强企业的自主创新能力和市场竞争力，彻底治愈国有企业的虚胖症、肥胖症。

一、国企"瘦身健体、提质增效"成功模式总结

（一）压减模式：压缩管理层级，精简机构人员

国有企业管理层级过多和法人链条过长的问题由来已久。层级太多、

---

[*] 刘现伟、李红娟，国家发展改革委经济体制与管理研究所研究员。

机构分散，导致国有企业决策链条延长，既造成决策效率下降，企业难以对市场变化做出及时有效反应，同时也增加了企业日常运营的成本。国企不同管理层级间机构重复设置、管理人员过多、决策流程复杂等情况比较普遍。国企集团公司总部普遍对管理层级较低的企业管控不够到位、风险隐患较多。有的企业涉足行业过宽，造成法人数量极其庞大，催生了大量低效无效资产和"僵尸企业"。由此导致的"肥胖症、迟钝症、失调症、衰老症"，成为制约国有企业健康发展的重要症结。针对这些问题，中国航天科技集团公司、中国铁路通信信号集团等央企结合企业自身特点和需求，通过压缩管理层级、限定法人层级、精简机构和人员等措施进行改革和创新，大幅减少机构、降低冗员，提高企业经营决策效率。

2013年以来，中国航天科技集团公司针对科研生产、经营管理中的薄弱环节和突出问题，大力开展"瘦身健体"工作，采取"缩、控、扭、清"等改革措施，压缩管理层级、控制法人单位数量、提升盈利能力，持续增强竞争优势。有选择性地退出部分低附加值、盈利能力较差，且管理链条较长的传统非核心业务。基本完成民用产业领域四级以上单位主业核定工作，完成二级单位航天技术应用及服务产业主业核定及审批工作。严控新设公司，现有公司管理层级已经压缩至5级以内。围绕主业发展目标和资源重组整合需求，对二级单位所属的经营性公司，明确法人层级和管理层级，通过"关停并转"等方式，全面清理整合不符合集团主业方向、规模小、盈利能力差的公司和资产，缩短投资链条和管理层级。采取多种手段缩小亏损面，控制亏损规模，坚决清理退出不符合保留标准的壳公司，清理了一批长期扭亏无望、资不抵债的公司，努力减少亏损公司户数。

中国铁路通信信号集团在"瘦身健体、提质增效"过程中探索出了压缩层级的"四条法则"，严格限制管理层级，退出参股企业，减少或消灭亏损企业。从2013年起，集团采取"新的控、旧的并、长的压、弱的退"四种改革手段，实现了管理层级压缩到三级、法人层级限制到四级的目标。"新的控"就是严控新设子企业，从源头避免法人层级增多。"旧的并"就是存量企业按照业务板块合并，实现扁平化管理。集团已将21家二级子分公司重组整合为7家二级集团。"长的压"就是管理层级三级以下、法人层级四级以下的一律压减。"弱的退"，就是针对长期亏损企业、监管缺乏控制力的参股企业以及不符合集团战略方向的企业,及时清理退出。

(二)降本增效模式:降低经营成本,提高运营效率

由于深层次的体制原因,国有企业经营目标多元化,对企业的效率、盈利、产品、服务、创新等目标关注不够,甚至会片面追求规模扩张,导致企业管理行政化、官僚化、机构臃肿、人浮于事、内耗严重、信息传递迟缓、成本意识淡薄、责任归属不明确、不重视组织创新和技术创新,进而导致国有企业经营成本较高,盈利能力不强,甚至还存在一些长期无法盈利、业务处于停滞半停滞状态的所谓"僵尸企业"。国有企业经营成本高、经营效率低、盈利能力弱的问题长期以来饱受社会各界诟病。针对这一突出问题,中国五矿、中煤集团等央企挖掘企业内部潜力,千方百计地控制和降低采购、营销、生产、物流、财务等各种成本,全力提高经营效率和盈利能力。

当前,矿业企业普遍受市场价格影响,出现了大面积亏损和价格成本严重倒挂现象,扭亏增效已成为现阶段矿业企业保生存、求发展的关键。中国五矿、中煤集团等矿业企业以成本管控为抓手,持续推进降本增效。中国五矿以金属矿产品的勘探、开采、冶炼、加工业务起家,现在业务已经拓展至金融、房地产等领域。尽管中国五矿业务范围很宽,但是作为主业之一的稀土业务却连续亏损,上市公司五矿稀土已被实行"退市风险警示"(股票简称变更为"﹡ST 五稀")。为了扭亏增盈,五矿集团深入推进生产全过程、全环节降成本,2015 年人工成本同比下降 5.2 亿元,同比下降 9%;期间费用减少 11.7 亿元,下降 7%;严控应收账款和存货规模,"两金"占用余额全年目标实现零增长,亏损额大幅减少。

中煤集团通过生产系统技术改造、精简管理及辅助人员、加大薪酬分配制度改革、压缩外包费用、大力推进节支降耗等措施,全力降低企业经营成本,提高企业盈利能力。2016 年上半年,原煤生产成本同比下降 19.3%,烯烃完全成本每吨下降 1 022 元,尿素每吨下降 344 元,甲醇每吨下降 301 元。各业务公司明确存货管控目标,细化应收账款清欠方案,存货同比下降 32%,其中煤炭库存同比下降 50%,应收账款同比下降 11.8%,财务成本大幅降低,资金周转率和利用效率大幅提高。

（三）聚焦主业模式：整合集中资源，做强做优主业

对于一个企业而言，主业决定了方向，决定了企业发展重心和未来可能成就。国有经济布局虽然经过多次调整，但仍不够集中，国有企业尤其是子公司、孙公司以及地方国有企业小而散的状况尚未根本改变，国有经济布局和结构仍需优化。核心竞争力是企业能够长期获得竞争优势并长盛不衰的根本保障。国有企业业务分散、主业不突出、创新能力不强严重制约了企业核心竞争力的持续提升。国企聚焦主业、坚守正道才能更好地服务于国家发展战略，否则就是不务正业。精干主业也是市场致胜正道，精干主业就是为了防止企业"眉毛胡子一把抓"，明确发展战略，集中资源、集中精力，心无旁骛地打造企业核心竞争力，成为引领行业发展的重要骨干力量。中国能建集团、国家开发投资公司等央企积极整合资产、聚焦主业，分离副业和企业办社会职能，清理长期亏损企业和僵死企业，集中优势资源，做优做强主业，提升主业市场竞争力和企业核心能力，取得明显成效。

中国能源建设集团针对所属企业数量过多、规模偏小、同质化竞争、困难企业较多等问题，通过重组整合提升一批、关闭注销退出一批、清理规范分离一批等多种方式，"一企一策"，主动压减企业组织数量、优化企业组织架构、有效化解企业负担，压减非主体企业和亏损企业，聚焦主营业务，提升企业核心竞争力。对尚有市场发展前景和一定资源基础的困难企业，采取委托管理的改革方式，由优势企业带动困难企业发展；对市场信誉基本丧失、组织管理涣散且员工较多的困难企业，采取人资分离、员工分流的方式进行改革；对基本停产停业、员工较少的困难企业，采取重组整合或关闭清算的方式进行处理。目前，通过一系列的内部重组和资源整合，公司主业更加明晰，市场竞争力明显增强。

国家开发投资公司针对业务范围宽泛、所属子企业众多的现状，积极做"减法"、推动业务转型聚焦。国投公司面对下属电力、煤炭、交通等业务市场需求大幅下滑的严峻形势，扎实推进国有资本投资公司改革试点工作，持续做足做好产业布局的"减法"。大力推进业务结构调整，优化资源配置。国投公司结合国有资本投资公司功能定位，制订了2015～2017年全级次结构调整规划，计划退出不符合公司发展方向的245个项

目,占公司全部投资项目的 45%。积极化解煤炭过剩产能,减亏增效。通过关闭撤销、退出转让、强化管理等方式,着力推动 3 家"僵尸企业"、10 家特困企业在 3 年内实现扭亏脱困,合计分流安置人员达 2.4 万人。

(四)双创模式:创新创业,发展新经济

在现代市场经济条件下,面对激烈的全球化市场竞争,变革创新是企业持续发展的永恒主题,失去创新能力,墨守成规,必然会被竞争对手超越、打败,被市场所淘汰,最终只能是死路一条。如果说 20 世纪初,经济增长很大程度上依赖于能源消耗,20 世纪中期,粗放型制造业、加工业还有很大市场的话,那么进入 21 世纪,经济则必须依靠创新、创造和创业紧密结合。随着信息时代、知识经济、"互联网+"的飞速发展,全球经济发展更加开放透明,各类企业随时都在创立,也随时都有可能戛然而止,持续变革、创新创业决定企业的未来,是企业持续发展、经久不衰的根本生命线。为加快企业创新转型,提升市场竞争力和持续发展能力,中国移动等中央企业加大"双创"工作力度,持续加大研发投入,开发新产品,创新业务模式,扩大竞争优势和市场份额。

面对传统业务萎缩、提速降费冲击等多重挑战,中国移动通信集团公司着力业务转型突破,围绕"移动改变生活"的战略愿景,深入实施科技创新战略。以"引领标准、引领产业、引领发展"的工作方针,大力推进科技创新和"双创"工作。近年来,年均研发投入超过 200 亿元,2016 年研发投入预计达 226 亿元,同比增长 7.7%,占营业收入的比重达 3.4%。通过产研的有机结合和全面对接,中国移动推动了我国 4G 通信技术标准(TDLTE)的国际化、全球化。

中国移动敏锐把握移动互联网时代客户爆发式增长的流量需求,持续推进供给侧业务结构调整,加快从传统语音业务向流量经营和数字化服务转型。短短两年时间,4G 业务带动流量收入翻倍增长,年复合增长率超过 35%,成为拉动收入增长的主要动力。此外,持续提升业务结构对客户需求变化的适应性和灵活性,推出手机支付、视频、阅读、游戏、音乐等系列数据增值业务。2015 年中国移动数据业务收入规模首次超过语音业务,2016 年上半年,数据业务收入占比超过 50%,收入结构不断优化。

中国移动以4G发展为契机，平衡好降资费、提用量、稳价值之间的关系，通过三个"最短时间"举措，探索实践供给侧改革，努力激发增收潜能。全力加快技术创新和服务模式创新，在最短时间建成全球最大4G网络，最短时间推动4G客户规模发展，最短时间实现了收入结构优化。自2014年推出4G业务以来，短短两年多时间，中国移动发展超过4亿4G客户，成为全球规模最大的4G运营商，有力带动了我国移动通信行业设备、终端、芯片及仪器等全产业链发展，有力支撑了我国"互联网+"行动计划和"中国制造2025"战略的实施。目前，中国移动正牵头5G通信技术标准的研发和推进，努力实现我国"5G引领"的战略目标。

（五）联合重组模式：优化国有资本布局结构

在国民经济的快速发展时期，我国各行各业都经历了快速扩张期，全社会投资规模巨大，国有企业投资项目众多，导致一些国有企业投资项目重复建设、资源浪费、产能过剩、同业恶性竞争，企业效率低下，影响行业健康发展和企业的国际竞争力。在国际国内经济深刻调整，全球经济竞争日益激烈，国有企业利润同比下滑的大背景下，国有企业特别是行业内的超大型龙头企业之间同业恶性竞争的问题显得更加突出。中国远洋、中船重工等一些中央企业通过联合重组、同类业务整合、合并同类项等方式，优化国有资本布局结构，避免项目重复建设、同业过度竞争、国内国际市场恶性竞争等，努力构建企业竞争新优势，取得明显成效。

中国远洋海运集团加快联合重组、全力提升综合竞争能力。2016年2月，原中国远洋运输（集团）总公司与中国海运（集团）总公司正式合并成立中国远洋海运集团有限公司以来，按照国资委工作要求，将改革重组和提质增效紧密结合，基本完成了新集团的平稳组建和主要业务板块的深度重组整合。重组后新集团综合运力超过8 500万载重吨，跃居全球航运公司之首，航运业务规模优势凸显。在世界航运业非常不景气的情况下，2016年上半年实现盈利98.4亿元，优势叠加效应逐步显现。远洋海运集团明确各板块功能定位，集团下属上市公司重组，没有采用简单的吸收合并方案，而是对四家上市公司进行重新定位，确定了集装箱运输、码头经营、航运金融、油气运输四大上市平台。集团将总部管理职能和服务支持相分离，组建职能部门和共享中心，分别承担运营决策和功能保障职能，既达到精简总部的目标，又妥善安置了人员。通过强强联合重组，公司的全球竞争力显著增强，为公司长远可持续发展打下了坚实基础。

中船重工推动内部联合重组、优化资源配置。经历了10年左右的跨越式发展，造船产能迅猛扩张，已跃居世界第一，但这些造船产能主要集中在中低端船舶领域，在散货船、油轮和集装箱船三大主流船型中也以散货船为主。我国造船产能的过剩实质上是一种结构性过剩，即中低端产能严重过剩，而高端产能则远远不足，例如，大型液化天然气（LNG）船、豪华邮轮、冰区极地运输船等供应严重不足。中船重工深入推进供给侧结构性改革，加快内部联合重组，优化资源配置，有序推进"去产能"。统筹军民船舶建造能力，以资源共享、综合利用、满足急需、优势互补为目标，在所属上市平台"中国重工"内实施造修船资源重组整合和国有资本优化布局，将大连船舶重工与山海关船舶重工、武昌船舶重工与青岛北海船舶重工四大船厂两两整合，重组成为两大造船集团。截至目前，中船重工造船重组率达到80%，核减产能目标500万载重吨，削减产能33.3%，企业核心业务市场竞争力显著提升。

二、国企"瘦身健体、提质增效"的政策建议

（一）加强方案研究设计和监督考核

国有企业"瘦身健体、提质增效"关系国有经济运行效率、国民经济发展质量，关系国有企业自身经营效率和市场竞争力，影响深远、意义重大，党中央、国务院高度重视，多次进行工作部署并出台了工作方案。然而，国有企业"瘦身健体"牵涉的面比较宽，涉及企业、管理层、职工等多方面的切身利益。同时，国有企业成立背景、经营范围、资产人员规模等各不相同，需要解决的突出问题也各不相同。推进"瘦身健体、提质增效"，需要紧密结合企业实际，加强研究和方案设计，注重综合平衡和统筹协调，针对存在的最突出问题和瓶颈障碍，"一企一策"，有选择、有重点地采用最适合模式稳步推进。

要加强对"瘦身健体、提质增效"各项政策措施落实情况的跟踪监

测、监督检查,对重大问题、重点工作及时协调、有效纠偏。加强专项督导,重点督查相关政策措施和工作方案的落实情况以及取得的实效,及时交流反馈督导情况。完善国有企业和国有企业负责人激励考核体系,加入"瘦身健体、提质增效"工作推进情况的考核制度和指标,考核结果纳入企业负责人年度评价考核。

(二)突出重点"瘦身健体、一企一策"推进改革

做强、做优、做大是国企改革的最终目标,但在不同阶段、不同领域、不同企业,侧重点应有所不同。既要做"加法",通过兼并重组、创新创业、提升国有资本整体功能和运行效率,打造一批具有较强国际竞争力的跨国公司,即重点是要"健体"。同时,也要做"减法",压减管理层级和法人层级,精简管理机构和人员,剥离社会职能和辅业,加快处置"僵尸企业",清理低效无效资产,解决历史遗留问题,让企业轻装上阵,提高市场竞争力,也就是重点要"瘦身"。

化解过剩产能、处置亏损落后企业要针对不同情况"一企一策",既不能简单采取"一刀切"的处置办法,大量破产清算,也不能优柔寡断、徘徊不前。对于所处行业产能过剩严重、亏损落后的企业,要针对不同情况抓住重点、分类化解、精准施策、协调推进。尽可能多兼并重组,少破产清算。对于不符合国家能耗、环保、安全、质量标准的落后产能企业,绝对产能过剩和衰退产业中长期亏损和停产的国有企业,该断贷的就断贷,坚决拔掉"输液管"和"呼吸机",从而为优势产业和企业腾出更多的发展空间,以便更有效地利用土地、能源、资源和信贷等稀缺资源,增加有效供给,提高企业国有资产运营效率。

(三)多措并举"瘦身健体","组合拳"提质增效

很多国有企业都对"瘦身健体、提质增效"高度重视,积极推进相关工作,大胆进行探索,取得了很多成功经验,总结出的压减管理层级人员、降本增效、聚焦主业、双创、联合重组等成功模式都是相对的,不是绝对的,也不是一成不变的。很多国有企业都是多种模式并进,甚至是所有几种模式同时应用,只是根据企业的不同情况、针对不同的问题有所侧重而已。国有企业"瘦身健体、提质增效"涉及面广、意义重大、任务

艰巨，不同的企业必须根据各自的具体情况和面临的不同问题，灵活组合选择相关政策措施。

对于机构臃肿、冗员较多、成本较高的传统国有企业，重点是要压减机构人员，切实降本增效，提高经营效率和资产收益率。业务范围过宽、资产过于分散、主业不够突出的国有企业，重点是要进行资产重组、业务整合、聚焦主业，提升企业国际竞争力。要构建以精益思维为导向的企业文化，形成改革内生动力，把精益管理文化上升到公司长远战略管理层面上加以高度重视，全面持续推进精益管理，落细、落小、落实，从而更好地适应经济发展新常态，积极化解经济下行压力的困扰，促进国有企业"提质增效"这一艰巨任务的顺利完成。

（本文修订于 2017 年 2 月 10 日）

第五篇
推进国有经济布局战略性调整

  20世纪末,针对我国国有经济战线太长、国有资本分布太散的问题,国家提出从战略上调整国有经济布局。经过十多年的发展,国有资本向关系国家安全、国民经济命脉的重要行业和关键领域集中,但布局过宽、过散的问题依然存在,一般性领域的国企竞争力在持续弱化,公共服务和产业引领等政策功能也没有有效发挥。21世纪以来,国有资本逐步向基础性领域和重要行业集中,但这种调整主要是通过增量投资来实现的,存量国有资本仍然存在于大量不重要的行业和领域中,而且退出和转移速度缓慢。未来国有资本布局调整的方向已非常明确,关键是要顺着国有资本的特性行事,并在高于实体企业的层面建立布局调整机制。

国有经济布局战略性调整的方向和改革举措

陈东琪　臧跃茹　刘立峰　刘泉红　姚淑梅[*]

这里所称的国有经济布局,是指国有经济在国民经济中的比重、在关键产业领域的分布、中央和地方企业区域格局、企业持股比例分配以及企业组织规模选择等。国有经济布局战略性调整主要包括上述外部总体调整、内部产业结构调整、地区层级调整、微观产权调整、企业组织规模调整五个维度,重点是内部产业布局调整,即向关系国家安全、国民经济命脉的重要行业和关键领域集中。深入推进国有经济布局战略性调整的目标是为了更好地服务于国家战略意图。

一、深入推进国有经济布局战略性调整的紧要性

深入推进国有经济布局战略性调整,是立足国情、适应形势、牵引全局、惠及长远的关键所在,是坚持和完善社会主义市场经济体制的必然要求,是参与全球化竞争合作的形势所需,是推动经济社会持续健康发展、创新驱动的动力使然。

(一)发挥市场在配置资源中决定性作用的必然要求

国有企业的定位决定了其本质是弥补市场失灵的作用,因此其与政府之间必然有千丝万缕的联系。推动国有经济向关键领域集中,合理减少国

---

[*] 陈东琪、臧跃茹、刘立峰、刘泉红、姚淑梅,国家发展改革委宏观经济研究院研究员。

有经济的分布范围,放开自然垄断领域的竞争性环节,消除各种行政垄断,大力发展混合所有制经济,实现国有企业与市场经济的融合,这为各种所有制经济公平竞争和合作、建立符合市场经济要求的现代企业制度奠定了基础,更为激发市场主体的活力和创新力提供了组织保障。可见,深入推进国有经济布局调整,是深化国有企业改革、完善我国社会主义市场经济体制的必然要求,是实现市场在资源配置中起决定作用的关键所在。

(二)构建开放型经济新体制的形势所需

我国将构建开放型经济新体制,推进对内对外相互促进、"引进来"与"走出去"更好结合,促进国际国内要素有序自由流动、资源高效配置、市场深度融合,企业在全球范围内配置资源、参与国际竞争将成为常态。在国际商务活动中,竞争性行业的国有企业往往被认为有政府背景,比没有政府背景的企业更加受限,选择机会较少,发展空间较窄,在激烈的国际市场竞争中要付出更高的交易成本和风险代价。如美国主导的TPP机制强调竞争中立,要求各国在融资、监管和透明度等方面,确保没有给予国有企业不公平竞争优势地位。这些新规则对于我国国有经济存在范围尤其是参与国际竞争形成了强大的外部压力。因此,深入推进国有经济布局调整,打造适合国际化发展需要、更富效率的企业组织新形式,是加快培育参与和引领国际经济合作竞争新优势的形势所需。

(三)新技术革命引导下产业升级的动力使然

打造国民经济升级版,促进产业结构转型升级,必然要求竞争性行业中成长出一批市场导向、技术领先、机制灵活的优势企业。未来在诸如新一代通讯、生物技术、新能源、3D打印以及信息与金融等融合发展的新领域,创新要以网络化,去集权化、小型化、个性化、灵活性为特点,国有大企业传统的工业化发展模式,难以跟上信息化后新兴产业的特点和节奏。另外,原本被认为具有自然垄断属性的垄断领域,随着新技术革命加速推进、市场容量扩大和金融创新的出现,导致某些进入、退出壁垒被逐渐克服,成为能够引入竞争、向社会资本开放的非自然垄断领域。因此,深入推进国有经济布局调整,顺应新的工业技术革命发展趋势,逐步从已失去竞争优势的竞争行业或过去所谓的支柱产业领域淡出,是我国产业结构转型升级的动力使然。

（四）促进民营经济健康发展的客观选择

我国国有企业长期以来的特殊地位使得民营企业与国有企业在资源配置上存在事实上的不平等，较之民营企业，国有企业享受到了相对廉价的融资、市场中的优势地位、大量的留存收益，政府补贴和倾斜政策。这种畸形的政企关系也导致国企及其管理部门腐败多发。要实现经济的持续健康发展和结构转型升级，无疑需要一个"公开、公平、公正"的市场和大量充满活力和效率的现代企业。伴随着国有经济布局战略性调整和股份制改造，进一步消除所有制标签，解放生产力，将促进各种资本优势互补、深度融合和有机统一。因此，深入推进国有经济布局战略性调整，必将推动落实对国有企业和民营企业一视同仁的政策要求，促进企业建立真正适应市场经济体制的现代企业制度和公司治理结构，这将有利于促进民营经济更为健康地发展。

（五）实现服务于国家战略目标定位的当务之急

党的十八届三中全会《决定》强调，国有资本投资运营要服务于国家战略目标，更多投向关系国家安全、国民经济命脉的重要行业和关键领域，重点提供公共服务、发展重要前瞻性战略性产业、保护生态环境、支持科技进步、保障国家安全。国有经济布局调整将进一步增强国有资本在这些领域的重要作用，尤其是在市场失灵的公共性产品提供领域发挥应有作用。同时，退出的国有资本可通过变现、划拨等方式主要用于补充社保基金，既充分体现了国有资本的全民属性，也有利于我国社会保障体系的进一步完善。因此，深入推进国有经济布局战略性调整，有利于改善民生、实现共同富裕，是实现服务于国家战略目标定位的当务之急。

（六）降低财政压力和风险的现实途径

国有企业往往将各种亏损，包括承担政策性任务形成的亏损和道德风险、管理不当等造成的亏损都归咎于政策性业务。而政府在无法准确区分这两种亏损的差别，又不能推托对政策性负担所造成亏损的责任时，就只能把企业的几乎所有亏损责任都负担起来，在企业的亏损形成后给予事后的补贴,这样无疑增加了财政的负担。我国政府或明或暗地补贴某些行业的国有企业,给亏损国有企业"兜底"的做法,不仅违背了公平竞争的原则,也加大了政府财政运行的风险。因此,深入推进国有经济布局战略性调整,使国有资本真正集中到关系国家安全和国民经济命脉的关键领域,从一般竞争性领域逐步退出,是降低不必要的财政负担和风险、减轻财政压力的现实途径。

二、国有经济布局战略性调整中的主要问题

国有经济布局战略性调整既是国有经济向关系国家安全和国民经济命脉重要行业和关键领域集中的主动选择,也是市场公平竞争、多种所有制经济共同发展的客观要求。当前国有经济布局仍然存在一些突出问题,需要通过深入推进战略性调整来加以解决。

(一)布局调整节奏与力度欠佳,近年来外部总体布局调整几乎处于停滞状态

不可否认,经过多年改革,我国国有经济布局调整取得了不小进展,但近几年又出现了停滞趋势。不但垄断性行业的改革进展缓慢,建筑、房地产等一些竞争性行业的国有经济比重甚至还有上升趋势,这与国有经济布局战略性调整的方向明显相悖。从国有及国有控股企业户数和职工人数看,2011年的数据较之2008年都有了不同程度的"回归"。例如企业户数,1978年为17万家,2008年下降到11.4万家,2011年又上升至14.5万家。和改革初期的1978年相比,企业户数和职工人数变化率并不大。

(二)内部产业布局集中度不够,关键领域缺失

关于国有经济布局的战略性调整,中央文件早已明确了方向,即向关系国家安全和国民经济命脉的行业集中,然而实践中调整方向有所偏离。

一方面,过于强调"保值增值"和增加企业利润,导致调整中进多退少,国有经济在竞争性领域布局分散的格局没有根本改变。相当一部分国有资本配置偏离"关系国民经济命脉的重要行业和关键领域"的功能定位,国有经济广泛分布在市场化程度比较高、竞争比较激烈的加工工业

和一般竞争性服务行业，行业分布面过宽、过散、过杂的特征十分明显，"战略性"难以体现。在全部14个大门类，以及40个细分工业行业中，国有经济都有不同程度的分布。2012年，在规模以上工业行业中，食品、饮料等纯粹竞争性行业的国有资产占该行业全部资产比例分别达到9.4%和28.9%。属于一般竞争性行业的黑色金属冶炼、有色金属冶炼、通用设备、专用设备、汽车、铁路船舶航空设备的国有资产占比更高达51.2%、42.9%、23.4%、30.9%、47.8%和56.8%。

另一方面，一些对整个国民经济发展具有重要意义，应由国有经济体现主导作用的公共服务领域却进入不足。在全国国有企业资产总额中，2003~2011年，信息技术服务、卫生体育福利、教育文化广播和科学技术四大公共服务行业中国有资产的占比分别为0.33%、0.06%、0.63%和0.6%，合计只有1.62%，还不及煤炭、石化、冶金、机械、化学工业单一工业行业国有资产的比例，也远低于商贸等传统服务业。国有经济重经济建设、轻公共服务，重经济基础设施、轻社会事业发展的情况长期存在。在公共卫生、基础研究、义务教育等一些该由国有经济和国有资本充分发挥作用的领域，国有资本投入严重不足。

（三）中央地方层级布局调整功能不清，央企居于相对优势地位

2001~2011年，中央管理企业资产总额占全部国有企业的比例由31.5%上升到36.8%，主营业务收入比例由32.6%提高到53.6%，利润总额比例由61.9%下降到50%，企业户数比例由6.5%提高到21.8%，职工人数比例由16%提高到33.9%。中央管理企业各项指标在全部国有企业中的比例也大多呈上升趋势。可见，中央企业在国有企业中的地位与作用有所提高。

（四）微观产权改革调整收益被大股东侵占，职工合法权益受到损害

由于国有大型企业特别是中央企业母公司层面的股份制改革相对缓慢，内部制衡机制尚未有效形成，国有企业内部人控制的问题没有根本解决，导致调整过程中一些不规范乃至腐败现象产生。一是国企改制过程中国有资产流失问题需要引起重视。一些国有企业在改制过程存在不透明现象，财务审计和资产评估不规范，产权交易暗箱操作，造成国有资产流失

和滋生腐败。二是职工合法权益受到侵害问题同样不容忽视。有的改制企业不按规定计算和发放职工身份转换经济补偿金，甚至大批裁员，严重损害了职工的合法权益。三是部分下岗失业职工再就业难。这部分人成为社会的"弱势群体"，有的甚至连基本生活都得不到保障，横向对比之下容易造成社会矛盾激化。

（五）调整手段以行政捏合方式为主，市场化运作方式欠缺

以往的国有经济布局调整过程中，多为通过行政力量干预后的"被动"调整，在国有经济内部做加法，"体内循环"。以大国企并购中小国企，中央企业并购地方国企等"体制内"整合为主。从中央企业层面看，存量国有企业产权转让给民营等非公有制经济成分的案例较为鲜见。真正具有较强自主创新能力和国有经济竞争力的世界一流企业仍较为缺乏，国有企业运营效率低于非国有部门。

（六）利益格局难以打破，行政特权和行业垄断仍是布局调整的最大制约

虽然经过多年的国有经济布局调整，但电力、石油、石化、电信、铁路、金融等行业长期由国有经济高度垄断控制，一些垄断行业的竞争性环节也存在较强的市场壁垒。垄断领域国有经济布局调整步伐缓慢的同时，凭借其垄断地位，也给部分行业企业管理层及其员工带来了高收入，给我国的国民收入分配格局带来了一定的负面影响。而民营资本进入相关领域受到行业准入、资金实力、资质等各种显性或隐性市场壁垒的阻碍，发展举步维艰。庞大的垄断利益集团，赢得了更多的话语权，越来越显著地影响到国家高层决策和宏观调控的取向，经常利用主体地位的不平等及其话语权优势，压缩其他所有制企业的生存空间。国有垄断在很大程度上限制了最具活力的民营经济的发展，导致了相关行业的高盈利和低效率，由此造成的社会分配不公平和腐败问题也引起了社会公众的普遍不满。

三、深入推进国有经济布局战略性调整的方向和目标

深入推进国有经济布局战略性调整，必须与我国国有企业的定位、国

有企业改革的路径以及现阶段发挥的功能作用相结合，体现功能细分、分类调整、动态变化、方向属性（公益性和竞争性）等特征。以科学分类为前提，按照范围集中化、准入公平化、规模去恐龙化、管理去行政化、经营资本化、治理公司化的基本思路，实现国有经济布局战略性调整的方向和目标。

（一）国有经济布局战略性调整的方向选择

进一步解放思想，按照政府的归政府，社会的归社会，市场的交市场的总体要求，细分国企功能，梳理不同类型国企的作用和存在的目的，以科学分类为前提，推动国有经济有进有退的布局调整。

长远看，国有经济布局调整最终归结为两个方向：一是公益性（非营利性）方向，国有经济在极少数特殊产业和领域不以营利而以完成政府公共政策、提供公共服务、保障国家安全为目标；二是竞争性（营利性）方向，国有经济以混合所有制形式存在于国民经济命脉的重要行业和关键领域，包括基础性、战略性、重要前瞻性产业和领域等。随着国企改革的深化，通过国有资本、集体资本、非公有资本等交叉持股、相互融合的混合所有制经济，国有资本以控股或参股的形式发挥国有经济的影响力，通过混合所有制这一微观组织形式进一步提高活力与效率。

由于国有企业改革及垄断行业改革尚需要一个过程，近几年，即从现在到2020年间，国有经济布局战略性调整大致分为三种方向类型，即公益性、混合性和竞争性。国有经济布局明确凸现少数公益性领域，并对基础性、战略性、前瞻性产业集中收缩的同时，要对垄断行业实行引入社会资本、特许经营、分拆竞争环节等方面的改革和产权调整，对竞争性行业进行逐步降低持股比例甚至完全退出的战略性调整。三个具体方向如下：

1. 少数承担公共政策功能的国企回归公益性，弥补市场失灵

国防军工、战略物资储备、义务教育、基本医疗养老和公益性研发等领域的企业或机构，明确其公益性。国有资本加大对公益性企业的投入，在提高公共服务质量水平、增进社会效益方面做出更大贡献，回归国企存在的本来目的，弥补市场失灵，发挥国有经济的控制力。这部分公益性企业或机构属特殊法人，由专门的法规管理，经营去盈利化，利益去内部化，严格规范其行为。

2. 垄断行业国企垄断性和竞争性功能分拆，在一定时期兼有混合型特征

石油天然气、电网电力、铁路、电信、航空航运以及金融等行业，这些领域现阶段被认为是影响国民经济命脉的重要行业，负有保障国家经济安全、提供基础性普遍服务功能，国有资本在发挥控制力的基础上，推进公共资源配置市场化，着力清除市场壁垒，放开市场准入，通过横向或纵向分拆和对社会资本开放等改革调整，提高经济运行效率和社会的普遍福利，发挥国有经济控制力、影响力。具有网络属性的垄断环节，如电网、石油天然气管网、铁路网、电信网以及市政领域供水、供气等，国有经济继续控股经营，接受基于合同或基于规则的严格管制。具有区域性网络特征的领域，如城市供水、供气、供热等，通过特许经营、公私合营等方式，加快对社会资本开放。垄断行业通过引入民间资本开放产权、同时引入相对竞争的机制，提高服务水平和效率。分拆出的竞争性业务大力发展混合所有制经济，与其他市场主体平等使用生产要素、公开公平公正参与市场竞争。建立公平公正公开的市场环境，促进国资本和非国有资本共同参与投资、建设和运营，提高经济运行效率和社会的普遍福利。

3. 多数国企的竞争属性以混合所有制形式实现，强化市场配置资源的决定性作用

竞争性行业，包括餐饮、旅游、家电、建材装饰、纺织服装、食品加工、种植养殖、物业、商贸流通、房地产、机械制造、汽车、轻工、文化传媒、冶金、化工、煤炭、发电等，要大力引入民间资本发展股权多元化的混合所有制企业。国有资本降低持股比例甚至逐步退出这些产业领域，向重要行业和关键领域集中，实现国有资本的流动性，增强国有经济活力和效率。国有资本在竞争领域流动、收缩或逐步退出，并不代表有竞争力的企业形态的消失，而是与其他竞争性企业无特殊身份标签差异，以产权多元化的现代公司制企业形式存在，可以打破所有制鸿沟，进一步解放生产力。长远看，在竞争领域国有经济分布和控制程度必然逐步减弱，在集中集聚、安全高效、动态调整原则下，以资本的形态存在于重要前瞻性战略性产业、保护生态环境、支持科技进步等体现国家战略意图的重要领域。

值得强调的是，上述改革调整的方向不是固化的，而是一个动态调整的过程。随着国家对市场的宏观调控手段和方式更加完善和多样化，国有经济承担的各种公共职能可能越来越多地被市场化、有偿经营、政府采购方式所取代。以执行公共政策为主要职能的特殊国企，将来向完全竞争性企业改制也并非没有可能。

（二）国有经济布局战略性调整的基本思路

1. 范围集中化

针对国有经济产业涉及宽泛、实现国家战略意图不明显等问题，增大国有资本在公益性领域的投入，切实推动国有资本向关系国家安全、国民经济命脉的基础性、战略性、前瞻性产业和领域集中，国家经济存量和增量都要明确集中范围，合理优化、多数产业领域以混合所有制经济形式实现，控股的比例由绝对控股向相对控股甚至"金股"方式转变。国有资本从一般竞争性领域退出，退出收益用于补充社保资金或其他公共性支出。

2. 准入公平化

市场准入方面，破除垄断，清除显性和隐性壁垒，形成竞争性市场结构。分拆自然垄断性和竞争性业务，在自然垄断行业国有资本发挥控制力的基础上，有条件的领域可采取特许经营方式向社会资本开放。剥离竞争性业务，引导民间资本进入，形成股权多元化、相互竞争的市场格局。除少数公益性企业外，国有资本存在于混合所有制企业中，与其他非公有资本同等使用生产要素，公开、公平、公正参与市场竞争，同等受到法律保护，履行共同的社会责任。以立法形式巩固已有市场化改革的成果，扩大民营经济发展空间。

3. 规模去"恐龙化"

目前，一些大型国企具有规模"恐龙化"的趋势，过度多元化，多个企业叠加，多层级化，无边界扩张，造成产权不明，管理混乱，体制僵化，创新不足，大而不强。很多国有企业不但继续保持行政垄断地位，凭借资源资金优势，通过并购或新建方式更多投入一般性竞争领域，经营领域和范围无边界扩张。因此，国有经济布局现阶段要采取收缩范围、保障重点、规模去恐龙化的思路，单体企业通过业务剥离明确经营主业、优化组织架构、提高核心竞争力，并通过引入外部资本或上市进行公司化改制。

4. 管理去行政化

"体制内"的国有企业，企业负责人"官本位"意识较强，市场化的激励机制受到限制。政府给企业设置多元目标，使企业竞争中经济目标和政治地位之间互为借口。国企通过延续的行政级别享有很强的话语权，在市场中获取资源、银行贷款、政策优惠等方面处于有利地位，不仅直接抑制民营资本投资增长，更为严重的是，由于跨所有制人才、技术、产权流动遇到较大非经济因素干扰，间接造成资源错配。因此，必须去除国有经济特权和官本位、行政化色彩，重塑国企的市场化人格，激励机制同样与市场接轨，通过建立职业经理人制度，减少行政任命管理人员，合理增加市场化选聘比例，更好地发挥企业家作用。

5. 经营资本化

政府对国有经济要从管理企业向管理资本转化，通过组建国有资本运营公司等平台，建立国有资本优化布局、有进有退、合理流动、动态调整的机制，而不是维持现有的"固化"和"只进不出"的格局。国有资本必须从不具优势的领域退出，从产能过剩行业有序退出，实现国有资本投资运营服务于国家战略目标的定位。把国有资产委托专业机构运作，持股机构和企业建立真正的股东关系，减少来自政府的行政干预，使企业按现代公司制企业的方向发展。资本化经营后国有资本可进一步降低控股比例，大幅度放大企业资本杠杆作用，借助社会化资本加速企业发展，凸显精英和企业家在资源配置和效率方面的能动性和约束力。

6. 治理公司化

推动绝大多数国有企业进一步健全现代企业制度，形成权责统一、运转协调、有效制衡的法人治理结构。让国有企业真正成为自主经营、自负盈亏、自担风险、自我约束的市场经济主体。推进国企母公司层面股权多元化的混合所有制改革，进一步完善相互制衡的公司治理结构，建立外部董事制度，在董事会下面设立战略、提名、薪酬与考核等专门委员会，逐步形成出资人、董事会、监事会、经理层各负其责、协调运转、有效制衡的现代企业制度，使企业经营机制进一步得到转换。形成相互制衡的公司治理机构，避免了"一把手说了算""内部人控制"的危害。建立强制性的小股东累计投票权制度，使混合所有制企业中的小股东有充分的利益诉求和表达渠道。

(三)国有经济布局战略性调整的目标

着眼于 2030 年甚至更为长远,国有经济在整个国民经济中所占比重适度降低,行业布局合理,国有资本绝大部分集中于真正关系国家安全和国民经济命脉的关键领域以及公益性行业的优势企业,进一步增强在这些领域的控制力和影响力。中央和地方国企之间的层级布局结构关系科学,股权布局优化,混合所有制经济蓬勃发展,国有经济活力凸显,对非公有制经济的引导和带动作用进一步增强,形成国有经济与民营经济优势互补、融合发展的局面。

到 2020 年,国有经济总量比重显著降低,占国内生产总值(GDP)的比重,以及国有企业资产总额、营业收入占全社会工商企业的比例进一步降低。国有经济行业布局结构更为合理,国有资本进一步向关系国家安全和国民经济命脉的领域以及公共服务领域集中,一般竞争性领域国有企业基本退出,对公共服务类国有企业的投入不断加大,国有经济在经济门类中的分布范围进一步收窄。中央和地方两级国有企业布局结构更为合理,以股份制为主要形式的产权制度改革基本完成,国有经济领域基本实现股权多元化,国有、民营和外资共荣共进的多种所有制经济发展新格局初步形成。国有企业的数量进一步削减,逐步减少地方融资平台。

定量目标见表 1、表 2、表 3、表 4、表 5。

表 1 国有经济的外部性总体布局(总量比重)调整目标

指标名称	2020 年(%)	2030 年(%)
国有经济活动占 GDP 比重	≤30	≤20
国有企业资产总额占全社会工商企业的比例	≤25	≤15
国有及国有控股工业占规模以上工业企业主营业务收入比重	≤15	≤10
国有经济活动投资比重	≤20	≤15
国有经济活动占城镇就业比重	15	12
国有资本(产)占社会总资本(部门资产)的比重	≤25	≤15
中央企业数量	≤50	≤30
国有经济领域股权多元化实现率	≥90	≥95
国有资产向优势国有企业集团和企业主业集中率	≥95	100

续表

指标名称	2020年（%）	2030年（%）
国有经济在国民经济大门类中分布	≤11	≤9
国有经济在工业门类中分布	≤23	≤11

注：这里的中央企业数量仅指国务院国资委监管的中央企业数量，未包括隶属于财政部等其他部委的企业以及金融类企业。

表2　　　　　国有经济的行业布局（总体）2020年调整目标

	独资（%）	绝对控股（%）	相对控股（%）	参股（%）
竞争性行业	0	0	10	90
不完全竞争性行业	10	15	45	30
垄断性行业	20	15	40	25

表3　　　　　国有经济的行业（具体行业）布局调整目标

	2020年	2030年
农林牧渔业		
工业	★★★	★★
建筑业		
地质勘查及水利业	★★★★★	★★★★★
交通运输仓储业	★★★	★★
邮电通信业	★★★★	★★★
批发和零售、餐饮业	★	
房地产业		
信息技术服务业	★	
社会服务业	★★★★	★★★★★
卫生体育福利业	★★★★	★★★★★
教育文化广播业	★★★★	★★★★★
科学研究和技术	★★★★	★★★★★
机关社团及其他	★★★★★	★★★★★

注：星的数量多少表明国有经济在相关行业的控制力和影响力大小，无星表明国有经济基本退出，下同。

表4　　　　　国有经济的层级布局2020年调整目标

	独资（%）	绝对控股（%）	相对控股（%）	参股（%）
中央企业	10	20	20	50
地方国企	8	15	15	62

表 5　　　　　　　　国有经济产权和规模布局 2020 年调整目标

	独资（%）	绝对控股（%）	相对控股（%）	参股（%）
大型企业	10	20	20	50
中型企业	0	0	5	95
小微企业	0	0	0	0

四、深入推进国有经济布局战略性调整的关键举措

通过国有经济布局五个维度的调整，伴随着国有经济比例降低并稳定在一定的水平，使国有经济向公益性领域加强回归，向体现国家战略意图的基础性、战略性、前瞻性重要产业和领域收缩集中，向竞争性领域实现产业和产权的广泛开放，中央地方层级分布功能明确，微观持股比例和企业组织规模进一步合理优化，不断增强国有经济活力、控制力和影响力。

（一）外部总体布局调整：有序进退，比例降低

国有经济占国民经济比重多少为宜，没有一个绝对化标准。为使国民经济保持长期活力，发挥市场配置资源中的决定性作用，必须在范围集中化的同时，合理降低国有经济在国民经济中的比重，进一步明确市场化改革的方向。

1. 建立国有资本有序进退的动态调整机制

继续推动国有资本向关系国家安全和国民经济命脉的重要行业和关键领域集中。有计划地促进国有资本从一般竞争性产业和非行业骨干企业退出，做到布局"少而精"。建立进入、退出机制，加快退出速度，加大退出力度，即使是国有资本必须进入的领域，也要在国有资本完成其特殊使命后通过市场化方式及时退出，实现国有经济的动态管理。

2. 以竞争性行业为突破口，加快国有资本退出步伐

对于一般竞争性行业，如纺织、轻工、传统商贸、房地产等，应促进国有经济逐步降低比重并有序退出，为非公有制经济快速发展创造更为广阔的市场空间。逐步减少竞争性行业国企数量，营利性的大型国企以转让股权等方式全部或大部分退出，降低控股度。中小型国企以转让股权等方式全部退出。地方竞争性国有企业退出步伐要快于中央企业。

3. 以产权为纽带，鼓励非公有制经济以控股或参股的混合所有制形式全面参与

加大对非公有制经济参与国有企业改革的支持力度，促进民营企业等非公经济成分企业通过并购、控股、参股等方式，参与国有经济布局调整，国有资本投资项目允许非国有资本参股，实现公有制经济与非公经济互利共赢。加快制定支持非公有制经济参与国企改革的政策规定和实施方案。

（二）内部产业布局调整：集中范围，增强保障

切实推动国有资本向关系国家安全、国民经济命脉的公益性、基础性、战略性、前瞻性产业和领域集中，这是国有经济战略性布局调整的重中之重。在公益性领域，更大程度地发挥国有经济的主导作用，实现国有资本强力回归。竞争性领域，以混合所有制为基石，发挥市场配置资源的决定性作用。

1. 加大公益性、基础性、战略性行业国有经济进入力度

增量改革方面，适当增加公益性和不完全竞争性行业国企数量，以有效弥补公共服务的缺位。使国有资本投资运营更好地服务于国家战略目标，更多地投向关系国家安全、国民经济命脉的重要行业和关键领域，重点提供公共服务。引领重要的前瞻性战略性产业发展，待非公有制经济成长壮大，有足够能力参与市场竞争后国有经济考虑逐步退出。在保护生态环境、支持国家科技进步、保障国防军事和经济安全等领域更好地发挥国有经济的主导作用。

2. 细分垄断行业及其业务环节，加强自然垄断行业监管

借鉴国际上"网运分离，区域竞争""干线公司+平行线竞争"等运营模式，引入相对竞争的经营模式。铁路支线、城际铁路、城市轨道交通等小型铁路，所需资金规模相对较小、盈利边界相对清晰，适合对社会资本开放。市政公用事业等具有区域性网络特征的领域，可以通过特许经营等方式对社会资本开放，也可通过引入社会资本参股、公私合营、形成混合所有制的企业。放开对进口原油、成品油、天然气的限制，放宽对油气资源勘探开发市场准入，在油气等资源的中下游加工环节建立竞争的市场格局。烟草、食盐等行政垄断性质的专营行业不必要完全国有，只要能够

保障税收或实现国家战略意图，民营化或股权多元化改革也可择机推进。

3. 放松行业准入，全面建立混合所有制经济

允许非公有资本进入法律法规未禁入的基础设施、公用事业及其他垄断性行业和领域。增强市政公用行业特许经营的透明度和规范度，提升非公有制企业进入特许经营领域的可操作性，有效消除导致其不愿、不想、不敢进入特许经营领域的约束，拓展非公有制经济发展的领域。在准入条件上，要降低门槛，减少审批，简化程序，营造公平透明、快捷有序的准入环境。

（三）内部央地层级布局调整：区别功能，优化布局

中央企业和地方国有企业的层级布局也应区别功能，合理调整。现阶段中央所属国企为实现国家战略意图，公益性和竞争性职能兼而有之，但要明确地方国有企业功能不同，要大量减少地方国有企业竞争的属性，更多发挥市场配置资源的作用，促使地方国有企业在提供公共服务、增进社会效益方面发挥更大作用。

1. 合理划分地方国有企业类别，进行差别化调整

对于地方国有企业，可以将其分为三类，有针对性地进行国有经济布局调整。第一类是各地提供公共服务的骨干企业，这些企业应该重点发展。减少企业对地方 GDP 贡献度的关注，更加关注企业对公共服务和就业等方面的贡献度。具有区域性网络特征的地方国企，也可采取特许经营等方式对社会资本开放，以提高服务水平和效率。第二类是服务地方城市建设的平台公司，实质是承担政府延伸职能，助推地方政府追求 GDP，帮助政府债务转移到企业身上。这类企业比重要大为减少，并做好风险防范，或引入社会资本参与公司经营，促进地方产业转型。第三类是大量的竞争性企业，建立混合所有制企业、资本运作、有序退出是唯一可靠的途径。

2. 将产权置换作为中央企业与地方国有企业层级布局调整的重要方式

中央与地方企业之间的产权置换应该以战略并购和强强并购为主要形式。通过产权置换，原来单一国有股东改变为中央和地方国资委，或者中央企业和地方企业共同持有股权的公司，使中央和地方国有独资企业实现股权多元化，更好地发挥中央企业和地方企业的整体作用。

(四)微观产权布局调整:资本运作,增强活力

合理优化企业资本结构,多数国有经济的作用通过混合所有制经济形式实现,做到国有经济和其他所有制经济成分"你中有我,我中有你",控股的比例由绝对控股向相对控股转变,探索金股的方式以实现国家的控制力和影响力。

1. 坚持以股份制为方向进行国有企业改革

允许更多国有经济和其他所有制经济发展成为混合所有制经济,鼓励中央与地方、国有与非公之间交叉持股,大力发展多元持股的混合所有制企业。加快推进国企特别是母公司层面的公司制股份制改革。

2. 明确股份制改造的路径和措施

将事实上由政府掌握的产权适当分离,建立明确的国有产权委托代理关系。政府以股东身份,和其他持股者一样,通过董事会共同行使产权。争取大部分国有企业通过股权多元化改革,逐步发展成为混合所有制企业。通过实施股权多元化改革,吸引更多的社会资本与国有资本共同发展,促进国有企业进一步完善法人治理结构和内部的运行机制。

3. 通过上市完善国有股份进入及退出的合理流动机制

在股份化的基础上,优质的国有股份制公司可通过股票上市的途径,在上市交易的锁定期完毕后,依托资本市场增强国有资本的流动性,让国有资本根据需要顺畅地从相关产业退出或进入,实现从绝对控股向相对控股或参股甚至退出的调整。对于一定时期有必要强化国有控制力的领域,也可以通过资本市场买入更多股份,加大在公司的话语权。国有资本在不同类型企业中的不同形态见表6。

表6　　国有资本在不同类型企业中的不同形态

	适用企业类型	未来主要改革举措
国有独资	涉及国家安全的少数公益性国有企业或公益机构	以公法约束,加强政府监管
绝对控股	国有资本投资公司、国有资本运营公司、网络属性的垄断环节	加强政府监管,强化对企业领导人员的激励和约束机制,垄断环节通过特许经营等方式对社会资本开放
相对控股或金股	涉及竞争领域的基础产业、实现政府战略性意图的新兴产业	根据行业发展特征及技术变革的趋势决定股份增减,完善公司治理机制

续表

	适用企业类型	未来主要改革举措
参股	不需要国有资本控制，可以由社会资本控股的企业	国有资本根据国家需要逐步出售、退出
退出	不需要国有资本参与的企业	国有资本尽快实现退出

4. 充分发挥国有资本投资运营公司作用

国有资本投资公司以产业资本投资为主，着力培育产业竞争力。主要开展股权运营，改善国有资本的分布结构和质量效益，实现国有资本的保值增值。其与所出资企业更加强调以资本为纽带的投资与被投资的关系，在投资管理、公司治理、职业经理人管理、管控模式、考核分配等方面，力争更加市场化，更加充分体现国有经济的活力、控制力和影响力。

5. 设立"黄金股"，保证政府话语权

"黄金股"的实质是政府特权，可通过立法、公司章程和股权出售协议三种方式实行。作为一种政府持有的对特定事项行使否决权的股份，政府可以监测和否定企业损害或者不利于国家整体利益和战略的发展方向。防止一股独大、恶意收购和接管，特别防止外资收购本国重要战略行业的企业。确保企业现有目标不发生重大改变，防止企业战略资源或核心资产被出售，确保投资者遵守股权收购协议的其他承诺。

（五）企业规模布局调整：做优做强，抓大放小

规模布局调整包括两个方面：一方面从规模属中小型的国企中逐步退出，向大型企业集中；另一方面，单个国有企业的规模并非越大越好。如果只是规模做大了，而企业的核心竞争力不强，这样的巨型企业或特大企业实际上也就是把若干个企业整合到一起，并没有做到"大而强"。我国某些特大型垄断企业的产权改革在较长时间内难以完全到位，但近中期内可以考虑将某些企业进行分拆或重组，以克服企业规模过大、管理层级太多所带来的效率低下，以及内部不同业务板块之间的利益输送问题。对于特大型规模的"恐龙化"企业，也可适当进行拆分，实行去"恐龙化"和归核战略的调整。代表性企业的规模布局调整建议见表7。

表7　　　　　　　　　代表性企业的规模布局调整建议

所在行业	代表性企业	调整或分拆建议
石油石化	中国石油 中国石化 中海油	按开采及管道输油、炼油/石化、设备安装制造、销售组建若干专业化公司，开采及管道输油环节可国有独资或控股，其他环节应加大引入民间资本
电信	中国移动 中国电信 中国联通	按基础电信（基站、固话网）和增值服务业务分别组建专业化公司，基础电信业务国有控股，其他环节放开，发展混合所有制经济
电网	国家电网 南方电网	纯粹的电网输、配电业务国有控股，售电以及设备制造等业务放开，发展混合所有制经济
铁路	中国铁路总公司	按区域组建若干铁路公司及运营公司

五、深入推进国有经济布局战略性调整的配套举措

推进国有经济布局调整，不仅要在上述五个维度的布局方面采取切实措施，也要在发展规划、法制环境、风险防范、国资管理、统筹社保以及市场体系等方面采取科学合理的配套举措。

（一）科学规划，合理确定时间表和路线图

国有经济布局调整，需要科学规划合理的时间表和路线图。鉴于国有经济布局调整在我国经济体制改革中的重要作用，建议在国民经济和社会发展"十三五"规划体系中设立专项规划，进一步明确国有经济布局战略性调整的具体目标、到各时间节点应该完成的任务、重大改革举措以及国有企业的分类标准等，并采取先易后难、先"竞争"后"垄断"的顺序，合理安排国有企业改革的时间表和路线图，做到统一规划，全盘布局，分阶段实施，控制节奏，为"十三五"乃至2030年的国有经济布局调整指明方向。

（二）加强立法，建立完备的法制环境

应进一步完善国有资产立法，健全国有资产监督管理法规体系。围绕规范政府、国资监管机构与国有企业之间的关系，健全国家出资企业投资管理、财务管理、产权管理、风险管理等专项法规，明晰国有资产基础管

理制度。清理修订限制非公有制经济发展的法律法规，给予不同资本和市场主体以平等的准入待遇。大力完善保护私人财产的法律制度，确保非公有制经济产权与公有制经济产权同样不可侵犯，促进非公有制经济健康发展。制定非公有制经济进入供水、供气、供热、垃圾污水处理及公共交通等市政公用行业的特许经营办法，从法律上明确非公有制经济进入这些领域的合理回报机制。给予各类市场主体同等的法律待遇，提供均等的竞争机会。

（三）统筹协调，有效防范布局调整进程中的各种风险

国有经济布局调整进程中会面临各种风险，如国有资产流失、职工权益受损、维护社会稳定等，需要采取有效的措施加以防范。一是有效防范国有资产流失的风险。客观、公正地做好包括商誉、品牌等无形资产在内的国有资产评估、协议转让、挂牌出售等各项工作，强化审计、纪检监察等部门以及社会舆论的监督作用，防止国企改制过程中的国有资产流失。二是防范职工权益受损的风险。加强国有经济布局调整和企业改制过程中的员工队伍稳定和职工权益保护，合理足额地支付补偿金额，还清拖欠职工的各项债务，做好养老、医疗等社会保障方面的制度安排，防止职工的合法权益受到损害。三是防止群体事件造成影响社会稳定的风险。加快建立国有经济布局调整重大事项社会稳定风险评估和预警机制，有效防范因国有经济布局调整而带来的社会不稳定因素，切实预防群体性事件的发生。

（四）转变职能，理顺国有资产监督管理体制

坚持政企分开、政资分开、所有权与经营权分开，进一步转变政府职能，切实落实企业自主经营权。改变国资委"婆婆加老板"式的按保值增值要求管理国资做法，使国资委从国企的代言人和利益共同体向全社会和国家利益的代言人转变，由主要从国企角度考虑问题转向从全民、全社会的角度考虑国企和国有资产问题。以管资本为导向，大力推进国有资产资本化，改革国有资本授权经营体制。促进国资本适度集中于优势企业集团，最大限度地发挥国有资产投资平台在国有经济布局调整中的积极作用，使国有资本更多进入公共服务领域、国有经济与非公有制经济之间的

产权转让、国有企业之间的兼并重组以及劣势国有企业退出等都通过国有资本投资公司来进行。建立社会公众的表达和参与机制，加强对国有企业的外部监督。

（五）系统推进，统筹国有经济布局调整与社保体系完善

充分体现国有资产的全民属性，用退出的部分国有资产适当补充社保资金。创建国有资本红利分配长效机制，竞争性国企的国有股权转让收入、年度股东红利和其他经营性收益，不再投资，将其充实社会保障基金；公益性国企的税后利润分红部分再投资，部分上缴政府财政；混合型国企的税后利润分红的再投资比例低于公益性国企，上缴比例高于公益性国企。编制以收入预算和支出预算为基本内容的国有资本经营预算表，提交本级人民代表大会审查，并严格监督预算执行情况。使国有资产真正服务于公共利益，为促进我国经济发展方式转变做出实质性贡献。

（六）公平竞争，大力完善市场体系

建立完善统一开放、竞争有序的市场体系。加强产权交易市场、资本市场、金融市场、信息市场、职业经理人市场等相关市场建设，为进一步规范国有企业布局调整过程中的产权出让行为提供有力支撑。建立资源产权市场，使公有资源的使用权通过公开竞标的方式获取，并可在市场上流转。重视发挥中介组织的独立作用，使其服务方式、程序、标准等进一步科学化和规范化，防止腐败与损害国家利益的行为的发生，为国有资本适当退出和布局调整创造更为良好的市场环境。打造各类资本公平竞争的市场环境，构建公平、开放、透明的市场规则，使市场机制在国有经济布局调整中发挥决定性作用。

（本文修订于 2015 年 1 月 6 日）

全面理解国有经济主导作用

陈小洪[*]

党的十八届三中全会指出,必须毫不动摇地巩固和发展公有制经济,坚持公有制主体地位,发挥国有经济主导作用。如何全面地理解国有经济的主导作用,是深化市场经济必须弄明白的首要问题。

一、国有经济的主导作用

一是推动国民经济的整体发展。这不仅要求国有企业有良好业绩,不能仅着眼于自身发展和效益,还必须看其对国民经济整体发展的影响。国有经济与非国有经济的公平竞争有利于企业提高效率,但国有经济由于政策"偏爱"限制非国有经济发展时,可能就需要研究国有经济改革,包括国有股减持乃至"退"的问题;当国有企业行为不规范而影响非国有经济发展时,就需要按公平竞争和交易原则规范国有企业行为;在出现国民经济系统风险时,可要求少数特殊国有企业提供特定的"经济调控和拯救功能"。

二是全面理解国有经济在重要行业和关键领域的作用地位。这些行业领域,即党的十五届四中全会所说的"国有经济要控制的行业和领域",主要包括"涉及国家安全行业、自然垄断行业、重要公共产品和服务行业,以及支柱产业和高新技术产业中重要骨干企业"。

中央文件为什么重视国有经济在这些领域的作用地位?笔者的理解是,这些领域往往存在市场失效。这是30多年国有企业改革的成果,发

---

[*] 陈小洪,国务院发展研究中心企业研究所原所长。

挥这些企业的作用，同时深化改革，使其发挥更大作用，是利用中国最宝贵的企业组织资源。

重要作用未必是支配性作用，更不是说这些行业所有企业都是国有企业，尤其是高竞争性的高新技术产业，国有企业只应理解为已存在的或少数必须国家建立的国有企业，国有经济在有关企业可以控股，也可以参股。

更重要的是，重要行业和关键领域范围，会由于企业进步、产业发展而发生变化，国有企业和国有资本发挥作用的方式亦会相应变化，总的方向是更多地发挥支持和拉动其他企业发展的作用。

三是在占大多数的其他产业领域，国有企业与非国有企业将是平等的合作关系或竞争关系，原则上国家不应通过政策特别支持这些产业的国有企业。

四是国有经济的作用决不仅指国有控股企业的作用。党的十五届四中全会在说明国有经济控制力时就指出，包括用参股的方式保持控制力。这就意味着，即使在"重要行业和关键领域"，亦包括其他行业领域，国有经济的控制及影响方式也可以是国家参股企业，国家可以只是一个有战略目标的财务投资者。

五是理顺国有企业与非国有企业及社会的关系。应该明确：国有企业与其他竞争者和合作者的基本关系是平等市场主体间的关系，不能滥用在重要行业和关键领域支配地位带来市场优势，要上缴红利和各种税费（含资源税费），回报社会。

在上述方面，目前国有经济都发挥了积极作用，同时也存在问题。这与国有企业的利益驱动及相应的行为有关，与企业环境系统有关，如金融系统因国有企业不同程度隐含政府支持或担保而更愿给予其融资支持，还与国家有关政策法规不到位、不明确有关。党的三中全会文件明确了政策方向，但如果缺乏全面配套的政策法规，就会出现问题。

二、国有企业应按功能作用与产业性质改革

国有经济的背后涉及国家所有权。国家所有权政策的实施效果如何，不仅对国有企业的发展和改革，而且对中国经济发展有重大的长远和现实

的意义。

实施国家所有权政策是项系统工程。就国有经济而言,对功能性的国有企业,应根据所在领域的主要矛盾和问题,评估梳理企业发展前景,明确不同企业基本功能及相应条件,确定具体目标和行为规则,尽可能利用市场机制;对竞争性的国有企业,要以强化竞争、改进治理为重点推进国企改革发展。

从基本面看,根据市场经济体制下国有企业的基本功能和产业的经济性质,国有企业可以分为两大类:特殊产业领域和一般产业领域。对不同的产业领域,国家所有权政策将有所不同。

特殊产业领域是存在着市场失效问题,与国民经济命脉和广大公众利益有关,国家必须或有必要投资的领域。特殊产业领域可分为安全、自然垄断、重要基础设施和基本公共服务几类。

这类产业或事业有三个突出特征:一是由于技术进步、环节可分性、"替代业务"出现,整体或在部分环节会有竞争性,但总体看由于费用劣加性和规模经济等原因,业务往往是自然垄断、准自然垄断或是寡占竞争型。二是服务于广大国民的公益性显著。三是产业事业发展相对较易受政治因素、历史传统影响。

一般产业领域都是竞争性产业,包括战略产业(主要是支柱产业和战略性新兴产业)和非战略性产业。

所谓战略性产业,主要指该产业领域的发展对国民经济的发展作用重大,例如技术含量高、经济前景好的所谓"战略性的新兴产业"和支撑或拉动作用大的支柱产业,包括能源产业、基本原材料产业、重要的装备产业、IT电子产业中的某些领域及重要的流通产业。这些产业往往都有生产和经营的规模经济和网络经济的特性,但主要靠以技术和资本实力为基础的竞争力决定产业水平,不存在自然垄断问题,不使用自然形成的稀缺的公共资源(如航线、码头、机场等特殊地理位置)。

能源和原材料企业的竞争力与自然资源拥有情况有关,但由于资源开发水平与技术能力有关;资源开发的规模经济性与技术和资源的具体情况(如矿的规模和结构及与生产地或消费地的远近等)相关,因而差别很大,存在多种可行的产业链或商业的发展和竞争的组合模式。

竞争具有全球性,因此能源和原材料本质上是竞争性产业,尽管由于规模经济可能会引致寡头竞争，但成为寡头的经济性与特殊产业领域的情况是不同的。

因为战略性产业领域重要，对这些产业领域的发展，国家可能要给予特殊的政策支持，如果涉及自然资源，还要有相应的环境标准规制。

目前，中国国有经济布局的数据表明，中国实际的国家所有权政策是将特殊领域和一般产业领域中的多数战略性产业作为国有经济投资布局的重点，国有经济在这些产业领域的份额较大。

（本文原载于国研网，2013年12月4日）

中国国有资本布局亟待再调整

袁东明[*]

21世纪以来,国有资本逐步向基础性领域和重要行业集中,但这种调整主要是通过增量投资来实现的,存量国有资本仍然存在于大量不重要的行业和领域,而且退出和转移速度缓慢。未来国有资本布局调整的方向已非常明确,关键是要顺着国有资本的特性行事,并在高于实体企业的层面建立布局,调整机制。

20世纪末,针对我国国有经济战线太长、国有资本分布太散的问题,国家提出从战略上调整国有经济布局。经过十多年的发展,国有资本向关系国家安全、国民经济命脉的重要行业和关键领域集中,但布局过宽过散的问题依然存在,一般性领域的国企竞争力在持续弱化,公共服务和产业引领等政策功能也没有有效发挥。造成这一局面的原因是多方面的,如体制上缺乏国家所有权政策,也缺少布局调整主体,国有资本还存在"逐浪"性和"逐利"性。未来调整国有资本布局,既要充分考虑国有资本的"逐浪""逐利"特性,让不同类型的国企及国有资本实现不同的功能,同时也要探索利用国有资本投资运营公司加快存量国有资本的调整。

一、21世纪以来我国国有资本布局调整的主要特征

(一)通过增量投资调整,国有资本不断向基础行业、重化工业和社会服务业集中,但布局仍过于分散

21世纪以来,按照党的十五届四中全会确定的国有经济需要控制的

---

[*] 袁东明,国务院发展研究中心企业研究所副所长。

四个领域，国有资本不断向基础行业、重化工业和社会服务业集中。第一，航空、铁路、公路、港口等交通基础设施的国有资本增长速度显著高于总体增长速度，在国有资本总量中的比重由1999年的11.9%上升到2014年的13.8%；第二，煤炭、石油石化、电力、冶金等四个重化工业，国有资本规模快速增长，由1999年的1.72万亿元增长到2014年的9.13万亿元，2010年之前在总量中的比重一直在30%以上；第三，社会服务业的国有资本投入大幅增长，在总量中的比重由1999年的2.9%上升到2014年的21.3%；第四，除纺织工业外，所有领域的国有资本都保持了不同幅度的增长，表明国有资本在各行业间的结构变化主要得益于增量投资，而非存量调整。尽管过半国有资本布局于基础行业和重化工业，但仍有百分之四十多的国有资本处于一般生产加工业和商贸服务业。几乎所有的国民经济行业中都有或多或少的国企存在，工业领域如皮革制品、纺织服装、家具制造等一般加工业，仍有占行业规模以上企业数量1%左右的国企。一些行业的国资规模不大，但国企数量众多，如商贸餐饮业，2014年全国仍有2.44万家国企，占全部国企的15.2%，而从业人员和资产仅占6.0%和5.4%。

（二）国有资本在一些重要行业中的比重大幅下降，在具有垄断地位的行业中仍保持着极高控制力

在2006年国务院国资委确定的国有经济要保持较强控制力的钢铁、有色、装备制造、建筑、化工等重要行业中，国有资本的比重已大幅下降，如钢铁行业，1999年国企收入占行业规模以上企业收入的比重为76.2%，2014年下降到31.3%。在煤炭开采、石油天然气开采、烟草制品、石油加工、供电供水等工业领域及电信、民航、铁路、港口等服务业，国有资本仍保持着极高的控制力，如石油天然气开采领域，1999年国企占行业收入比重为99.8%，2014年仍高达87.3%。国有资本在上述领域保持极高比重主要基于行政垄断。目前，电信、民航、石油、电力及部分市政公用事业改革虽已启动，但只是实现了政企分离、形成或初步形成国企之间的相对竞争、初步建立了行业监管的框架，在放宽市场准入，允许更多国有与非国有企业参与竞争等方面，改革仍不到位，非国有资本难以进入。

（三）国企总体效益有所改善，但与其他企业间的差距在扩大，尤其是一般性行业的国企竞争力持续弱化

纵向比较，国有工业企业业绩指标有较大幅度改善，以利润总额测算的净资产收益率由 2000 年的 7.4%，提高到 2014 年的 10.3%。横向与其他企业比较，2000~2014 年，外资和私营工业企业由 11.6% 提高到 23.6%，均远高于国企。这一特征与国有资本大量布局在重资产行业有关，但同时也表明国企与其他企业间的效率差距在扩大，尤其在食品制造、纺织服装、家具制造等一般性行业，甚至钢铁、煤炭等重要行业，国企经济效益和竞争力持续弱化。以食品制造和钢铁业为例，1999 年规模以上食品制造业企业中，国企总资产收益率接近行业平均水平，2006 年下降到平均水平的一半，2014 年又下降到仅有三分之一。钢铁行业也是如此，2014 年规模以上国有钢铁企业总资产贡献率为 3.2%，私营钢铁企业则高达 14.3%。

（四）国有资本未能有效发挥公共服务、整合调整产业和引领产业发展等政策功能的作用

首先，国有资本更多向竞争性领域集中，公益性领域有增长，但较为缓慢。2003~2007 年，公益性领域的国有资本增长较快，但 2008 年之后，基本与总量增长同步，所占比重稳定在 13% 左右。这表明国有资本在提供公共服务方面，并没有国家和社会所希望的那样好，至少从资本投入增量来看，这一功能并未有效发挥。

其次，国有企业在大部分行业中并没有发挥促进产业整合、改善产业组织结构的功能，过多集中于产能严重过剩行业。截至 2014 年底，在国家发改委认定为产能严重过剩行业的上市公司中，国有资本比重高达 90%。这说明国有资本不仅大量布局在了产能严重过剩行业，而且还缺乏退出、整合的机制与功能。

最后，国有资本没有明显发挥引领新兴产业发展的功能。得益于举国体制、需求垄断等因素，国有资本在航空航天、高铁、核电等少数领域发挥了引领作用，但在其他大多数新兴领域，国有资本规模小、企业数量少、技术力量弱。以创业板上市公司为例，2014 年末我国创业板上市企

业总资产共计 5 660 亿元，国企创业板上市公司的总资产约为 190 亿元，占比仅有 3.19%。创业板企业是我国最活跃的高科技企业群体，这表明国有资本在战略性新兴领域的布局非常少，未充分发挥产业引领功能。

二、国有资本布局调整产生上述特征的内在机制

（一）由于缺乏明晰的所有权政策，出资人机构推动国有经济布局调整不顺畅

国资委作为出资人代表，担负着国有经济布局调整的职能。2006 年，国务院国资委提出了国有资本的"四个集中"，明确了国有资本需要绝对控制和保持较强控制力的领域。但由于缺乏明晰的国家所有权政策，国资委调整国有经济布局并不顺畅。第一，由于缺乏更高级别的决策或"命令"，国资委调整国有经济布局的动力和意愿均显不足；第二，国资委作为一个行政机构，很难成为一个"积极股东"来直接操盘出售国有股权，并将所得资金投向需要国有资本投资的领域，更多是通过行政划拨推进国企之间的合并和整合；第三，相比庞大的国有资本存量来说，利用国有资本经营预算调整布局力量太小，如 2014 年中央用于国有经济结构调整的国有资本经营预算支出为 615.1 亿元，不到当年国有资本存量的 0.2%；第四，国有资本投向的决策权实际上在国企自身，而在以"保值增值"为核心的业绩考核和"做大做强"的指挥棒下，国企一般不可能从已有的成熟业务退出，转而去发展高风险的环保、科技、战略性新兴产业等。

（二）国有资本与其他资本一样，具有"逐浪"和"逐利"的特性

21 世纪以来，我国产业结构中重化工业、房地产和金融业比重提高，国有经济内部也出现了相应的结构变化，体现出了与其他资本同样的"逐浪"性和"逐利"性。首先，在工业领域的国有资本中，煤炭、石油石化、冶金、电力、机械等重化工业的占比一直都非常高，保持在 70%以上，中间几年还有较大幅度上升。国企之所以能抓住重化工业化带来的高速增长机遇，除了在一些领域具有行政垄断外，一个很重要的原因是有长期的历史积累，先发优势显著。其次，城市化快速推进使得房地产成为

拉动经济增长的一个重要引擎，国有资本在房地产领域进行了大量布局，从2001年的1 500多亿元上升到2014年的3.27万亿元，13年增长了21倍，在总量中的比重也由2.4%上升到7.8%。尽管国家三番五次地要求大多央企都要退出房地产，但国企仍趋之若鹜，根本原因就是房地产具有诱人的高额利润。最后，国有资本大量布局金融业同样也体现出了国有资本的"逐浪"和"逐利"性。大型国企，尤其是央企，基本都将金融作为主要业务，对企业的利润贡献率非常大，如宝钢集团，很早就将金融业务确定为重点发展的非钢业务，利润贡献率一直保持在20%以上。

（三）一些过去由国企主导的重要行业逐渐被非国企主导

非国企的异军突起，使大量国企竞争力弱化而退出，国企在各行业中的地位普遍下降。以国企在行业内规模以上企业中的主营收入比重来衡量，国企收入比重超过30%的行业，1999年有23个，2014年仅有12个。非国企能够占主导的行业，大致可以分为三类：一是在国民经济中地位相对下降的行业，如轻纺等一些传统制造业，国企没有优势，大量退出让位于非国企；二是新成长的行业，如仪器仪表、通信设备制造等，对国企和非国企来说都是蓝海，但非国企更具有冒险精神、创新精神，从而占据了主导地位；三是在国企具有资源优势、资金优势和装备优势的行业，由于破除了行政垄断、允许非国有资本进入，非国企的地位越来越强，如电解铝行业，过去一直由国企主导，但随着政府管制的取消及民营资本的壮大，越来越多的民营企业进入这个行业，国企主导地位随之丧失。

（四）发展新兴产业，国有企业没有优势，非国企占主导

发展新兴产业，国企没有老本可吃，也没有先天优势，甚至还有转换成本过高、风险容忍度低等劣势。资本投入方面，民营企业借助资本市场同样可以获得充足的资金；技术来源方面，新兴产业都是全球性产业，技术来源多样化，国企过去的技术积累可能无用武之地，甚至还可能阻碍新技术应用；人力资源方面，国企对创新创业型人才缺乏吸引力。由于一些新兴产业有可能改变甚至颠覆原有产业格局，大企业转换成本高，对新兴产业会本能地抵触。同时，在"防止国有资产流失"和"保值增值"压力下，国企风险容忍度很低，很难承受发展新兴产业的风险。实践中，国

有资本在新材料、新能源、电子通信等新兴领域的布局相对较少，仅有的一些国企的竞争力也不高，基本都由非国企主导着产业发展，譬如在电子及通信设备制造领域，中国电子等国企尽管规模比较大，但竞争力远不如华为。

三、进一步调整国有资本布局的建议

党的十八届三中全会已明确了国有资本战略布局调整方向，要求国有资本"更多投向关系国家安全、国民经济命脉的重要行业和关键领域，重点提供公共服务、发展重要前瞻性战略性产业、保护生态环境、支持科技进步、保障国家安全"，这个方向不仅是国有资本增量投资的方向，也是存量调整的方向。为此，国有资本应尽快从那些成熟的、产能过剩产业逐步退出，转而投向公共服务领域，投向能引领未来的战略性领域，措施上要借鉴过去的一些经验和教训，明确不同类型的国企及国有资本实现不同的功能。

（一）商业性国企实现彻底市场化，放弃商业性国企的产业引领功能

要求商业性国企承担经济以外的功能，如产业结构调整、产业引领升级等，既没必要也无可能。如前所述，国有资本与其他资本一样，在市场化条件下必然会"逐浪"和"逐利"，商业性国企更是如此。如果要求商业性国企承担产业调整和引领功能，企业会无所适从，事实上商业性国企也不会遵从这一"指挥棒"。相反，如果不刻意要求这类企业发挥产业引领功能，单纯实现财务目标，那么商业性国企从利润目标考虑，就会该退出的退出，该整合的整合，该发展的发展，自然也就能够促进产业结构调整和转型升级了。

商业性国企彻底市场化，核心是实现管理体制市场化，关键是推进企业产权制度改革。一是多途径推进一级商业性国企的股权多元化改革，可以引入包括社会资本在内的战略投资者，也可以实现整体上市。二是形成国企治理的商业化机制，国有资本出资人机构要以所出资本为限依照《公司法》参与企业治理。三是建立更加市场化的企业领导人管理体制，原则上企业经营管理层都应市场化选聘、契约化管理，董事会成员也要逐

步扩大市场化选聘比例。

（二）积极探索利用国有资本投资运营公司，加快存量国有资本的调整

过去的国有资产运营公司或国有资本运营公司并不成功，基本不能承担存量国有资本调整、促进产业结构调整和产业升级等功能。原因是多方面的，首先，由于"先有儿子后有老子""儿子行政级别高于老子"等原因，国资公司往往很难有运营国企存量资产的决定权，只能运作由增量投资所形成的国有股权；其次，划拨形成的国企资产缺乏流动性，国资公司事实上也很难在短时间内进行大规模的资本运作；最后，国企改革不到位，国有股权真实价值难以体现。最后的结果往往是国资公司将精力放在自己能做主的增量业务上，导致"自转快于公转"。

下一步利用国有资本投资运营公司调整存量国有资本，还有待继续探索。国有资本投资运营公司要有所作为，必须处理好以下问题：第一，国资监管机构要放权，让国有资本投资运营公司成为真正的市场化出资人；第二，要规范国有资本投资运营公司对出资企业的管理，国有资本投资运营公司不直接从事任何生产经营活动，不干预出资企业的日常经营活动，仅以出资额为限对出资企业行使出资人权利；第三，实体国企要改革到位，国有资本投资运营公司所持国有股份必须可流动、可变现，没有特殊的历史包袱和社会负担。

（三）设立一些特殊国有基金和特殊法人国企，主动发挥产业引领功能

商业性国企彻底市场化运作后，在政策引导、市场调节和利润追求下会自主推进产业结构调整和升级，但要让国有资本主动发挥上述功能，还应有一些特殊做法。从过去的经验来看，设立国有主导的基金和特殊法人国企都很有效，前者是市场化方法，后者是行政方法，不同领域、不同目标可以有不同的方法。

设立特殊的国有主导基金，不仅可以发挥杠杆效应，更重要的是能够作为国家的"指挥棒"，引导更多资本投向促进产业升级的方向。各地过去都有很多实践，也取得了一些成效，如深圳2015年有200亿元国有资本规模的新兴产业引导基金，市场化运作，对生物、机器人、互联网等新兴产业发展起到了极大的推动和支撑作用。

设立特殊法人国企完成重大专项任务。三峡总公司和商飞公司都是很好的先例，可以发挥我们"集中力量办大事"的传统。所设立的特殊国企法人一定要限定主业，单一目标，公益性为主，必要时可配套出台特殊或特定条例。

（四）明晰国有资本需控制的领域，采取多元化控制模式

我国目前对"关系国家安全、国民经济命脉的重要行业和关键领域""保障民生、服务社会、提供公共产品和服务"等的描述都比较笼统、模糊，使得大部分国企都不清楚自己到底是否处于这些领域，在实际操作中各方也很难明确国有资本是该控股还是参股，影响企业决策。因此，对"关系国家安全、国民经济命脉的重要行业和关键领域"，最好有比较透明和清晰的产业目录，在此基础上确定国有独资、绝对控股或相对控股。

对国家明确需要控制的领域，也可以实现国家特殊规制或特殊管理股。特殊规制可以体现在进出口制度、行业规制、企业章程等各个方面，如对军工企业，可以采取派驻军代表的制度，对军工产品出口也可以制定特定的出口制度。特殊管理股或"黄金股"可以使政府对特定事项行使否决权，防止被恶意收购和接管，确保企业发展不偏离利国家整体利益和战略的方向。特殊管理股可通过立法、公司章程等方式实行。

（本文原载于《中国经济时报》，2016年9月1日）

全球国有经济布局调整的趋势与启示

姚淑梅[*]

一、二十世纪八九十年代的全球国企改革浪潮

第二次世界大战后至 20 世纪 70 年代末,全球国有经济快速扩张。苏联、东欧、中国、印度等许多国家实行计划经济,西欧等国家亦纷纷建立国有企业以实现政策目标。20 世纪 80 年代起,以英国为代表的发达国家掀起以私有化为核心的国企改革浪潮,随后 20 世纪 90 年代初,苏联、东欧等社会主义国家以及众多新兴市场国家纷纷加入私有化大潮中,全球国有经济进入大收缩、大调整时期。20 世纪 90 年代末,发达国家竞争性领域私有化已基本完成,自然垄断行业成为私有化的重点领域,苏联及东欧国家私有化的主体改革也接近尾声。

(一)原因

1. 从"政府干预"转向"重回市场"

第二次世界大战后凯恩斯主义的经济理论和政策主张深深地影响着各国政府的宏观调控思维和模式,但是随着时间推移,政府深度干预宏观经济运行遭遇了重挫。20 世纪 70 年代,发达国家普遍陷入"滞胀","凯恩斯主义"宏观调控走入绝境,"重回市场"成为共识。

2. 国有企业普遍亏损,从企业层面和宏观经济层面产生了很多负面影响

改革国有企业,甩掉部分财政包袱成为 20 世纪 80 年代初私有化的直

---

[*] 姚淑梅,国家发改委对外经济研究所研究员。

接动因。国有企业享有很多由立法、政策、行政权力等带来的竞争优势，不仅成为滋生腐败的重地，而且挤占了私人部门资源，降低了资源配置效率。在部分国家，政府为支持经营不善的国有企业扭曲了金融体系和货币政策，带来了宏观经济风险。因此，私有化成为约束政府"有形之手""根除腐败"的有效手段。

3. 国际环境的影响

首先，20世纪80年代后全球化步伐加快，国际贸易领域的激烈竞争使国企低效问题更加突出。国际资本更加便捷的跨国流动对打破部分行业的国企垄断、降低行业准入壁垒带来压力，如20世纪80年代为应对市场开放后的竞争压力，日本加快了国企改革以增强产业整体竞争力。

其次，地区一体化进程促进了国企改革。20世纪70年代后，欧洲一体化进程快速推进。欧共体力推成员国消除私人和政府部门对自由竞争设置的壁垒。1980年6月欧共体在"透明度"指令中首次界定国有企业概念，在"竞争法"中明确禁止国家利用职权为国企谋取利益，要求除"带来普遍公众利益的服务企业和具有财政垄断性质的企业"，国企一律适用一般竞争性原则，对推动国企改革起到极大的促进作用。另外，《马约》对欧盟成员国政府财政进行了制度性约束，推动政府改革国有企业以减轻财政负担，增加财政收入。

最后，一些国家是在金融危机后，将国有企业私有化作为经济改革举措的部分内容。如拉美地区在20世纪70年代债务危机、90年代金融危机后都掀起私有化浪潮，韩国在1997年金融危机后也启动了针对大型国有企业的私有化行动，一直持续至今。

4. 产业结构调整要求和技术进步影响

随着工业化进程完成，发达国家面临产业结构调整的任务。第二次世界大战后国有资本大规模进入的竞争性领域出现产能过剩。由于国有企业既不退出亦不破产，不仅妨碍通过市场机制淘汰过剩产能，而且财政持续投入加大了整个行业的产能过剩，也弱化了政府资本向新兴产业投资的能力。因此，产业结构调整必然要求国有企业从竞争性领域退出。此外，随着技术进步，一些战略性行业进入难度降低。技术进步也使传统上的自然垄断行业发生变化，一些网络行业能够被拆分。

5. 政府管理模式变化

政府建立国有企业的一个动因是通过对企业行为的直接干预维护市场竞争秩序，增进国民福利。但是，随着国际竞争规则的趋近，以及政府社会保障体系的不断完善，国家可以通过规制和社保来维护竞争秩序和提高国民福利，这是发达国家国有资本逐渐退出工业领域，更多地朝公共服务领域集中的重要动因。

（二）私有化的目标、主要方式和保障措施

1. 目标

私有化目标是多元的，增加财政收益、提高国企效率是政府私有化的首要目标，但从不同国家看，私有化目标还包括提高市场效率、发展资本市场、稳定汇率、实现政治目标等战略考虑。

2. 私有化方式

（1）私有化一般按照先"易"后"难"，先"竞争"后"垄断"的顺序推进。所谓"易"，是指先选择在政治上已有共识、民间和企业自身对私有化有诉求、盈利能力尚可、私有化后引致的失业压力不大、政府通过私有化能够获利的企业启动私有化进程，增强改革信心和动力。如英国首先选择英国石油公司（BP）作为私有化开端，1979年11月，政府持股由51%降至46%（1987年11月政府退出）。经过试探取得成功后，英国政府自1981年—1984年，在竞争领域进行了大规模私有化。1984年11月以英国电信私有化为标志，英国政府开启了垄断领域的私有化进程。1988年10月，撒切尔夫人表示"私有化无禁区"。20世纪90年代初，在国企改革主体任务完成后，英国私有化向自来水公司、电力公司、学校、监狱等各个领域延伸。

（2）私有化一般包括四类方式。①国有股份一次性出售给原有企业管理层和雇员，这种方式针对的都是规模较小的企业。②国有股份以非上市方式转让给私营企业（包括外商），如英国造船公司、国家公共汽车公司、皇家军械厂等。这些企业规模较大，但还不到需要通过复杂的程序评估公司资产价值的程度，政府主要通过竞争性招标转让股权。③通过公开上市进行私有化。1984年11月，英国电信首开国企通过公开上市实现私有化的先河，取得巨大成功，此后大型国企一般都采取该种方式。④委托

经营或承包。所有权和经营权分离是完全私有化的重要补充，主要应用在学校、医院、环卫、建筑服务等公用事业部门。

3. 保障措施

私有化进程中，相关保障措施需同步推进，以达到以下目标：①保证私有化进程公正透明，防止过程中滋生腐败。②尽可能使私有化收益最大化。③防止"国企垄断"转为"私人垄断"。④政府在关键领域保持话语权，维护公众利益。⑤考虑企业职工利益，注重解决人的问题。为此，各国主要举措如下：

（1）立法保障。私有化很容易成为腐败的源泉，一些国家如俄罗斯私有化过程中大量收益流入个人口袋，导致国有资产大量流失。通过事先立法保障私有化进程公开透明，是防止私有化中滋生腐败的必要条件。如，法国宪法委员会1986年8月和1993年7月颁布两项私有化法案，对国有企业通过公开上市出售股份和非公开出售股份的方式进行公司重组均做出规定，对依照上述法案设立的私有化委员会的职责、人员组成、职能均有明确的法律界定。

（2）采取多种形式进行公司化改组，择机私有化获取最大限度的收益。在私有化过程中，效益比较好的企业容易售出，但效益不好的企业只能以较低价格出售。如果一味急于求成，必定造成国有资产流失。从法国、英国等私有化经验看，对待亏损或者债务沉重的大企业，一般采取先注资（资金来自外资或者政府）进行技术改造，待企业重新盈利时再选择上市出售，这样国家可获取较多的收益。对于一些控股公司，一般将部分子公司资产剥离出去先行处置，然后再进行债务重组、注资和技术改造等。此外，政府都会控制上市企业国有股份出售的节奏，依照股市行情择机分期出售。因此，大型企业私有化往往历经数年才能完成。最典型的案例是日本电信运营商NT&T私有化，2008年才完成，历时21年。

（3）促进行业内竞争，防止"私人垄断"。在垄断行业私有化过程中，为防止"国企垄断"转为"私人垄断"，一般采取以下措施：①打破行业准入限制。日本NT&T私有化启动同时，政府出台《电气电讯事业法》，取消对私人企业经营电信电话事业的限制，鼓励私人企业参与竞争。尽管NT&T当时处于垄断地位，但几年之后日本就已出现数家企业与NT&T展开竞争。②将大企业拆分数家公司。英国政府采取将大公司分割成多个公司的办法促进行业内竞争，如将供排水公司分解为 10 个公司向市场出售。③股份转让时设定单一股东持股上限，防止一股独大形成垄断。韩国则采取出售"国民股"的方式，即把股份分散卖出，防止"国有垄断"转为大财团的"私人垄断"。④扶植竞争对手。英国电信私有化后曾出现垄断定价、服务质量下降的情况，英国政府通过扶植其他公司的方式鼓励市场竞争。

（4）设立"黄金股"保证政府话语权。为在关键性领域的企业中行使监控权，政府一般采取设立"黄金股"的方式对企业的重要决策进行控制（如并购、关键技术转让、出售资源等）。"黄金股"的实质就是政府特权，可通过立法、公司章程和股权出售协议三种方式实行。如英国机场管理局（BAA）1987 年 7 月私有化时的"黄金股"安排为：任何单个股东拥有的股份不能超过 15%；重要的管理决定需经政府批准。

（5）充分考虑职工利益，高度重视解决人的问题。私有化会损及部分员工利益，带来失业等问题，经常受到企业员工的抵制。为此，政府在出售股份时，一般都会留出一定比例的股份以优惠价格出售或者无偿转让给原企业职工。对国有企业的买方在裁员方面也会进行一定的限制，防止造成大量人员失业。法国电信还通过提高退休金等措施，鼓励员工提早退休。英国政府则与工会密切合作，通过职工培训等提高员工再就业能力。从英国经验看，私有化促进了经济增长，随着其他部门创造的就业增加，私有化伴生的失业问题能够逐步得以解决。

（三）改革成效

1. 政府财政状况得以改善

私有化给政府带来巨额收益，据世界银行专家估算，1987~1997 年间，全球私有化收益高达 8 600 亿美元。1979~1989 年英国政府私有化收益高达 360 亿美元，政府财政状况持续改善，1988 年和 1989 年还出现了财政盈余。

2. 企业效率明显提升

世界银行针对 18 个国家（主要是发达国家）32 个行业的 61 家国有企业，以及 21 个发展中国家 79 家国有企业在私有化前后运营情况的比较分析中，得出基本一致的结论，即私有化后企业总体盈利能力提高、销售收入增加、单位劳动力投入的产出增加、资本投资增加、杠杆率降低及派息率提高。可见，无论是发达国家还是发展中国家，私有化后企业效率都有明显提升。

3. 有利于资本市场深化

资本市场发展与私有化相辅相成。私有化顺利推进需要资本市场提供良好的流动性和市场环境，而私有化持续推进会吸引更多的投资者，使资本市场得以深化。实践证明，成功的私有化需要依托健康活跃的资本市场。英国私有化期间（1979～1989年），英国股市处于"牛市"通道，是发达国家中表现最好的资本市场。

4. 增强了市场活力和宏观经济可持续增长能力

世行相关研究和各国实践表明，国企改革提升了企业效率，有利于促进竞争，增强市场活力。在这一过程中，就业状况会得以持续改善，随着经济发展平均就业率会上升。英国是20世纪私有化的引领者，"私有化是1945年以来英国经济和工业结构最激进的改革之一"（英国财政部，1988年5月）。实践证明，私有化是助推英国走出"滞胀"的重要因素。在1983～1989年私有化高潮期间，英国实际GDP增长率保持在4%以上，通货膨胀处于低位，彻底摆脱了"滞胀"困境。

5. 私有化也带来一些负面影响

一是部分垄断领域的国企私有化后，对商业利益的追逐损害了公众利益。一些垄断领域国企私有化后出现垄断定价、服务质量下降的现象。如，英国铁路20世纪90年代私有化后，事故频发。2003年英国政府决定从私营承包者手中收回所有铁路维护权，2009年英国政府还将一段铁路线收归国有。新西兰国家广播电台、新西兰航空公司、铁路等都在私有化后又重新国有化。由于垄断领域大多涉及公共服务，私有化后出现了企业牺牲公共利益和长期利益，追求短期利润的现象。目前，发达国家中，民众要求将能源、电力国有化的呼声不断增强。

二是外资控制企业与东道国公众利益背离。私有化中，有些企业被外资控制。拉美地区二十世纪八九十年代私有化中这一现象最为突出。外资企业在基础设施建设、人力资源培训、技术开发和使用先进技术、环保等方面的考虑有时与东道国需求存在很大差距，外资金融机构在发生危机时更不会顾及东道国金融稳定。如：柏林电网由瑞典Vattenfall公司控股，出于成本考虑，公司选择高污染的褐煤发电而拒绝选择绿色能源，同时柏林还成为欧洲电价最高的首都城市。因此，随着垄断领域私有化推进，尤其对于管制能力较弱的发展中国家，如何在私人资本效率和公众利益之间取得平衡是一个重大挑战。

6. 俄罗斯私有化是不太成功的典型案例

俄罗斯私有化可分为四个阶段①：

第一阶段，1992年1月至1993年12月，针对固定资产在100万卢布以下、雇员不超过200人的小企业进行私有化，仅用两年时间快速将近6万家小企业实现私有化，占相关行业小企业总数的70%。

第二阶段，1992年7月至1997年，针对固定资产总额在5 000万卢布、雇员超过1 000人的大中型企业私有化。1992年7月~1994年6月，通过发放私有化证券无偿转让国有资产。1994年7月~1997年，由发放私有化证券转为按照一定价格出售国有资产。经过该阶段改革后，俄罗斯私有企业产值占国内生产总值的70%以上。

第三阶段，1997年7月至2000年，1997年6月俄政府出台《俄罗斯联邦国有财产私有化和市镇财产私有化原则法》，私有化目标转向提高企业效益和促进经济发展上，零星大企业私有化。截至2000年底，国有经济占GDP比重为25%。

第四阶段，2000年至今，目标为加强公司治理和企业重组，节制私有化，部分企业重新国有化。石油公司重新国有化。战略产业如天然气、石油管道运输、电力、铁路、邮政等核心国有企业确立主导或者垄断地位，明确规定政府无权对1 000多家大中型国有战略企业进行私有化。私有化企业主要是经营效益差的国有独资和政府持股低于25%的中小企业。

总体看，1992~1997年，俄罗斯为了"私有化而私有化"，使国有资产大量流失，国民经济几近崩溃。2000年后部分战略性行业"再次国有化"，私有化目标转向公司治理和企业重组，以提高企业效益和促进经济发展。但是，俄罗斯国有经济规模仍在减小，布局也不近合理，主要体现在国有经济在工业产值中的比重仅为12.3%（2007年），行业分布尤其不合理。

---

① 根据杨特《俄罗斯国有企业产权改革的再思考》整理，"世界经济情况"，2008年第7期。

二、21世纪以来全球国有经济布局调整的特点及趋势

21世纪以来,全球国有经济调整进程仍在持续推进,发达国家和新兴市场在方向和领域上出现一些差异,但国有经济持续缩减的主流趋势并未发生逆转。不过,国有经济在发达国家和新兴市场的战略地位和影响力依旧显著。值得高度关注的是,发达国家正在加紧制定针对国有企业的通用规则,这将对全球国有经济的布局和运行产生深远影响。

(一) 国有经济相对规模持续缩减

根据经济合作与发展组织(OECD)相关数据估算,发达国家国有资产占GDP比重从2002年的28%左右降至2012年的22%,新兴市场和发展中国家国有企业增加值占GDP比重亦由20世纪90年代初的14%下降至2010年的9.6%。可见,尽管大规模私有化浪潮在90年代基本结束,但国有企业改革依然延续逐渐缩小规模的轨迹推进。

(二) 发达国家与新兴市场在方向和领域方面出现明显差异,但私有化仍是主流趋势

2000年以来,发达国家继续择机推进私有化进程。据OECD统计,2000~2007年,成员国私有化收益累计4 870亿美元。其中,法国、意大利和德国私有化收益合计2 330亿美元,占OECD国家私有化收益的一半,其次是日本、土耳其和澳大利亚等。私有化的重点领域是网络产业,私有化收益主要来自电信部门,其次是交通和物流,包括铁路、航空和机场等,公用事业位列第三,传统私有化最集中的制造业和金融领域已退居末位。

国际金融危机爆发后,发达国家国有经济布局呈现不同的阶段性特征。初期阶段,为稳定金融市场,一些国家在金融领域重新实行国有化。2008~2009年期间,美国、英国、法国、比利时、荷兰等都对银行实施了国有化举措。但是,除英国外,其他国家的国有化行为基本上都是单一案例。英国是对金融机构财政注资最多的国家,2008年10月到2009年3月,英国将诺森罗克银行、房贷银行全部国有化,将巴克莱银行、苏格兰

哈利法克斯银行、汇丰银行、劳埃德银行、苏格兰皇家银行、英国渣打银行部分国有化。不过，上述国有化举措仅是危机紧急应对方案的部分内容，政府在注入资本的同时已设定退出机制。此外，虽然银行、保险等金融领域的国有资本增多，但这些机构主要受到央行、保险监管机构的规制监管，资本结构变化短期内不会影响行业竞争规则和市场秩序，长期看也不会逆转国有经济规模继续缩减的趋势。

随着国际金融危机的深化，欧债危机爆发，私有化成为欧元区重债国稳固财政的重要选项。"三驾马车"与希腊、爱尔兰、葡萄牙和塞浦路斯签署的救助协议中，均包括加快国有资产私有化进程以减少财政赤字的要求。自2011年起，欧元区重债国陆续启动私有化计划，机场、铁路、邮政、航空公司、电力、能源、公立医院等基础设施和公共事业部门成为私有化的重点领域。为进一步削减公共债务规模，欧元区成员国又陆续出台一些新的私有化计划。如2013年11月意大利宣布将从2014年起分批出售半导体、造船、空中交通管制、出口保险、火车站和油气等数家大型国企的股权。法国政府宣布逐渐出售航空航天两家公司股权。加之葡萄牙电力公司、机场集团、邮政、航空公司、铁路货运公司，以及西班牙机场、铁路、部分公营医院、医保等领域的私有化仍在进行中，欧元区进入新一轮私有化高峰期。

与发达国家持续推进私有化的方向和领域不同，2000年以来部分新兴市场国家对一些行业或企业重新国有化，重点集中在能矿资源领域。如，俄罗斯对石油公司重新国有化，在天然气、石油管道运输、电力、铁路、邮政等部门重新确立国有企业的主导或者垄断地位。2005年以来，拉美地区部分国家左翼领导人上台后，在自然资源领域掀起一股"国有化"浪潮，并持续至今，大量外资控股的能源、电信和钢铁等企业被国有化。目前看，拉美"国有化"已对利用外资带来负面影响，企业国有化后效益急剧下降，尤其是委内瑞拉，其全面国有化已使经济濒临崩溃。种种迹象显示，拉美"国有化"步伐已不可持续，政府减少对企业直接干预、让私人资本发挥更大作用将是必然选择。

总体看，21世纪以来新兴市场的国有化举措仅发生在少数国家和部分行业，努力吸引私人资本、放松行业准入仍是大多数新兴市场国家的政策导向。根据世界银行统计数据计算，2000~2008年发展中国家私有化收益累计 4 500 亿美元，高于 1988~1999 年的 3 200 亿美元。可见，国有经济规模逐渐缩减仍是新兴市场国家的主流趋势。

（三）主要通过公开市场分期出售国有股份，政府始终掌控私有化进度

2000 年以来，发达国家私有化主要集中在大型上市企业，通过股票市场以公开方式出售股份。为了最大化地获取私有化收益，政府始终掌控私有化进程的速度和规模。大型上市企业的私有化都要经过一个漫长时期，政府都选择分期出售股份。一般情况下，初期出售规模不大，意在投石问路。政府往往倾向于将大规模出售集中在第二期，这一时期选择在市场比较稳定、公司治理已取得成效的时期，有利于提高公司资产估值。无论是公开方式转让股份还是非公开方式转让（如同行竞买），政府会根据资本市场情况选择出售时机。2001~2002 年，互联网泡沫破灭导致全球股市不景气，这期间国企私有化进展非常缓慢。2004~2005 年，全球股市进入繁荣期，政府抓住时机推进大型企业的私有化。

（四）改善公司治理成为国有经济布局调整新内容

21 世纪国有经济布局调整的重要途径是改革公司治理机制。经合组织、世界银行区域公司治理圆桌会议（2004 年）将国有企业公司治理改革确定为许多国家（地区）的优先选项。在经合组织推动下，多数成员国对国企公司治理进行了重大改革。

"国企"转型为"公司"。将依据特殊法律设立的国家企业转为有限责任公司和股份公司，法国电力公司和法国煤气公司在 2004 年转变为受一般公司法约束的有限责任公司。国有企业转为一般性公司后，完全按公司法运营，具有商业灵活性，便于从国内外市场融资和拓展业务。

转变国家所有权组织模式。2005 年经合组织成员国的国企大约有 75% 由国家独资或控股。国际金融危机以来，许多国企加快调整转变股权组织模式，主要趋势是从分权模式（多个行业部门控制）向双重部门模式和集权模式（一个"中央"或财政部控制）转变。在经合组织成员国中，除德国、奥地利、芬兰等少数几个国家外，其他成员国国企所有权职能组织均采用双重模式或集权模式，采用集权模式的国家不断增加，如英国 2003 年、法国 2004 年均选择集权模式。集权模式的好处是国家所有权

管理的权责明确、对称。在产权权责明确、对称基础上,强化董事会和管理层在公司治理上的分工,形成长效激励和制约机制。

转变国有企业监管模式。大部分经合组织成员国在私有化中逐步将国家行政的监管职能清晰地分离出来,促使国有企业与私营企业公平竞争。在明确国企商业性、公共性分类后,对"国家履行所有权职能""透明度和责任""董事会功能和作用"等方面加强监管。英国2008年成立"金融投资处",加强金融领域国有企业审查,德国、意大利在2009年、新西兰在2011年出台法律法规,加强对国有企业实行公司治理的监督,规范国有公司的经营管理行为,提高其运行效率。

限制政府特殊权利使用。"黄金股"是政府国企私有化后行使特殊权利的通用工具。2002年和2003年在审理对葡萄牙、法国、比利时以及英国和西班牙有关黄金股制度的案件中,欧洲法院宣布黄金股制度对欧洲共同市场中资本自由流动构成障碍,必须严格控制其例外之适用。自此,政府特殊权利包括"黄金股"使用范围在发达国家中已经受到限制,很多国家包括韩国、挪威和希腊已经废除政府特殊权利。2010年7月,葡萄牙政府试图行使"黄金股"权利阻止西班牙电信并购葡萄牙电信在巴西的资产,欧洲法院裁定葡萄牙政府所持葡萄牙电信"黄金股"违反欧盟法律。

(五)国有经济在国民经济中的影响和战略性地位依旧显著

据经合组织统计,2010~2011年全球最大的2 000家上市公司中,国有企业有204家,分布在37个国家,涉及35个行业。2010~2011年204家国企总销售额高达3.6万亿美元,占2 000家上市公司销售总额的10%,超过同期英国、法国或者德国的国民收入。这些国企市值占同期全球资本市场总市值的11%,其销售产品总价值相当于同期全球GDP的6%。由此可见,国有经济是推动世界经济增长的重要力量。

在发达国家中,尽管国有经济规模已大幅收缩,但国有企业在所有经合组织国家中仍普遍存在。多数国家都拥有50~100个中央政府控制的企业,如英国、法国、加拿大、奥地利、日本、瑞典和芬兰;其他国家至少拥有25~50个央企,如希腊、荷兰、西班牙、土耳其、德国、新西兰、韩国、丹麦、挪威和意大利。从国有企业资产价值占GDP比重看,2012

年估算数据显示，芬兰高达70%左右，瑞典、法国、荷兰、土耳其、意大利等国均超过15%。此外，国有经济向公用事业集中的趋势明显。以欧盟27国为例，公用事业部门增加值、就业和投资呈现明显增长态势，包括供水、能源、教育、公共交通、邮政服务、医疗保健、通信、社会关怀、公共管理等公用事业，2010年相较于2006年，增加值从24.4%上升到26.7%，就业从28.1%上升到29.5%，投资从20.1%上升到22.1%。公用事业在促进经济增长、稳定就业、维护社会稳定方面的重要作用已被广泛认可和高度重视，一些政府明确表态公用事业不会100%私有化，还有一些国家已出台法律设立政府在公用事业中的持股下限。目前，欧洲公营企业服务中心（CEEP）正在力推各国政府扩大公用事业投资。可以预计，未来国有经济在公用事业部门的作用还将增强。

在新兴市场和发展中国家，国有企业包括具有国际竞争力的上市公司、大型公共服务提供者、国有独资的制造和金融公司以及各种各样的中小企业，主要分布在航空和铁路运输、电力、煤气和供水、广播、自然资源开采、电信、银行业和保险业，尤其是国有银行和其他金融机构是国内金融服务的主要提供者。此外，政府还在航空航天、汽车制造、造船、制鞋与纺织、钢铁、旅游以及休闲娱乐等领域保留少数股权。无论从行业布局还是经济贡献看，国有企业仍发挥举足轻重的作用。2010～2011年全球最大204家国有企业上市公司高度集中在新兴市场，其中中国拥有70家，印度30家，俄罗斯9家，阿联酋9家，马来西亚8家。就亚洲地区而言，国有企业平均贡献25%的GDP和10%的就业。

（六）发达国家加紧制定针对国有企业的通用规则

在WTO框架下，针对国有企业规制的条款只有GATT第17条中"国营贸易企业"，由于该条款对国营贸易企业没有明确定义，实际操作中很难引用该条款对国有企业提起诉讼。此外，成员国加入WTO议定书是WTO协议的组成部分，有些成员国相关承诺对本国国有企业会形成约束。但总体看，当前多边贸易规则并没有对国有企业形成针对性约束。正因为此，随着新兴市场国有企业在国际贸易和投资中影响力不断加大，为削弱这些企业的竞争优势，美国、欧盟和经合组织等加快了建立针对国有企业竞争行为新规则的步伐。

2011年11月，经合组织发布《竞争中立与国有企业：挑战和政策选择》报告，对国有企业与私人企业相比拥有的竞争优势以及消除这些优势的思路和措施进行了全面研究，提出"竞争中立"政策框架。2012年4月，美国与欧盟共同发表了《关于国际投资共同原则的声明》，支持经合组织在竞争中立领域所做的工作。同月美国"贸易代表办公室"（USTR）发布了《2012年双边投资协定范本》，除准入前国民待遇、透明度等，特别规定了国有企业问题。与此同时，美国在TPP谈判中，打破此前贸易协定中从未涉及国有企业问题的先例，明确将国有企业的竞争中立问题纳入其中。2013年4月，经合组织在其报告《国有企业：贸易效果及政策含义》中指出，各国及国际组织应考虑更新贸易法规、政策及相关举措，更好地处理国际贸易与国有企业相关的不公平竞争问题。由此可以推断，美国、欧盟等发达国家将借助双边、区域谈判针对国有企业制订规则并逐渐将其多边化，对国有企业"竞争中立"要求可能首先在国际贸易、跨境投资中予以实施。

所谓"竞争中立"，就是要求国有企业将商业性和非商业性活动严格区分，从事商业性活动的国企不能享有任何超过一般性企业的竞争优势。从TPP协议有关国有企业章节的内容推断，国有企业享有的以下优势都将被禁止：

（1）获取低成本资金，包括贴息贷款、低利率和低于市场利率的其他融资，具有隐性担保的政府债券，补贴，股权注入等；（2）税收优惠；（3）破产保护和救助支持；（4）免除缴纳红利义务；（5）优先获取资源，如土地和其他原材料；（6）政府采购的特许供应商或其关联伙伴；（7）有差别的财务报告和其他透明度要求；（8）处于自然垄断地位。

从上述要求看，如果"竞争中立"成为国际规则，将对国有经济的布局和运行产生深远影响。

三、全球国有经济布局调整的启示

回顾第二次世界大战后至今全球国有经济的演变，尤其是以西欧为代表的发达国家国有经济布局调整，以及俄罗斯以及其他新兴市场和发展中国家的相关情况，可以对我国国企改革得出一些启示和经验。

国有企业改革新路

（一）发达国家主导国有企业改革路径及运营规则，发展中国家应努力避免被动跟随

自 20 世纪 80 年代初以来，发达国家一直是国企改革理论、实践和规则制定的主导者，发展中国家基本沿着发达国家的理念和路径推进私有化。2000 年以来，在私有化主体任务基本完成的背景下，发达国家开始将注意力集中在公司治理上，并意图通过"竞争中立"规则的多边化来约束国有企业在国际贸易和投资中的行为。目前，发展中国家与发达国家的私有化进程处于不同阶段，国有经济在发展中国家仍发挥着关键性和战略性作用，在相当长时期内发展中国家都难以具备"竞争中立"的经济基础和市场条件。因此，发展中国家有必要团结起来，共同抵制规则中的不合理因素，维护国企政策和监管的自主权。

（二）国有经济布局应具有一定的灵活性

发达国家私有化并非单向推进，在出现问题或者特殊时期，国有资本就会在一些行业时进时出，体现出高度的灵活性。如，当一些公用事业部门私有化后与政府目标背离时，政府就会将这些企业再次国有化。金融危机爆发后，私有化最激进的英国政府毫不犹豫地对银行进行大规模国有化。可见，国有经济调整并非单向的私有化，而应保持动态双向化。

（三）私有化中要防止腐败及"私人垄断"，还需考虑到外资控股可能带来的负面影响

私有化是国企改革的必要措施，但并不是天然有效。如果政府缺乏监管能力，国企私有化并不能提高效率，国企腐败还会导致私有化过程中大量利益输送。因此，应首先完善法律法规，加强规制能力建设，惩治腐败、厘清利益关系。其次，扩大行业准入增强市场竞争，通过"黄金股"对企业重要决策进行控制，防止"私人垄断"或者"外资控股"重要领域，损害公共利益，危及宏观经济稳定。

（四）借鉴国际经验，通过私有化、放松准入及加强公司治理同步推进调整国有经济布局

（1）私有化沿先"易"后"难"，先"一般竞争领域"，后"其他竞争领域"和"垄断领域"路径推进。先"易"的目的在于尽快释放改革红利，凝聚共识和信心，然后再"攻坚克难"。先"一般竞争领域"的目的在于尽快增强市场活力，尽可能多地创造就业机会，缓解后续私有化对就业的冲击。

（2）政府掌控私有化节奏。小企业可以直接出售给原企业职工或者管理层，中型企业通过行业竞买，部分大型企业先上市再逐步分期出售股份。可考虑拆分一些大型控股公司，将部分子公司资产剥离出去先行处置，针对核心业务进行债务重组、注资和技术改造等，然后择机出售。

（3）控制权和经营权分离可作为公用事业部门改革的主要方式。

（4）国企改革是系统工程，需与放松行业准入、金融市场改革、要素价格改革、国企公司治理改革等同步推进。

（本文修订于 2015 年 1 月 6 日）

第六篇

优化国企薪酬制度

当前，国企高管薪酬不合理现象实际上是国企改革不到位的表现，即不完善的企业体制表现为扭曲的人力资源价格。从这一意义上讲，只要国有企业改革不到位，国企高管的薪酬制度就难以完善。因此，从长远看，即使因薪酬制度改革而导致部分国企高管的"流失"，也是具有积极意义的现象。人力资源在国企和非国企之间的适度流动，将推进国有企业改革的全面深化，降低国企的行政化程度，提高其市场化程度，并逐步实现各类企业高管收入水平趋向"均衡价格"，"倒逼"国企高管薪酬制度不断改革。

国有企业高管薪酬制度改革的历史逻辑与政策效果

陈晓东　金　碚[*]

当前,"缩小收入差距,实现社会公平"已成为社会公众普遍关注的问题。党的十八大报告提出"权利公平、机会公平、规则公平",清晰地表明了未来的改革取向:坚持市场经济的方向,调整公平与效率的关系。如果说1998年的国企改革是从"减员增效"开始的,那么,从2015年开始的国企高管薪酬制度改革则揭开了全面深化国企改革的序幕。一年来,以央企为代表的国企高管的薪酬无论是数量、结构还是激励效果都发生了很大变化。本文试图以理论与现实相结合来探讨国企高管薪酬制度改革的历史逻辑与政策效果,为深化改革提供一定的认识基础。

一、以公平促进效率的政策取向

改革开放初期,中央确立"效率优先、兼顾公平"的政策取向,克服计划经济时期形成的绝对平均主义偏向,推动了我国生产力的巨大解放和市场经济体系的初步建立,加快了我国现代化的进程。尽管"效率优先、兼顾公平"具有历史的合理性,也确实取得显著的经济成效,但从长期看,这种政策取向在实践中难以避免地意味着可以用牺牲公平的方式换取效率的提高。"发展是硬道理"的正确路线在一些领域和地方异化成为"赚钱是硬道理"。

---

[*] 陈晓东、金碚,中国社会科学院工业经济研究所研究员。

随着经济快速增长，收入差距不断拉大，效率与公平的冲突成为严峻的社会问题。体现在企业领域，各类企业也很容易感到自己没有被公平对待。非国企不能进入只能允许国企进入的领域，国企不能采取非国企可采取的一些竞争手段。一旦可通过某些不公平的方式进行市场竞争，特别是这种不公是由体制和政策造成时，企业就不再专心于创新，而将更大的精力投向争取各种优惠条件和寻租上。因此，从长期看，缺乏公平必然丧失效率，因为它抑制更多的微观经济主体的活力，扭曲企业经营决策的方向，使本来依靠技术创新取得的发展被"跑部钱进"所替代。因此，如果不能进行公平的竞争，即使想要"兼顾公平"也很难实现。不公正的激励比没有激励结果还要糟糕。这就是为什么国有企业在取得巨大经济效益时，其他社会岗位的普通百姓却没有享受到改革红利。而一些国企高管依靠国企特殊地位或在市场竞争中占据优势而获取畸高薪酬就是这种不公平的突出表现之一。国企高管的薪酬如果既不是政府决定，也不是市场决定，而是由自己决定，则不免走向混乱的境地。其实，不仅国企高管与其他社会岗位的收入有失公平，不同行业国企高管之间的收入差距也非常大，国企高管并非都是高薪酬，"低收入"的国企高管也大有人在。因此，问题主要不是薪酬水平高低，而是薪酬制度紊乱，缺乏基本的理据和规范的秩序。

党的十七大报告提出"初次分配和再分配都要处理好效率和公平的关系，再分配更加注重公平"；党的十八大报告提出"权利公平、机会公平、规则公平"；党的十八届三中全会则进一步提出"国有企业要合理增加市场化选聘比例，合理确定并严格规范国有企业管理人员薪酬水平、职务待遇、职务消费、业务消费"。这就是要将规范国企薪酬制度作为实现公平与效率关系调整的切入点，体现以公平促进效率的政策取向。当我国进入全面深化改革和打造经济发展升级版的历史新时期，国企改革也必须进入新时代，与改革部署同步。国有企业的性质决定必须服从全面深化改革的国家意志和人民意愿。当前，国有企业的各项改革政策取向也必须由"效率优先、兼顾公平"逐步向"以公平促进效率"的方向调整。

二、现实的利益纠结

国有企业是推进国家现代化、保障人民共同利益的重要力量。国有企业的治理结构在形式上无论怎样相似于非国有企业，都不可避免地会受到政府的较大影响，尤其是高层经理人员的选任不能不与政治结构或行政结构有直接的关系。这不但没有违反现代企业制度的原则，而恰恰是现代企业制度基本性质（或制度逻辑）的体现：决策权最终来源于资本所有权。国有企业的所有者代表是政府，政府当然有权对国有企业进行监管，控制其最重要事务的决策权，以维护所有者权益。

国有企业的财产属于全民，而全民作为一个整体及作为全民代表的国家既不是自然人也不是法人。所以，绝大多数国家都以特殊法律的形式对国有企业的运作进行规范，对国有企业的经营决策权给予明确限定，对国有企业高管的任免与薪酬制度进行明确界定。这虽然降低了企业责任自负的义务及限制其采用一般企业可采用的某些灵活的市场竞争方式和手段，但对保障国有资产安全却非常重要。实践证明，实行一般的企业制度很难有效保证国有企业的财产不受侵蚀。

为确保国有企业的财产安全，各国对国有企业的重大决策程序都做出了特殊规定，主要有国有企业的产权（股权）处分、重大投资决策及企业财务年度预算和决算等必须经国家有关部门甚至最高权力机构的批准；国有企业高级管理人员的委任通常要经过十分严格的程序，许多国家都规定，国有企业高级管理人员实行国家公务员制度或准公务员制度。实行严格的决策程序有助于保障国有资产的安全，但为此也必须付出一定代价，即限制了企业的自主决策权，也就降低了企业责任自负的义务。同时，特殊的国有企业制度也限制了国有企业利用一般企业可采用的某些灵活的市场竞争方式和手段。这也决定了国有企业实际经营所获得的利润来源是很复杂的，因此国企高管的薪酬难以完全由市场决定，政府决定必须参与其中。

由于我国国企高管薪酬决定机制规则不清，导致近年来一些国企高管薪酬过高、与绩效脱节、自定薪酬等问题比较突出。一些国企高管过高的薪酬与普通员工低收入差距过大，不仅不利于调动员工的积极性与企业的可持续发展，还会对全社会收入分配状况产生不利影响。所以，国企高管薪酬受到社会公众普遍关注。2009年，中央有关部门联合出台《关于进一步规范中央企业负责人薪酬管理的指导意见》，明确规定国企高管基本年薪与上年度中央企业在岗职工平均工资相联系；同年颁发《金融类国有及国有控股企业负责人薪酬管理办法（征求意见稿）》，规定国有金融企业负责人最高年薪为税前280万元人民币。然而这些政策的实施并没有取得令人满意的结果。相反，国企高管薪酬越限越高的问题也日益突出。2013年初，国务院批转《关于深化收入分配制度改革的若干意见》，旨在为收入分配制度改革提供路线图，然而效果也不明显。可见，规范国企高管薪酬的改革意向在现实中遭遇了强大的阻力。

党的十八大以来，中央以更大的决心推进国企高管薪酬改革，目标明确、力度很强、政策到位。其实，减薪并非薪酬制度改革的目的，规范薪酬制度和决定机制才是改革初衷。当然，在实施步骤上，此次国企高管薪酬制度改革首先从规范组织任命的国有企业高管薪酬入手，表现为对不合理的偏高收入进行调整，因而具有"限薪""减薪"的表象。在任何国家，国家公职人员，包括公务员和国家雇员的薪酬标准都是"公平标杆"，它直接体现了国家和社会对"收入公平"的理解。改革开放以来，国家公务员的薪酬一直处于较低水平，而同为国家雇员的国企高管收入畸高现象屡限不止，关键是没有基本准则。从一定意义上说，只有各级国企高管薪酬得到规范，我国收入分配制度改革才能迈开步伐。

三、高管身份与绩效的确认

我国国有企业中，虽然有一部分高管的选聘来自市场，但绝大多数高管都由上级组织或主管部门任命。也就是说，国企高管的身份实质上是按行政程序而不是按市场过程决定的。尽管企业经营和管理必须按市场规律办事，但国企高管的身份性质决定其职业生涯并非是市场化。因此，从薪酬理论看，国企高管的薪酬基准只能参照国家公务员的标准，当然以国家公务员为参照标准并非完全照搬照套公务员薪酬体系，因为企业同公务员毕竟工作性质和特点不同。这就如同在同一企业中，也有机关工作人员、生产员工与直接效益部门员工等，各类人员的工作性质不同，薪酬体系也不同，但薪酬基准的参照系必须是一致的，差距也应在可控范围之内。否则，从管理理论上看，企业会处于"崩溃"状态。

当然，与公务员不同，国企高管要创造企业业绩即盈利。那么，如何评估是由这些高管自身的能力和努力所带来的企业绩效改善呢？在完全竞争市场中，高管自身的绩效主要体现在企业的经营业绩上。竞争性国有企业高管的绩效也体现在微观业绩上。但在垄断性市场中，垄断企业高管的绩效不能与企业业绩（盈利）相对应，此时，企业盈利中至少有相当部分产生于垄断尤其是行政性垄断，而非高管的工作绩效。而政策性国有企业，更不是一般的不以营利为目的企业，政策性国有企业高管的贡献主要不体现在企业的经济收益或盈利上。因此，国企高管的薪酬制度取决于国有企业的分类。对不同类型和不同行业的国企高管必须安排相应的激励机制，而且要弥合高管人员与普通员工之间可能存在的心理对立，消解社会公众对国有企业高管薪酬的负面感受。因为公平与否很大程度上是一种主观感受，所谓改革要以"人民满意"为目标，就是必须在国企高管薪酬上顾及公众感受。

即使是竞争性的国有企业，其性质也同一般企业存在很大不同。如，按照一般企业的市场竞争规则，一个企业的高管是不可以辞职去另一个竞争对手企业就职的，但国有企业却不同，国有企业高管完全可在具有竞争关系的国有企业之间直接"调动"，甚至两个相互竞争的国有企业高管直接对调都是很常见的现象。这意味着，一个国有企业的高管经营好了企业，却可能被调到另一个国有企业去取酬。同样，一个经营不善的国有企业高管也可能被调到另一个效益好的国有企业任职。因此，即使规定了高管个人薪酬与企业效益密切挂钩，也不可避免地产生这样的悖理现象：即参与创造高效益的国企高管到另一个企业拿低薪酬，而未参与创造高效益的国企高管却能到另一个企业拿高薪酬。在这种情况下，如果一定要使国企高管与其参与创造的企业业绩紧密挂钩，则很可能出现这种情况：国有企业高管的薪酬同现任职企业效益无关，而与竞争对手企业的企业效益相关。因为现任企业的绩效是已调离的前任高管的业绩，而竞争对手企业却正好是自己曾经就职并参与创造业绩的企业。可见，国有企业高管并不是一般的职业经理人，其任职规则并不遵循一般企业的竞争规则。在国有企业高管的"人力资源"管理规则中，将一家经营良好的企业高管调任另一家经营不善的同类国有企业，而经营好了又再被调离，这样的情况是常见"惯例"。而且，国有企业高管同政府官员之间的职务流动也是常见"惯例"。总之，将国有企业高管身份进行固化分类不符合现实情况，如"某人是某国有企业高管"可能仅是一种"履历"而不是合理的身份分类。如果以现职进行身份确认和确定薪酬基准,则必须充分认识国有企业高管区别于一般企业高管的特殊性质。国有企业的特殊性质决定国企高管薪酬制度绝不可能照搬一般企业的制度,除非实现非国有化改造。

综上,国企高管薪酬制度是由国有企业的特殊性质决定的,并且取决于国有企业的分类及企业经营目标。国企高管行为与企业经营目标激励相容是薪酬制度的基本要求。因此,国企高管的薪酬决定不应体现市场机制和市场竞争过程对薪酬水平的影响,这是国企高管薪酬制度与公务员薪酬制度的重要区别。因此,国企高管薪酬基准参照公务员,并不意味着两者完全相同或国企高管薪酬制度直接套用公务员薪酬制度。一般来说,国企高管薪酬的经济刺激应显著地高于公务员,也就是说,国企高管薪酬应同直接参与创造的企业业绩适度挂钩。

四、规范与激励并行的政策效果

深化国企高管薪酬改革的第一步必须是对收入水平和结构进行规范,即让薪酬回到其与国有企业及高管身份相符的基准状态,实现公平和效率之间的平衡。这体现为社会权衡和企业内部权衡比较两个维度,即国企高管收入同社会其他行业的比较及同本企业内部其他员工的比较。国有企业内部薪酬制度要形成激励约束机制,合理拉开内部工资分配差距,但也不能差距过大。

由于国有企业高管收入缺乏规范,往往使某些企业的高管收入无论从社会比较还是从企业内部比较都失去公平性。一些国有企业高管的权力失去制约。尤其是当企业股票上市,核心管理层的权力反而逐渐凌驾于企业治理机制之上,使企业董事会的制约沦为形式。由于国有上市企业是集团优质资产剥离后组建的,高管甚至可能不受集团的控制,实际具有可以不断利用集团或上级机构授予他们的权力来牟取自身利益包括提高薪酬、在职消费及其他侵占企业资产的行为。一些上市企业的国有股"一股独大",股东大会被虚置,完全被国有控股股东的代表控制。"一股独大"很容易演化为严重的管理层"内部人控制"。由于国有终极所有者的"缺位",而且国有企业转制上市过程中与政府的合作及上市后承担对母公司无可推卸的责任,甚至对当地政府和社会的巨大影响等,这些都使上市企业的高管具有与政府讨价还价的资本，无法形成对高管人员的硬性约束。

严格说，由政府任命的国企高管并非市场流通中的"人力资源"，他们到底"值多少钱"，并非由市场判断。当市场无法决定而监管者又难于监管时，国企高管薪酬的决定权便更多地留给了国企。于是，国企所享有的政策优惠乃至由垄断地位产生的企业经济效益，则被说成是高管自身的经营绩效，成为他们获取高薪的理由，这也就是金融行业高管薪酬不断提高的重要原因。2009 年颁布的《关于进一步规范中央企业负责人薪酬管理的指导意见》中规定，央企高管薪酬上限不得超过上年度央企在岗职工平均工资的 30 倍；2015 年 1 月执行的《中央管理企业负责人薪酬制度改革方案》降低了这一比例，改为高管薪酬不超过在岗职工平均工资的 7.8 倍，但外界仍把目光聚焦在金融行业。2009 年财政部印发的《金融类国有及国有控股企业负责人薪酬管理办法（征求意见稿）》规定：国有或者国有控股的金融企业负责人最高年薪为税前 280 万元人民币。而据最近公开的数据显示，此次央企高管薪改后，建行董事长、建行行长、工行董事长、工行行长 2014 年税前薪酬分别为 115 万元、113.2 万元、113.9 万元以及 108.9 万元。这显然是以前各次限薪令所不能比拟的。据报道，在央企薪改前，某上市国有控股金融企业高管年收入接近千万元。央企薪改后，包括上述收入近千万的金融行业国企高管收入大幅度下降，但当被问及"给你更多钱是否愿意离开国有企业"时，却没有一个人愿意选择离开国有企业。

当然，央企高管薪酬制度改革实施后的确出现了一些高管离职现象，有些人因此担心这是国有企业人力资源流失的开始。理论上和一年来的实践都表明，国企高管离职率并非会因薪改而大幅度提高。因为国企高管与民企高管具有很大的差异性，就如同国有企业与非国有企业的差异性一样。能适应国有企业的高管未必适应非国有企业。它们实际上是两种不同的人力资源。在国有企业环境中成长起来的高管大都已具备"人力资本专用性"特征，形成了与国企难以割舍的"情愫"和对体制的"依赖"，选择离开会让他们面临严重的心理挑战与现实压力。退一步讲，即使那些高管离职去民营企业，也是国有企业为社会培养了管理精英，不同企业间管理人员的流动，不仅是为我国职业经理人市场的逐步完善累积人力资本，而且也是国有企业改革进展的表现之一，即企业高管人力资源的配置越来越从行政决定转变为市场决定。

当前，国企高管薪酬不合理现象实际上是国企改革不到位的表现，即不完善的企业体制表现为扭曲的人力资源价格。从这一意义上说，只要国有企业改革不到位，国企高管的薪酬制度就难以完善。因此，从长远看，即使因薪酬制度改革而导致部分国企高管的"流失"，也是具有积极意义的现象。人力资源在国企和非国企之间的适度流动，将推进国有企业改革的全面深化，降低国企的行政化程度，提高其市场化程度，并逐步实现各类企业高管收入水平趋向"均衡价格"，"倒逼"国企高管薪酬制度的不断改革。

（本文原载于《经济纵横》，2015 年第 11 期）

国企负责人薪酬改革宜与干部管理体制改革相结合

马 骏 陶平生 王继承 贾 涛[*]

一、对当前国企负责人薪酬管理方式的看法

国务院国资委对央企负责人制定了比较系统的薪酬管理方法，央企负责人的薪酬由基薪、绩效薪金和中长期激励三部分组成，基薪根据企业规模、管理难度、战略责任和同行工资水平等因素综合决定；绩效薪酬根据企业经营业绩考核结果确定，但一般不超过基薪的3倍；中长期激励只在少数上市公司试行。薪酬兑现采取当期发放与延期发放相结合，延期发放薪酬与负责人任期业绩考核结果挂钩。据统计资料，2011年国资委下属央企负责人年薪最高约120万元，最低约40万元，平均约70万元。地方国资委参照国务院国资委也制定了地方规定。

当前国企负责人的薪酬管理方式在过渡阶段发挥了积极作用：一是通过薪酬与业绩挂钩激励企业负责人不断提升企业经营业绩；二是防止了企业负责人自定薪酬的行为，并避免了天价薪酬的出现。

社会各方也对当前国企负责人的薪酬管理方式提出批评，主要包括以下三点。一是未考虑国企负责人行政任命的特点。有些人认为国企负责人实际上是国家干部，薪资水平不应与相应级别公务员差距如此之大。而且，行政官员通过"旋转门"进入国有企业拿高薪的现象普遍存在，既

---

[*] 马骏、陶平生、王继承、贾涛，国务院发展研究中心研究员。

不利于市场公平竞争,也不利于国企自身发展。二是市场化水平太低。一些国企负责人和许多海外投资者认为,当前国企负责人薪酬无法吸引国际一流人才,也不能充分发挥对现任负责人的激励作用,不利于企业形成国际竞争力。三是未充分考虑企业经营难度和岗位责任。行政垄断和自然垄断行业与竞争性行业的经营难度差距大,基础好的企业与基础差的企业经营难度差距大,在薪酬上未充分体现。另外,同一企业内部高管薪酬主要由级别决定,未充分考虑工作性质和个人贡献。

二、西方国家国企负责人薪酬管理的特点

根据经合组织的资料,西方国家国企负责人的薪酬形成机制存在较大差异,但也有一定的共性,主要表现在以下几个方面。

国企董事有多种产生方式,且薪酬水平低于市场平均水平。在欧洲多数国家,国企董事会成员主要来自三个渠道:政府委派的国家代表、股东会选举产生的独立董事、职工代表大会和工会推荐并经股东会选举产生的职工代表。在大多数经合组织成员国中,国企董事会成员的薪酬水平远低于可比较的私营企业。政府部门委派的国家董事(兼职)不领取任何报酬。但近年来,一些国家开始提高国有企业董事会的薪酬,以留住人才和提高董事会的专业化水平。

企业管理层薪酬以市场水平为基础,但也受到不同程度的限制。经合组织的很多成员国中,国有企业首席执行官是由董事会任命的,但也有一些国家国企首席执行官由政府任命或批准。经合组织的国有企业治理指引指出,国家股东的一个重要责任是确保国有企业的薪酬与公司长期发展和吸引合适的人员相一致。但在实践中,大多数国家国企负责人薪酬都低于市场水平,政府倾向于对管理层的薪酬和激励加以限制。各国政府限制的程度和方式不同,有些采用总量控制,有的采用上限控制,有的控制股权激励水平,等等。例如法国相关法案要求,国企中代表国家利益的高管薪酬不能超过收入最低10%员工平均工资的20倍,年薪最高不超过45万欧元。

经合组织国家干预国企负责人薪酬水平,主要是出于政治上的考虑,因为社会公众和企业员工难以接受国企负责人的薪酬与社会平均水平差距

过大。

三、国企负责人薪酬改革建议

我国国企负责人薪酬改革既要借鉴国外的经验，更要结合国情进行创新。

（一）国企负责人薪酬改革的原则

国企负责人薪酬改革应坚持以下几个原则。

1. 有利于企业发展

我国国有企业数量多，行业分布广，一些企业规模庞大，有些进入了全球500强行列。多数国有企业在国内、国际市场面临激烈的竞争。企业之间的竞争归根到底是人才的竞争。新的薪酬体系必须能够吸引一流的经营人才。

2. 符合我国干部管理的要求

我国现行干部管理具有"逐级选拔、交流任用"特点，国有企业是国家干部的重要来源，政府部门的干部也为国有企业发展做出了重要贡献。

3. 尊重社会文化传统

世界各国对收入差距的看法不同，我国公众对国有企业负责人与普通员工的收入差距比较敏感，因此不能简单照搬国外薪酬标准。

（二）国企负责人薪酬改革设想

建议对国企负责人的薪酬采用"两种身份、两种机制"的方案，具体如下。

1. 行政干部身份的国企负责人参照公务员管理

行政干部身份的国企负责人可由干部管理部门统一管理，按照公务员管理的相关法规进行录用、考核、培训和进行职级调整，并参照相应职级的公务员制定薪酬和福利标准，也可根据岗位技能要求和工作难度给予一定补贴，但总体薪酬不宜与公务员差距过大。该类负责人主要安排在董事会、监事会、党委等部门，人员应少而精干。

2. 职业经理人身份的国企负责人实行市场化管理

职业经理人可由董事会负责聘用，董事会根据岗位要求选聘具备必要素质和能力的职业经理人，并参照市场水平制定薪酬方案。薪酬方案重在激励，比如对竞争性企业采取"基薪少，股票期权多"的方式，激励职业经理人通过提高公司业绩从股票市场获取高收入。必须指出的是，规范的公司治理是薪酬市场化的基础，其核心是建设具有较强独立性和较强能力的董事会，否则市场机制就会失灵。建议在国企改革过程中逐步增加职业经理人的比例，在过渡期适当加强国有股东的监督和指导。职业经理人可主要担任企业总经理、副总经理、重要业务部门经理等岗位，这些岗位对商业技能要求很高，且经营业绩容易度量和考核。

3. 国企负责人在职业和薪酬上的双轨制为不同价值观和不同能力的人提供了选择的机会

公务员身份的国企负责人可以自愿退出，参与市场化的职业经理人竞聘。职业经理人也可以按照相关规定参加公务员的选拔。公务员身份的企业负责人获得政治社会地位、荣誉、长期稳定的福利待遇，有利于提高其决策的独立性和审慎性；职业经理人获得超额收入的机会，有利于调动其积极进取性。二者相互配合，可以促进公司治理的完善，进一步提升国有企业的活力。

（本文节选自专著《国有资本管理体制改革研究》，中国发展出版社2015年8月版）

国企高管薪改最优解

鲁 桐　吴国鼎[*]

当前，国企高管的薪酬问题似乎成了被人人抨击的问题，国企高管似乎总是被感觉拿得太多了。国企负责人拿到所谓的高薪也好像是做了见不得人的事，有负罪感一般，在别人面前抬不起头来。以至于几乎所有的国企负责人都纷纷支持限薪政策，异口同声说自己以前拿的薪酬太高了，不应该，应该降下来。无论这种表态是否言不由衷，是否合理，在痛快、叫好之余，我们都更应对这一问题进行理性思考，要考虑其带来的后果以及我们办国有企业的根本目的。

不可否认，现行的"一刀切"式的，甚至有些简单粗暴式的限薪方式，在当前的社会背景以及国企运营状况下，是行之有效的，非唯此不能限制国企高管越来越失控的高薪、高职务消费、高灰色收入等"自肥"现象，而且中央整改国企高管薪酬的决策已经远远超出了经济意义，具有了很强的政治意义。曾几何时，国企高管一顿饭几万、几十万元已不是个案，国企高管假公济私、吃里爬外的现象也屡见不鲜。这严重损害了党的形象，威胁着党的执政基础，降低了人民对于党的政治信任。因此，中央政治局2014年通过《中央管理企业负责人薪酬制度改革方案》等一系列规范国企负责人薪酬待遇文件后，文件涉及的相关企业已经按照文件精神来执行了，而且从执行的效果来看，确实起到了作用。相关国企高管的薪酬降了下来，社会上对此问题的一些不满也在一定程度上得到了缓解。限薪这种做法也和当下实行的"八项规定"等的理念是一致的，顺应了时

---

[*] 鲁桐，中国社会科学院公司治理研究中心主任；吴国鼎，中国社会科学院世界经济与政治研究所研究员。

代的要求，得到了人民群众的支持。

但是凡事都有正反两面，我们在看到这一政策积极作用的同时，也应该注意这一政策可能带来的负面影响。唯有全面衡量这一政策的利弊，采取最合理和科学的政策，才能真正起到其应起到的作用，达到政策制定和出台的初衷。

一、经营企业和管理社会是否一样

之所以可以委派政府官员来经营国有企业，或者说把管理国企领导人的方式和管理官员的方式等同起来，根本上说是出于一种理念，那就是经营企业和管理社会所具备的素质、所需要的技能、所思考的问题是一样的。或者说，企业家和官员没有什么区别。因此，可以让当事人在这两个身份之间转换。事实上，经营企业和从事社会管理是两项有着很大差别的工作，两者行为的目标以及相应的所考虑问题的角度和方法是不同的。

企业经营的目标，从狭义来讲是利润最大化，从更深一层意义上讲是股东价值最大化；而管理社会则是追求社会效益的最大化，或者具体到对于某些社会问题的解决和处理。就国有企业来说，企业经营的目标，除了狭义意义上的企业利润最大化外，就股东价值最大化，也就是国家价值最大化的意义来说，还负有国有企业保值增值、提高企业国内国际竞争力、增加就业和税收等任务。这就决定了企业和政府的组织方式、管理理念以及价值导向会具有很大差别，而且日常所从事的工作也是差别很大。企业家面临的问题是制造质量更好的产品、提供更好的服务、更有效地开拓市场、减少成本以及对于企业内部人员的管理等。而政府官员则更多强调的是对于社会公共安全、百姓福祉等事务的解决，其更侧重于宏观方面的问题。企业家和官员所具备的素质是不一样的，有些人适合做企业家，而不适合做官员；有些人则适合做官员，不适合做企业家。

任何事物要想做成功，都需要经历长期的实践经验。由于经营企业和从事社会管理是两种不同的工作，如果进行调换，即使某些从政的人具有潜在的经营企业的素质和能力，但由于其缺乏经营企业的经验，对于企业所处行业状况、企业本身的经营状况、经营企业所需要的技巧等都不熟悉，需要一个不断适应和学习的过程。在这一过程中，由于市场等形势的变化，企业可能就不能及时适应市场形势的变化，从而对企业的经营产生影响。对从企业转向政府的人来说，同样面临着此类问题。

我们认为，可以在国企领导和政府官员的身份之间进行随意转换的想法是错误的。在现有的尚存于体制内和体制外两种身份的情况下，如果还保留国企领导人体制内的身份，也不要轻易让其在政府官员和企业家的身份之间进行转化，而要把两者区分开来。官员就是官员，企业领导人就是企业领导人，要严格区分体制内的官员和体制内的企业经营者。或者，也可以说，同样是党管干部，也要对党管政府干部和党管企业干部，进行严格区分。如果把这两者进行区分了，实行两者不一样的薪酬制度，也是合情合理的。毕竟，在我国现阶段，体制内的官员和体制内的企业家，无论是在社会地位还是所掌握的资源等方面，还是有所区别的。现在有些普遍的做法是，政府官员在仕途受阻或者快要到退休年龄时才到企业工作，社会上的普遍价值理念也还是政府官员要高于企业人员。在这种情况下，把两者身份等同，实行一样的薪酬制度，是不合理的。

二、经营国有企业是否相对更加容易

现在社会上对国企高管拿高薪不满的一个重要理由是，我国的很多国企处于垄断地位，包括资源垄断、市场垄断、政策优势等，其利润等是靠垄断地位得来的，企业并没有面临激烈的市场竞争，所以企业领导人不需要付出多大的努力，不需要有多高的企业家素质就可以把企业经营好。也就是说，只要在那个位置上，无论是谁，都能把国企经营好，都可以获得大把的利润。

不可否认，我国的国企，尤其是央企，和市场化企业的市场地位很不一样，国有企业通常会受到市场准入、贷款、土地使用、人才政策、特许经营等方面的保护，因此具有一定程度的垄断性，所面临的竞争情况要少一些。但是，国企就不存在竞争吗？如果我们仔细分析，国有企业还是面临着很大程度的竞争。石油、电信、银行、航空等所谓的垄断性行业，不但国内几家同行企业之间存在着竞争，而且面临着和国外同行以及民营企业的竞争。企业家为应对这些竞争，同样需要付出巨大的努力。这些企业所面临的竞争形势，为开拓市场、加强企业内部管理等所付出的努力，日常所做的工作，和民营企业、外资企业等高管的情况差不多，如果报酬差距太大，显然不合理。不可否认，有些竞争程度要低一些，如烟草行业、电力行业、市政等企业以及一些国家政策性企业等，但是要经营好，同样需要付出艰苦的努力，包括管理的改进、提供更好的服务等。而如果经营不好，同样会带来很大的损失。

如果说国企不需要竞争，也存在着悖论。既然国企不需要竞争，为什么还要聘请所谓的职业经理人？既然需要竞争才能做好，为什么不委派最善于经营企业的人来经营企业，而要委派并不善于经营企业的官员来经营企业？并不是说官员经营企业就不行，但由于前述原因，最好不要派官员来经营企业。既然派官员来经营企业，让其参与市场竞争，为什么不给其市场化的工资？其实问题的关键在于国企高管的官员身份。这种做法遵循的逻辑就是，只要你是官员，无论你是否参与竞争，无论付出了多大的努力，都不能拿高薪，而只能拿类似于公务员的薪酬。如果抱这种逻辑来经营管理国有企业，会存在很大的隐患。国企作为我国的经济命脉，不但不能草率应付，还要聘请最优秀最适合的人来经营。

当然，做政府官员也需要付出很大的努力。但在中国，即使同样是有行政级别的体制内的人，政府官员和企业领导人的地位以及身份还是有差别的。几千年来的官本位意识，使政府官员在普通大众的心目中拥有的权力更大些，也更有尊严一些。因此，除非特殊情况，否则不宜把两者的薪酬同等对待。

三、限薪的收益是否大于成本

之所以限薪，基本考虑有两点。一是为了促进社会的公平正义。国企高管动辄上百万元的高薪以及企业内部较大的薪酬差距造成了一定程度的不公，和国企所谓的国有性质不符。把国企高管的工资降下来，能够平息公司内部以及社会上的舆论，制造更加和谐的气氛。二是为了节省成本，减少浪费。全国上万家的国有企业，如果把高管的薪酬以及种种自肥现象都给控制下来，会减少很大的开支，节省很大的成本。就限薪促进社会公平正义的角度来讲，我们认为，这种做法是有一定的合理性的。就第二个方面来讲，需要进行分析。

我们认为,从经济层面来讲,简单地降低国企高管薪酬,可能会造成得不偿失的后果。企业要做好,领导人是关键。领导人努力和不努力,尽心和不尽心,对企业经营绩效的影响差别是很大的。尤其是对央企这样大规模的企业来说,领导人的努力和不努力,对企业造成的影响就更大。如果给予央企高管的薪酬太低,其觉得付出和收益不相匹配,就会产生消极、怠工、不作为的行为,甚至吃里爬外,给企业造成的损失可能就是以数亿计,这和减薪所节省的几百万元的成本相比,数目相差太大,会产生得不偿失的后果。要知道,国企是我国的经济命脉和执政党执政的经济基础。国企搞不好,会产生很严重的后果。尤其对我国的国企来说,动辄上千亿元甚至万亿元的资产规模,如果经营不好或者领导人懈怠,消极经营,产生的后果不堪设想。

从和同行业的其他类型的企业比较来看,我国国企领导人降薪前的薪酬同样普遍偏低。例如,中国四大银行一把手的薪酬改革前的年薪都低于200万元人民币,这样的收入水平在华尔街只是一个普通的投行经理。如彭博社一篇报道称,工行董事长姜建清2013年年薪约200万元,还不到摩根大通董事长戴蒙的2%;而工行的利润是摩根大通的两倍,姜建清不但没受到奖赏,他的薪水反而被下调到60万元以下。国家电网的刘振亚也说:"没有限薪的时候,我的工资超过100万元,具体讲,年收入含税在一百二三十万元。但是我们在国际上开会,有些经营水平还不如我的人,他拿的是我的几十倍。这么讲,我就低了。"

国企领导人薪酬本来就普遍低于同行业的民企以及外企,如果现在工资降得更低,即使这些领导人有再高的觉悟,也会造成其更大的心理不平衡。这不可避免会影响到其工作的积极性,从而影响到企业的经营效益,会给企业造成更大的损失。

四、如何解决高管薪酬问题

国企高管作为理性人,作为市场经济条件下的主体,一定是按自身利益最大化来决策的。所以只有把国企高管自身的利益关系理顺了,让其个人的利益得到了满足,感觉付出和得到是相匹配的,才能够尽力去经营企业。所以,设置合理的激励机制,做到既给予国企高管足够的激励,心理达到平衡，又让广大人民群众满意，保持社会的公平正义，这才是最优的选择。

另外，国企领导人拿到相应的薪酬，也是让市场对国企有信任感的一种必要形式。从原理上讲，一个人的待遇要和他所管理的资产相匹配，才是合理的。国企老总掌握上百亿元甚至上万亿元的资产，只给其几十万元的薪酬，投资者会放心吗？当然不会，因为存在显著的激励不相容。所以某些国企在境外上市时，为了解决这个问题，不得不在形式上做一些文章。如在20世纪末和21世纪初，国家特许中海油有限公司在中国香港注册，并以红筹股形式分别在美股和港股上市。由于中海油的治理结构与国际公司相同，中海油按照国际惯例和中国香港公司的标准设计了包括公司高管层薪酬、期权激励在内的一整套公司治理和激励机制。这种做法的依据是，如果高管收入太低，投资者会对公司不放心，认为公司高管收入这么低，肯定不能管好投资者的钱。但实际上，中石油高管并没有真正拿到这么高的薪酬，所有高管层成员从2001年公司上市第一天开始就把董事会批准的收入捐给了母公司中海油总公司，因而公开披露的收入成为"名义收入"。傅成玉自己解释说："2001年，我在中海油的董事酬金超过300万港币，后来涨到800多万港币，个人一年期权收益就超过1 000万港币。这是企业董事会和财政部都批准的合理收入，但这个钱没法拿。你拿了这个钱，就带不了整支队伍，影响企业效率。"

问题来了，既然央企高管的薪酬不能太高，但又不能不高，应该怎么办？正如"八项规定"解决的是官员们不敢贪，以后要逐步解决不能贪、不愿意贪的问题一样，现在的限薪令实际上也是解决了企业老总不敢贪的问题。国企高管掌握和经营几十亿元、上百亿元甚至上千亿元的资产，却只拿这么少的薪酬，多少有些不踏实的感觉。解决这一问题最根本的办法是，要让国企老总们心甘情愿地为企业付出，觉得自己的付出与所得的回报相匹配。同时，国企所有权行使方式改革、国有资产管理体制改革、国有企业人事制度改革等都需要同步进行。从根本上来说，就是要变管资产为管资本，党管干部等原则主要体现在党对于国企董事会的任命和管理等。国家股权代表者或国有股东要学会从任免国企高管，转变为任免国企董事会成员，要让企业的董事会真正起作用，让企业董事会从市场上遴选经营人才。企业负责具体经营的人员必须是市场化的或者说是体制外的人员，而不能让体制内的官员来经营企业。当然，如果体制内的人愿意脱离身份，以职业经理人的身份加入企业经营企业，也是可行的。

当然，"限薪令"制定的薪酬制度还是考虑了企业经理人员所在岗位的特点，制定了基本工资、绩效工资、任期工资等多种薪酬形式，但不确定性激励的效果总是要差一些。"两鸟在林，不如一鸟在手"。就是算上绩效工资以及任期工资，国企负责人的薪酬水平还是处于同行业较低的水平。至于部分国企高管吃里爬外、"自肥"等现象，不能说给其薪酬高了，就能制止这种现象，这属于某些人的信念等问题，属于犯罪行为，那是应该受到党纪国法惩罚的。

(本文原载于《董事会》，2015年第5期)

国有企业改革新路

国有企业高管限薪的悖论

刘胜军[*]

虽然央企的高管待遇存在诸多问题，但是否通过降薪、取消职务消费就能解决问题吗？我看未必。其实，在现行的党管干部体制下，央企高管薪酬某种程度上是个无解的难题。

如果央企高管都拿高薪，这当然不公平：第一，同样级别，央企高管的待遇远远高于政府官员；第二，央企的利润主要来自于垄断地位和政策变化（例如石油价格的调整），而非高管的努力；第三，高管内部有能力和业绩优异的，但更不乏混日子的、没有能力和业绩的，或者是"有背景"的。

但如果央企高管都拿低薪，这依然有问题：第一，有能力的、没能力的，有业绩的、没业绩的，大家都低薪，也不公平；第二，薪酬过低，会导致优秀人才的流失；第三，薪酬过低，会降低高管工作积极性，出现不作为、怠工，这会导致企业价值受损；第四，薪酬过低，会加剧道德风险，引发更多的腐败。云南红塔褚时健、上海光明王宗南，都是能人，但其合法收入与其贡献极不匹配，可以说他们的"腐败"是不合理的体制逼出来的。从原理上讲，一个人的待遇要和他所管理的资产相匹配，才是合理的。例如，如果你有50亿元资产，有人自告奋勇不拿任何报酬替你管理这些资产，你会放心地把资产交给他吗？当然不会，因为存在显著的激励不相容。现在央企的高管待遇与所管理的资产规模存在类似的问题。因此，简单地降低国企高管薪酬，尽管表面上可以节约工资支出，但这些节约很可能大大低于央企高管怠工或寻租所造成的损失，可谓得不偿失。

---

[*] 刘胜军，中国金融改革研究院院长。

所以，对央企高管薪酬，不宜采取类似官员的整风对待，因为央企高管的激励水平对企业价值有重大影响。

国企高管职务消费的产生，也和薪酬过低有关。国企薪酬虽然大大高于同级别官员，但却大大低于类似规模的民营或外资企业高管。例如，中国四大银行一把手的年薪都低于200万元人民币，这样的收入水平在华尔街只是一个普通的投行经理，甚至出现了不少央企一把手的待遇比自己下属还低的倒挂现象。2012年美国银行CEO布莱恩·莫尼汉的薪酬高达1 200万美元。

不让明着拿，就偷偷拿，于是职务消费就应运而生：职务消费是消费而非收入，但却具有收入的效用。如果国企高管可以享有"消费定额"，那就相当于增加了一笔指定用途的收入。因此，我们可以把职务消费视为收入的一部分，只是要打个折扣，例如，100万元的职务消费给高管带来的"效用"可能只相当于增加50万元的收入。由此可见，把职务消费"显性化"为工资收入，其实对高管和企业都是有利的。在上述例子中，取消100万元的职务消费，改为发放60万元的工资，这样一来企业成本降低了40万元，而高管的效用也增加了10万元。

那么，是否应该取消职务消费并大幅度提高央企高管收入呢？这样也行不通：如果央企高管与同级别官员的收入差距过大，就会诱发套利，官员都会设法到央企去挣钱。

央企高管收入，真应了那句歇后语：猪八戒照镜子，里外不是人。官员认为央企高管待遇太高，央企高管认为自己待遇实在太低（与跨国公司相比）。

之所以如此纠结，根子还在政企不分这一老问题。只要国企高管是由组织部门任命、保留行政级别，就无法确定一个既"激励相容"又"体制内公平"的待遇水平。

中央并非没有意识到这个问题。早在1999年十五届四中全会《关于国有企业改革和发展若干重大问题的决定》就明确规定："对企业及企业领导人不再确定行政级别。"但在实践中，由于"党管干部"的观念被（不恰当地）延伸适用于国企，国企的行政级别"取而不消"。一个例子是：中组部2012年3月19日宣布，已经将中国人寿保险集团、中国人民保险集团、中国太平保险集团和中国出口信用保险公司升为副部级单位，其组织关系及人事权已统一由保监会移至中组部。

出路何在？

第一，国企高管的身份应该明晰化为"经理人"，不能停留在"既是官员又是企业家"的混沌状态。国企负责人的选聘应该突破体制界限，市场化选拔，"党管干部"应该退出国企领域。新加坡淡马锡是一个值得学习的例子：虽然政府是大股东，但国企高管不一定是官员出身，而应"择天下英才而用之"。尽管中国的央企也引入了一些市场化的高管，但只是点缀而已。未来国企的所有高管都可以且应该向社会公开选聘，当然要提供市场化的工资待遇。原则上，应该禁止官员担任国企高管，因为做企业与做官需要的能力显然是不同的。当然，如果官员从政府辞职下海来应聘高管，那是应该允许的。

第二，社会公开选聘国企高管的困难在于，政府对非体制内人士"不放心"。之所以不放心，还是因为没有建立起真正有能力、有责任的董事会，所以政府就直接越过董事会去任免高管了，结果董事会就沦为橡皮图章。从淡马锡的经验看，这一问题也是可以解决的：政府要学会从任免国企高管，转变为任免董事会成员。只有迈出这一步，现代公司治理的框架才能形成。

第三，混合所有制为"党管干部"退出国企领域提供了条件。现在提出发展混合所有制，目的之一就是通过股权结构的多元化来带动国企体制的改变。现在民企的担忧之一就在于：民企与国企"结婚"之后，政府会不会继续"党管干部"？如果是这样，那企业体制就很难有实质性改变。因此，可以规定：凡国有股比例低于50%的企业，均不得提名具有行政级别的人士担任高管。换言之，如果你出任高管，就必须明确放弃所有的行政级别，与官员身份彻底切割。

第四，国企改革的目光不能局限于国企本身。打破央企行政垄断，比央企内部的体制改革更为重要。众所周知，垄断是腐败的温床。一旦失去垄断的屏障，市场竞争的压力会自动迫使央企减少腐败、提高效率。例如，如果除了中国移动、中国联通、中国电信之外，允许腾讯、阿里获得电信牌照，完全平等地与三大电信公司竞争，那么三大电信公司就会承受巨大的竞争压力，而垄断权力和垄断利润的下降，自然会降低央企高管腐败。央企除了创新、不断改善管理之外没有其他出路。对于央企改革而言，打破行政垄断所带来的竞争压力，可能比内部的体制突破更为有效和可行。

（本文原载于《金融时报》，2014年9月2日）